後晉 劉 昫 等撰

舊唐書

第 六 册

卷四二至卷五〇（志）

中華書局

舊唐書卷四十二

志第二十二

職官一

高祖發迹太原，官名稱位，皆依隋舊。及登極之初，未遑改作，隨時署置，務從省便。武德七年定令：以太尉、司徒、司空爲三公；尚書、門下、中書、祕書、殿中、內侍爲六省；次御史臺；次太常、光祿、衞尉、宗正、太僕、大理、鴻臚、司農、太府爲九寺；次將作監；次國子學；次天策上將府；次左右衞、左右驍衞、左右領軍、左右武候、左右監門、左右屯、左右領爲十四衞府。東宮，置三師、三少、詹事府、門下典書兩坊；次內坊；次家令、率更、僕三寺；次左右衞率府、左右宗衞率府、左右虞候率府、左右監門率府、左右內率府爲十率府。王公以下置府佐國官。公主置邑司已下。並爲京職事官。州縣、鎭戍、岳瀆、關津爲外職事官。

又以開府儀同三司，從一品。特進，正二品。左光祿大夫，從二品。右光祿大夫，正三品。散騎常侍，從三品。太中大夫，正四品。通直散騎常侍，正四品。中大夫，從四品上。員外散騎常侍，從四品下。中散大夫，正五品上。散騎侍郎，正五品下。通直散騎侍郎，從五品上。員外散騎侍郎，從五品下。朝議郎、承議郎，正六品。通議郎、通直郎，從六品。朝請郎、宣德郎，正七品。朝散郎、宣義郎，從七品。給事郎、徵事郎，正八品。承奉郎、承務郎，從八品。儒林郎、登仕郎，正九品。文林郎、將仕郎，從九品。並爲文散官。

輔國，正二品。鎮軍從二品。二大將軍，冠軍，正三品。雲麾，從三品。忠武、壯武、宣威、明威、信遠〔一〕、游騎、游擊自正四品上至從五品下。十將軍，爲散號將軍，以加武士之無職事者。改上開府儀同三司爲上輕車都尉，開府儀同三司爲輕車都尉，儀同三司爲騎都尉，秦王、齊王下統軍爲護軍，副統軍爲副護軍，上大都督爲驍騎尉，大都督爲飛騎尉，帥都督爲雲騎尉，都督爲武騎尉，車騎將軍爲游騎將軍。親衛驃騎將軍爲親衛中郎將，其勳衛驃騎準此。親衛車騎將軍爲親衛中郎將，其勳衛、翊衛車騎並準此。監門府郎將爲監門中郎將，領左右郎將準此〔二〕。諸軍驃騎將軍爲統軍，其秦王、齊王下領三衛及庫直、驅咥直、車騎並準此。諸軍車騎將軍爲別將。其散官文騎尉爲承議郎〔三〕，屯騎尉爲通直郎，雲騎尉爲登仕郎，羽騎尉爲將仕郎。

武德九年，罷天策上將府。貞觀元年，改國子學爲國子監，分將作爲少府監，通將作爲三監。八年七月，始以雲麾將軍爲從三品階。九月，以統軍正四品下，別將正五品上。十一年，改令置太師、太傅、太保爲三師。其三公已下，六省、一臺、九寺、三監、十二衞、東宮諸司，並從舊定。又改以光祿大夫爲從二品，金紫光祿大夫爲正三品，銀青光祿大夫爲從三品，正議大夫爲正四品上，通議大夫爲正四品下，太中大夫爲從四品上，中大夫爲從四品下，中散大夫爲正五品上，朝議大夫爲正五品下，朝請大夫爲從五品上，朝散大夫爲從五品下。其六品下，唯改通議郎爲奉議郎，自餘依舊。更置驃騎大將軍，爲從一品武散官；輔國、鎭軍二大將軍，爲從二品武散官；冠軍將軍加大字；及雲麾已下，游擊已上，改爲五品已上武散官。又置昭武、振威、致果、翊麾、宣節、禦武、仁勇、陪戎八校尉副尉，自正六品至從九品，上階爲校尉，下階爲副尉。爲六品已下武散官。

凡九品已上職事，皆帶散位，謂之本品。職事則隨才錄用，或從閑入劇，或去高就卑，遷徙出入，參差不定。散位則一切以門蔭結品，然後勞考進敘。武德令，職事高者解散官[四]，欠一階不至爲兼，職事卑者，不解散官。貞觀令，以職事高者爲守，職事卑者爲行，仍各帶散位。其欠一階，依舊爲兼，與當階者，皆解散官。永徽已來，欠一階者，或爲兼，或

帶散官，或爲守，參而用之。其兩職事者亦爲兼，頗相錯亂。其欠一階之兼，古念反。其兩職事之兼，古恬反。字同音異耳。咸亨二年，始一切爲守。

自高宗之後，官名品秩，屢有改易。今錄永泰二年官品。其改易品秩者，注於官品之下。若改官名及職員有加減者，則各附之於本職云。

唐初因隋號，武德三年三月，改納言爲侍中，內史令爲中書令，給事郎爲給事中，內書省爲中書省〔五〕。

貞觀二十三年六月，改民部尚書爲戶部尚書。七月，改治書侍御史爲御史中丞，改諸州治中爲司馬，別駕爲長史，治禮郎爲奉禮郎。

顯慶元年，改戶部尚書爲度支尚書，侍郎爲度支侍郎。又置驃騎大將軍員，從一品。

龍朔二年二月甲子，改百司及官名。改尚書省爲中臺，僕射爲匡政，左右丞爲肅機，左右司郎中爲丞務〔六〕，吏部爲司列，主爵爲司封，考功爲司績，禮部爲司禮，祠部爲司禋，膳部爲司膳，主客爲司蕃，戶部爲司元，度支爲司度，倉部爲司倉，金部爲司珍，兵部爲司戎，職方爲司域，駕部爲司輿，庫部爲司庫，刑部爲司刑，都官爲司僕，比部爲司計，工部爲司平，屯田爲司田，虞部爲司虞，水部爲司川，餘司依舊。尚書爲太常伯，侍郎爲少常伯，郎中爲大夫。中書門下爲東西臺。侍中爲左相，黃門侍郎爲東臺侍郎，給事中爲東臺舍人，散

騎常侍爲左右侍極，諫議大夫爲正諫大夫。中書令爲右相，侍郎爲西臺侍郎，舍人爲西臺舍人。祕書省爲蘭臺，監爲太史，少監爲侍郎，丞爲大夫。著作郎爲司文郎，太史令爲祕閣郎中。御史臺爲憲臺，御史大夫爲大司憲，御史中丞爲司憲大夫。殿中省爲中御府，丞爲大夫。尙食爲奉膳，尙藥爲奉醫，尙衣爲奉冕，尙舍爲奉扆，尙乘爲奉駕，尙輦爲奉御〔七〕，並爲大夫。內侍省爲內侍監。太常爲奉常，光祿爲司宰，衞尉爲司衞，宗正爲司宗，太僕爲司馭，大理爲詳刑，正爲大夫。鴻臚爲司文，司農爲司稼，太府爲外府，卿並爲正卿。少府監爲內府監。將作監爲繕工監，大匠爲大監，少匠爲少監。國子監爲司成館〔八〕，國子祭酒爲大司成，司業爲少司成，博士爲宣業。都水爲司津監。左右衞府、左右驍衞府、左右武衞府，並除府字。左右屯衞府爲左右威衞，左右領軍衞爲左右戎衞，武候爲金吾衞，千牛爲奉宸衞，屯營爲羽林軍。詹事爲端尹府，門下、典書爲左右春坊，左右庶子爲左右中護，中允爲左贊善大夫，洗馬爲司經大夫，中舍人爲右贊善大夫。家令寺爲宮府寺，率更寺爲司更寺，僕寺爲馭僕寺，長官並爲大夫。左右衞率府爲典戎衞，左右宗衞率府爲司禦衞〔九〕，左右虞候率府爲清道衞，監門率府爲崇掖衞，內率府爲奉裕衞。

七日，又制廢尙書令，改起居郎爲左史，起居舍人爲右史，著作佐郎爲司文郎，太史丞爲祕閣郎，左右千牛爲奉宸，司議郎爲左司議郎，太子舍人爲右司議郎。典膳、藥藏、內直

監、宮門大夫，並改爲郎。太子千牛爲奉裕。

總章二年置司列、司戎少常伯各兩員。

咸亨元年十二月詔：「龍朔二年新改尙書省百司及僕射已下官名，並依舊。其東宮十率府，有異上臺諸衞，各宜依舊爲率府。其左司議郎除左字。其左右金吾、左右威衞，依新改。」

永淳元年七月，置州別駕。

光宅元年九月，改尙書省爲文昌臺，左右僕射爲文昌左右相，吏部爲天官，戶部爲地官，禮部爲春官，兵部爲夏官，刑部爲秋官，工部爲冬官。門下省爲鸞臺，中書省爲鳳閣，侍中爲納言，中書令爲內史。太常爲司禮，鴻臚爲司賓，宗正爲司屬，光祿爲司膳，太府爲司府，太僕爲司僕，衞尉爲司衞，大理爲司刑，司農依舊。左右驍衞爲左右威衞，左右武衞爲左右鷹揚衞，左右威衞爲左右豹衞〔一〇〕，左右領軍衞爲左右玉鈐衞，左右金吾衞依舊。御史臺改爲左肅政臺，專知京百官及監諸軍旅，并承詔出使。更置右肅政臺，專知諸州案察。

垂拱元年二月，改黃門侍郎爲鸞臺侍郎，文昌都省爲都臺，主爵爲司封，祕書省爲麟臺，內侍省爲司宮臺，少府監爲尙方監。其左右尙方兩署除方字。將作監爲營繕監，國子監爲成均監，都水監爲水衡監。其詹事府爲宮尹府，詹事爲太尹，少詹事爲少尹。左右內

率府爲左右奉裕率府，千牛爲左右奉裕，左右監門率府爲左右控鶴禁率府，諸衞鎧曹改爲冑曹，司膳寺餚藏署改爲珍羞署。十月，增置天官侍郎二員。又置左右補闕、拾遺各二員。三年，加秋官侍郎一員。

永昌元年，置左右司員外郎各一員。

天授二年，增置左右補闕、拾遺各三員，通滿五員。

長壽二年，增夏官侍郎三員。

大足元年，加營繕少匠一員，左右羽林衞各增置將軍一員，洛、雍、并、荆、揚、益六州，置左右司馬各一員。

長安三年，增置司勳員外郎一員，地官依舊置侍郎一員，洛、并及三大都督府司馬宜依舊置一員。

神龍元年二月，臺閣官名，並依永淳已前故事。廢左右司員外郎，左右千牛衞各置大將軍一員。東都置太廟官吏，增置太常、大理少卿各一員。二年，又置員外官凡二千餘人〔二〕。超授閹官七品已上員外者，又千餘人。十二月，復置左右司員外郎各一員。

景雲二年，復置太子左右諭德、太子左右贊善大夫各兩員。雍、洛及大都督府長史加爲三品階，別駕致敬，依前。

太極元年，光祿、大理、鴻臚、太府、衞尉、宗正，各增置少卿一員。祕書少監、國子司業、少府少監、將作少匠、左右臺中丞，各增置一員。雍、洛二州及益、幷、荆、揚四大都督府，各增置司馬一員，分爲左右司馬。

開元元年十二月，改尚書左右僕射爲左右丞相，中書省爲紫微省，門下省爲黃門省，侍中爲監。雍州爲京兆府，洛州爲河南府。長史爲尹，司馬爲少尹，錄事參軍爲司錄參軍，餘司改司爲曹。五年九月，紫微省依舊爲中書省，黃門省爲門下省，黃門監爲侍中。二十四年九月，改主爵爲司封。

天寶元年二月，侍中改爲左相，中書令改爲右相，左右丞相依舊爲僕射，黃門侍郎爲門下侍郎。改州爲郡，刺史爲太守。十一載正月，改吏部爲文部，兵部爲武部，刑部爲憲部。其行內諸司有部者並改：改駕部爲司駕，改庫部爲司庫，金部爲司金，倉部爲司儲，比部爲司計，祠部爲司禋，膳部爲司膳，虞部爲司虞，水部爲司水。將作大匠爲監，少匠爲少監。

至德二載十二月敕：「近日所改百司額及郡名幷官名，一切依故事。」於是侍中、中書令、兵吏部等並仍舊。罷郡爲州，復以太守爲刺史。

正第一品

太師、太傅、太保、太尉、司徒、司空、已上職事官。王。爵。武德令有天策上將，九年省。

從第一品

開府儀同三司、文散官。開府儀同三司及特進不帶職事官者，朝參祿俸並同職事，仍隸吏部也。太子太師、太子太傅、太子太保、已上職事官。驃騎大將軍、武散官。嗣王、郡王、國公。爵。

正第二品

特進、文散官。輔國大將軍、武散官。開國郡公、爵。武德令唯有公、侯、伯、子、男，貞觀十一年加開國之稱也。上柱國。勳官。武德令有尚書令，龍朔二年省。自是正第二品無職事官。

從第二品

尚書左右僕射、太子少師、太子少傅、太子少保、京兆河南太原等七府牧、大都督、揚、幽、潞、陝、靈。大都護、單于、安西。已上職事官。光祿大夫、文散官。鎮軍大將軍、武散官。開國縣公、爵。柱國。勳官。

正第三品

侍中、中書令、吏部尚書、舊班在左相上，開元令移在下。門下侍郎、中書侍郎、舊班正四品上，大曆二年升。左右衞、左右驍衞、左右武衞、左右威衞、左右領軍衞、左右金吾衞、左右監門衞、左

右羽林軍、左右龍武、左右英武六軍大將軍、左右千牛衞大將軍、自左右衞已下，並爲武職事官。戶部禮部兵部刑部工部尚書、武德令，禮部次吏部，兵部次之，民部次之。貞觀年改以民部次禮部，兵部次之。則天初又改以戶部次吏部，禮部次之，兵部次之。太子賓客、舊無職無品，開元前令定入官品也。太常卿、宗正卿、天寶初昇入正三品也。太子詹事、左右散騎常侍、舊班從三品，廣德年昇。內侍監、唐初舊制，內侍省無三品官，內侍四員，秩四品。天寶十三年十二月，玄宗以中官高力士、袁思藝承恩遇，特置內侍監兩員，秩三品，以授之。中都督、上都護、已上除八大將軍，並爲文職事官。金紫光祿大夫、文散官。冠軍大將軍、武散官。懷化大將軍、顯慶三年置，以授初附首領，仍隸諸衞也。上護軍。勳官。

從第三品

御史大夫、舊班在祕書監九卿下，開元令移在上。祕書監、光祿、衞尉、太僕、大理、鴻臚、司農、太府卿、國子祭酒、殿中監、少府監、將作監、諸衞羽林，入正三品〔三〕。千牛龍武將軍、下都督、上州刺史、京兆河南太原等七尹、舊雍、洛長史從四品上，景雲二年加秩爲從三品也。五大都督府長史、舊從四品上，景雲二年加秩爲從三品。大都護府副都護、舊正四品上，開元令加入從三品。親王傅、已上並職事官。諸衞羽林〔三〕、千牛龍武將軍爲武，餘並爲文。銀青光祿大夫、文散官。開國侯、爵。雲麾將軍、武散官。歸德將軍、顯慶三年置，以授初附首領，仍隸諸衞也。護軍。勳官。武德令有天策上將府長史、司馬，九年省也。

正第四品上階

門下侍郎、中書侍郎、舊正四品下階，開元令加入上階也。尚書左丞、永昌元年進爲正三品，如意元年復舊。吏部侍郎、武德七年省諸司侍郎，吏部郎中爲正四品上。貞觀二年復置侍郎，其吏部郎中復舊爲五品下〔一四〕。太常少卿、太子左庶子、太子少詹事、太子左右衞、左右司禦、左右清道、左右內率、左右監門率府率、中州刺史、軍器監、武德初爲正三品，七年省，八年復置，九年又省，十年復置北都軍器監〔一五〕。上都護府副都護、上府折衝都尉、武德令統軍正四品下，後改爲折衝都尉。垂拱令始分爲上中下府，改定官品。自此已上職事官。率及折衝爲武，餘並爲文也。正議大夫、文散官也。開國伯、爵。忠武將軍、武散官。上輕車都尉。勳官。

正第四品下階

尚書右丞、永昌元年進爲從三品，如意元年復舊。諸司侍郎、太子右庶子、左右諭德、左右千牛衞、左右監門衞中郎將、親勳翊衞羽林中郎將、下州刺史、武德令，中州刺史，正四品〔一六〕，下州刺史，從四品上。貞觀令，一切爲下州，加入正四品下。自此已上職事官。中郎將爲武，餘並爲文也。通議大夫、文散官。壯武將軍。武散官。

從第四品上階

祕書少監、八寺少卿、殿中少監、太子左右衞、司禦、清道、內率、監門副率、太子親勳翊

衞中郎將、太子家令、太子率更令、太子僕、內侍、大都護親王府長史、已上職事官。府率、中郎將爲武，餘並爲文。太中大夫、文散官。宣威將軍、武散官。輕車都尉。勳官。

從第四品下階

國子司業、少府少監、將作少匠、京兆河南太原府少尹、大都督府大都護府親王府司馬、上州別駕、已上職事文官。武德令，上州別駕正五品上。二十三年爲長史〔一七〕，前上元年，復置別駕，定入從四品也。中府折衝都尉、武職事官。中大夫、文散官。明威將軍。武散官。武德令有天策上將府從事中郎，九年省。

正第五品上階

諫議大夫、御史中丞、武德令，從五品上。貞觀令，加入正五品上，五年又加入四品。如意元年復舊也。國子博士、給事中、中書舍人、太子中允、太子左右贊善大夫、都水使者、萬年長安河南洛陽太原晉陽奉先會昌縣令、武德元年，敕萬年、長安令爲正五品上。七年定令，改爲從五品。貞觀初復舊也。親勳翊衞羽林郎將、中都督府上都護府長史、親王府諮議參軍事、武德令，正五品下也。軍器少監、太史少監、親王府典軍、已上職事官。郎將、典軍爲武，餘並爲文。永徽令，親王典軍從四品下。垂拱令改入五品也。中散大夫、文散官。開國子、爵。定遠將軍、武散官。上騎都尉。勳官。

正第五品下階

太子中舍人、尙食尙藥奉御、太子親勳翊衞郎將、內常侍、中都督上都護府司馬、中州別駕、下府折衝都尉、已上職事官。郎將、折衝爲武，餘並爲文也。朝議大夫、文散官。寧遠將軍。武散官。武德令有天策上將軍諮祭酒，九年省。

從第五品上階

尙書左右諸司郎中、武德令，吏部郎中正四品上，諸司郎中正五品上。貞觀二年，並改爲從五品上也。祕書丞、武德令，正五品上。永徽令改也。著作郎、太子洗馬、殿中丞、尙衣尙舍尙乘尙輦奉御、獻陵昭陵恭陵橋陵八陵令〔二八〕、武德，諸陵令從七品下，永徽二年加獻、昭二陵令，爲從五品。已後諸陵並相承依獻、昭二陵也。親王府副典軍、下都督府上州長史〔二九〕、下州別駕、已上職事官。典軍爲武，餘並爲文也。朝請大夫、文散官。開國男、爵。游擊將軍〔三〇〕、武散官。騎都尉。勳官。舊有太公廟令，武德年七品下，永徽二年加從五品上，開元二十四年省也。

從第五品下階

大理正、太常丞、太史令、內給事、太子典內、舊正六品上，開元令改。下都督府上州司馬、武德令，上州治中正五品下。貞觀初改。親王友、武德令，正五品下也。宮苑總監、上牧監、上府果毅都尉、已上職事官。果毅爲武散，餘並爲文。駙馬都尉、奉車都尉、並武散官。駙馬自近代已來，唯尙公主者授之。奉車，有唐已來無其人。朝散大夫、文散官。游擊將軍。武散官。武德令有天策上將府主簿、記室、參軍，九年省。

神龍令有庫谷、斜谷監也。

正第六品上階

太學博士、武德令，從六品上〔三〕，貞觀年改。太子詹事府丞、太子司議郎、太子舍人、中郡長史、武德令，中州別駕從五品上，貞觀年改也。太子典膳藥藏郎、京兆河南太原府諸縣令、武德元年敕，雍州諸縣令階從五品上，七年定令改。親王府掾屬、武德令，從五品下也。武庫中尙署令、武德令依上署令，從七品下，太極年改武庫令階，開元年改中尙令階。諸衞左右司階、中府果毅都尉、鎭軍兵滿二萬人已上司馬、已上職事官。司階、果毅爲武，餘並爲文也。親勳翊衞校衞〔三〕、衞官。朝議郎、文散官。昭武校尉、武散官。驍騎尉。勳官。

正第六品下階

千牛備身左右、衞官已上，王公已下高品子孫起家爲之。太子文學、下州長史、武德中，下州別駕，正六品，貞觀二十三年，改爲長史丞。永淳元年，諸州置別駕官。天寶八載停別駕，下郡置長史。後上元二年，諸州置別駕，不廢下府長史也。中州司馬、武德令，中州治中，從五品下，貞觀令改。內謁者監、中牧監、上牧副監、已上文職事官。上鎭將、武職事官。武德令，從四品下也。承議郎、文散官。昭武副尉。武散官。武德令有天策上將府諸曹參軍事，九年省也。

從第六品上階

起居郎、起居舍人、尚書諸司員外郎、武德令，吏部員外郎正六品上，諸司員外郎正六品下。貞觀二年改。八寺丞、大理司直、國子助教、武德令，從七品上。城門符寶郎、通事舍人、祕書郎、武德令，正七品上。著作佐郎、武德令，正七品下。侍御醫、武德、乾封令，正七品上。神龍令，從六品下。開元改。諸衞羽林長史、兩京市署令、武德四年進爲從五品上，七年定令，復舊也。下州司馬、武德令，中下州治中，正六品下。親王文學、主簿、記室、錄事參軍、武德令，親王府文學已上，並正六品下也。諸州上縣令、已上文職事官。諸率府左右司階、武職事官。鎭軍兵不滿二萬人司馬、文職事官。左右監門校尉、親勳翊衞旅帥、衞官。奉議郎、文散官。振威校尉、武散官。飛騎尉。勳官。

從第六品下階

侍御史、舊從七品上，垂拱令改。少府將作國子監丞、太子內直典設宮門郎、太公廟令、司農寺諸園苑監、沙苑監、下牧監、宮苑總監副、互市監、中牧副監、已上文職事官。下府果毅都尉、武職事官。親王府校尉、衞官。通直郎、文散官。振威副尉。武散官。

正第七品上階

四門博士、詹事司直、左右千牛衞長史、尚食尚藥直長、太子左右衞司禦淸道率府長史、軍器監丞、諸州中縣令、京兆河南太原府司錄參軍事、大都督大都護府錄事參軍事、親王府諸曹參軍、已上文職事官。武德令，親王府功曹、倉曹、戶曹、兵曹參軍事，從五品下，騎曹、鎧曹、田曹、士曹、

水曹參軍事等，七品下也。中鎮將、武職事官。武德令，從五品下。太子千牛、親勳翊衞隊正副隊正、已上衞官。朝請郎、文散官。致果校尉、武散官。雲騎尉。勳官。

正第七品下階

尙衣尙舍尙乘尙輦直長、太子通事舍人、內寺伯、京兆河南太原府大都督大都護府諸曹參軍、中都督上都護府錄事參軍事、諸倉諸冶司竹温湯監、諸衞左右中候、上府別將、武德令，別將正五品上，後改爲果毅。聖曆三年復置別將。上府長史、武德令，統軍長史正八品下也。上鎮副、武德令，從五品下。下鎮將、武德令，正六品下。下牧副監、已上職事官。中候、別將、鎮副、鎮將爲武，餘並爲文也。宣德郎、文散官。致果副尉。武散官。武德令又有天策上將府參軍事，九年省。又有鹽池鹽井監、諸王百司問事謁者。

從第七品上階

殿中侍御史、武德至乾封令，並正八品上，垂拱年改。左右補闕、太常博士、太學助教、武德令，從八品下也。門下錄事、中書主書、尙書都事、九寺主簿、太子詹事主簿、太子左右內率監門率府長史、太子侍醫、太子三寺丞、都水監丞、諸州中下縣令、親王府東西閤祭酒、武德令，正六品下。京縣丞、萬年、長安、河南、洛陽、奉先、會昌、太原、晉陽。下都督府上州錄事參軍、中都督上都護府諸曹參軍事、中府別將長史、中鎮副、武德令，正六品下。已上職事官。別將、鎮副爲武，餘並爲文。左右監

門直長、勳衞、太子親衞、已上衞官。朝散郎、文散官。翊麾校尉、武散官。武騎尉。勳官。

從第七品下階

太史丞、監局同。御史臺少府將作國子監主簿、御史臺、國子監主簿，舊正八品，垂拱令改。掖庭令、宮闈令、上署令、郊社、太樂、鼓吹、太醫、太官、左藏令、乘黃、典客、上林、太倉、平準、常平、左尚、右尚、典牧。武德令有太廟、諸陵、典農、中尚、都水、常平。其左尚、典牧本中署，右尚本下署，開元初改之也。諸州下縣令、天寶五載，一切爲中下縣。諸陵署丞、永徽二年加秩。舊有太廟署丞，武德爲九品，永徽二年加秩，從七品上，開元年省也。司農寺諸園苑副監、神龍令有諸冶副監。宮苑總監丞、下都督府諸曹參軍、太子內坊丞、舊正八品上，開元初改。親王國令、舊規，流內正九品，太極年改。公主家令、舊規，流內正八品，太極年改。上州諸參軍事、下府別將長史、下鎮副、武德令，從六品下。諸屯監、武德令有芍醞監，神龍令有漆園監。諸率府左右中候、鎮軍滿二萬人以上諸曹判司、已上職事官。別將、鎮副、中候爲武，餘並爲文也。太子左右監門直長、親王府旅帥、諸折衝府校尉、已上衞官。武德令，諸府校尉，正六品下也。宣議郎、文散官。翊麾副尉。武散官。

正第八品上階

監察御史、舊從八品上，垂拱令改。協律郎、諸衞羽林龍武軍錄事參軍事、中署令、鈎盾、右藏、織染、掌冶，武德令有衣冠署令。中州錄事參軍事、太醫博士、太子典膳藥藏丞、軍器監主簿、武庫

署丞、舊從八品下，開元初改。兩京市署丞、上牧監丞、武德令，從八品下，神龍令有廩谷、斜谷、太陰伊陽監丞。鎮軍不滿二萬人以上諸曹判司、已上文職事官。翊衞、太子勳衞、親王府執仗執乘親事、已上衞官。給事郎、文散官。宣節校尉。武散官。武德令有天策上將府典籤，九年省。

正第八品下階

奚官內僕內府局令、下署令、太卜、廩犧、珍羞、良醞、掌醢、守宮、武器、車府、司儀、崇玄、導官、中右校、左校、甄官、河渠、弩坊、甲坊。神龍令又有干、機二署令也。諸衞羽林龍武諸曹參軍事、中州諸司參軍事、親王府京兆河南太原府大都督大都護府參軍事、武德令，親王府參軍，從七品下，雍州行參軍，正八品上。尚藥局司醫、京兆河南太原府諸縣丞、太子內直宮門丞、太公廟丞、諸宮農圃監、互市監丞、司竹副監、司農寺諸園苑監丞、靈臺郎、已上文職事官。諸衞左右司戈、上戍主、已上武職事官。武德令有中鎮長史。備身、衞官。徵事郎、文散官。宣節副尉。武散官。

從第八品上階

左右拾遺、太醫署針博士、四門助教、武德令，從九品上。左右千牛衞錄事參軍、下州錄事參軍、武德令有中下州諸司參軍事。諸州上縣丞、中牧監丞、武德令，正八品上。京縣主簿、太子左右衞司禦清道率府錄事參軍、中都督府上都護府參軍、親王府行參軍、武德令，正八品上。京兆河南太原大都督府博士、武德令，雍州博士，從八品下。諸倉諸冶司竹温湯監丞、武德令有鹽池鹽井監丞，神

龍令有太和監丞。保章正、已上文職事官。太子翊衞諸府旅帥、已上衞官。武德、乾封令，諸府旅帥，正七品下。承奉郎、文散官。禦侮校尉。武散官。

從第八品下階

大理評事、律學博士、太醫署丞〔三三〕、醫監、太子左右春坊錄事、左右千牛衞諸曹參軍、內謁者、太子左右衞司禦淸道率府諸曹參軍事、太子諸署令、掖庭宮闈局丞、太史都水監主簿、太史爲局則省主簿。中書門下尚書都省兵吏部考功禮部主事、舊從九品上，開元二十四年改七司入八品，其省內諸司依舊。上署丞、武德令有芳醞監丞。下都督府上州參軍事、中都督府上州博士、諸州中縣丞、諸王府典籤、武德令，正八品下。京縣尉、親王國大司農〔三四〕、舊規，流內正第七品，開元初改。公主家丞、舊規，流內正第九品，開元初改。諸屯監丞、上關令、上府兵曹、上鎭倉曹兵曹參軍事、武德令有下鎭長史。挈壺正、已上文職事官。中戍主、上戍副、率府左右司戈、已上武職事官。太子備身、親王府隊正、已上衞官。承務郎、文散官。禦侮副尉。武散官。

正第九品上階

校書郎、永徽令加入從八品下，垂拱令復舊。太祝、太子左右內率監門府錄事參軍、太子內方典直〔三五〕、中署丞、典客署掌客、親勳翊衞府羽林兵曹參軍事、岳瀆令、諸津令、下牧監丞、武德令，正八品下。神龍令有漆園丞，開元前令有沙苑丞。諸州中下縣丞、中郡博士、武德令，正九品下。京兆

河南太原府諸縣主簿、武庫署監事、已上並文職事官。武德令有天策上將府錄事。其武庫監事，從九品下，太極年改也。儒林郎、文散官。仁勇校尉。武散官。

正第九品下階

正字、永徽令改入上階，垂拱令復舊。太子校書、永徽令改入上階，垂拱令復舊。奚官內僕內府局丞、下署丞、尙食局食醫〔二六〕、尙藥局醫佐、尙乘局奉乘司庫司廩、太史局司辰、典廐署主乘、太子左右內率監門率府諸曹參軍事、太子三寺主簿、詹事府錄事、龍朔年置桂坊錄事，咸亨年省。太子親勳翊府兵曹參軍事、諸州下縣丞、諸州上縣中縣主簿、中州參軍事、武德令，正九品上。下州博士、武德令，中下州博士，從九品上，下州博士，從九品下。京兆河南太原府諸縣尉、上牧主簿、諸宮農圃監丞、中關令、中府兵曹、親王國尉、舊規，流內正八品，開元初改。諸衞左右執戟、中鎭兵曹參軍、下戍主、已上職事官。武德令有親王府鎭事及司閤〔二七〕。上關丞、武德令有上津尉。諸折衝府隊正、衞官。登仕郎、文散官。仁勇副尉。武散官。

從第九品上階

尙書諸司御史臺祕書省殿中省主事、奉禮郎、律學助教、太子正字、弘文館校書、太史司曆、太醫署醫助教、京兆河南太原府九寺少府將作監錄事、都督都護府上州錄事市令、宮苑總監主簿、中牧監主簿、永徽令有監漕。諸州中下縣主簿、上縣中縣尉、下府兵曹、已上並職事

文官。文林郎、文散官。陪戎校尉。武散官。

從第九品下階

內侍省主事、國子監親王府錄事、太子左右春坊主事、崇文館校書、書學博士、算學博士、門下典儀、太醫署按摩呪禁博士、太卜署博士、太醫署針助教、太醫署醫正、太卜署卜正、太史局監候、親王國丞、舊規，流內正第九品，開元初改從正流內。掖庭局宮教博士、太子諸署丞、太子典食署丞、太子廐牧署典乘〔三〕、諸監作諸監事計官、太官署監膳、太樂鼓吹署樂正、大理寺獄丞、下州參軍事、武德令，中下州行參軍，正九品，下州參軍，從九品上。中州下州醫博士、諸州中縣下縣尉、京縣錄事、下牧監主簿、下關令、中關丞、諸衞羽林長上、公主邑司錄事、諸津丞、下鎮兵曹參軍、武德令有諸橋諸堰丞。諸率府左右執戟、已上職事官。長上、執戟爲武，餘並爲文。親王府隊副、諸折衝府隊副、已上衞官。將仕郎、文散官。陪戎副尉。武散官。

流內九品三十階之內，又有視流內起居，五品至從九品。初以薩寶府、親王國官及三師、三公、開府、嗣郡王、上柱國已下護軍已上勳官帶職事者府官等品。開元初，一切罷之。今唯有薩寶、祆正二官而已。又有流外自勳品以至九品，以爲諸司令史、贊者、典謁、亭長、掌固等品。視流外亦自勳品至九品，開元初唯留薩寶、祆祝及府史，餘亦罷之。

職事者，諸統領曹事，供命王命，上下相攝，以持庶績。近代已來，又分爲文武二職，分曹置員，各理所掌。五品已上，舊制吏部尙書進用。自隋已後，則中書門下知政事官訪擇聞奏，然後下制授之。三品已上，德高委重者，亦有臨軒册授。自神龍之後，册禮廢而不用，朝廷命官，制敕而已。六品已上，吏部選擬錄奏，書旨授之。

有唐已來，出身入仕者，著令有秀才、明經、進士、明法、書算。其次以流外入流。若以門資入仕，則先授親勳翊衞，六番隨文武簡入選例。又有齋郞、品子、勳官及五等封爵、屯官之屬，亦有番第，許同揀選。天寶三載，又置崇玄學，習道德等經，同明經例。自餘或臨時聽敕，不可盡載。其秀才，有唐已來無其人。

職事官資，則淸濁區分，以次補授。又以三品已上官〔三九〕，及門下中書侍郞、尙書左右丞、諸司侍郞、太常少卿、太子少詹事、左右庶子、祕書少監、國子司業爲淸望官。太子左右諭德、左右衞左右千牛衞中郞將、太子左右率府左右內率府率及副、太子左右衞率府中郞將，已上四品。諫議大夫、御史中丞、給事中、中書舍人、太子中允、中舍人、左右贊善大夫、洗馬、國子博士、尙書諸司郞中、祕書丞、著作郞、太常丞、左右衞郞將、左右衞率府郞將、已上

五品。起居郎、起居舍人、太子司議郎、尙書諸司員外郎、太子舍人、侍御史、祕書郎、著作佐郎、太學博士、詹事丞、太子文學、國子助教、已上六品。左右補闕、殿中侍御史、太常博士、四門博士、詹事司直、太學助教、已上七品。左右拾遺、監察御史、四門助教已上八品。爲淸官。自外各以資次遷授。開元中，裴光庭爲吏部尙書，始用循資格以注擬六品已下選人。其後每年雖小有移改，然相承至今用之。

武散官〔三〇〕，舊謂之散位，不理職務，加官而已。後魏及梁，皆以散號將軍記其本階，自隋改用開府儀同三司已下。貞觀年，又分文武，入仕者皆帶散位，謂之本品。

以門資出身者，諸嗣王郡王出身從四品下，親王諸子封郡公者從五品上，國公正六品上，郡公正六品下，縣公從六品上，侯正七品上，伯正七品下，子從七品上，男從七品下。皇帝緦麻以上親、皇太后周親出身六品上。皇太后大功親、皇后周親從六品上。皇帝袒免親、皇太后小功緦麻親、皇后大功親正七品上。皇后小功緦麻親、皇太子妃周親從七品上。其外戚各依服屬降宗親二階敍。諸娶郡主者出身六品上。娶縣主者正七品上。郡主子出身從七品上。縣主子從八品上。一品子正七品上，二品子正七品下，三品子從七品上，從三品子從七品下，正四品子正八品上，從四品子正八品下，正五品子從八品上，從五品及國公子從八品下。三品以上蔭曾孫，五品以上蔭孫，孫降子一等，曾孫降孫一等。

諸秀才出身，上上第，正八品上；上中第，正八品下；上下第，從九品上。明經出身，上上第，從八品下；上中第，從九品上。進士明法出身，甲第，從九品上；乙第，從九品下。若通二經已外，每一經加一等。

勳官預文武選者，上柱國正六品上敍，以下遞降一階。凡入仕之後，遷代則以四考爲限。四考中中，進年勞一階敍。每一考中上，進一階；一考上下，進二階。五品已上非恩制所加，更無進之令。

自武德至乾封，未有泛階之恩。應入三品者，皆以恩舊特拜，入五品者多依選敍，計階至朝散大夫已上，奏取進止，每年量多少進敍。餘並依本品授官。若滿三計至，即一切聽入。至乾封元年，文武普加二階。永淳元年二月敕：「文武官累積勞効，計至五品。一計至者，多未甄擢。再計至者，隨例必升，賢愚一貫。自今已後，一計至已上，有在官清愼，狀迹灼然，材堪應務者，所司具狀錄奏，當與進階。若公正無聞，循默自守，及未經任州縣官者，雖頻經計至，不在加階之限。即爲恆例。」弘道元年，又普加一階。乃有九品職事及三衞階高者，並入五品。則天朝，泛階漸多，始令仕經八考，職事六品者許入。萬歲通天元年敕：「自今已後，文武官加階應入五品者，並取出身，已歷十二考已上，進階之時，見居六品官。其應入三品人，出身已二十五考以上，進階見居三品官。」無幾，入五品又加至十六考。神

功元年制：「勳官、品子、流外國官出身，不得任淸資要官。應入三品，不得進階。」開元已來，伎術者經二十考，三省都事及主事、錄事十八考，亦聽敍。吏部檢勘歷任階考，判成錄奏。每制之日，應入三品五品者，皆令人參趁。或是遠方牧宰、諸司閑職，齎持金帛贈遺主典，知加階令史，乃有受納萬數者。臺省要職，以加位爲榮，亦有遺主典錢帛者。

舊例，開府及特進，雖不職事，皆給俸祿，預朝會，行立在於本品之次。光祿大夫已下，朝散大夫已上，衣服依本品，無祿俸，不預朝會。朝議郎已下，黃衣執笏，於吏部分番上下承使及親驅使，甚爲猥賤。每當上之時，至有爲主事令史守局鑰執鞭帽者。兩番已上，則隨番許簡，通時務者始令參選。一登職事已後，雖官有代滿，卽不復番上。

勳官者，出於周、齊交戰之際。本以酬戰士，其後漸及朝流。階爵之外，更爲節級。周置上開府儀同三司、開府儀同三司、上儀同三司、儀同三司等十一號。隋文帝因周之舊，更增損之。有上柱國、柱國、上大將軍、大將軍、上開府儀同三司、開府儀同三司、上儀同三司、儀同三司、大都督、帥都督、都督，起正二品，至七品，總十一等，用賞勳勞。

煬帝又改爲左光祿大夫、右光祿大夫、金紫光祿大夫、銀青光祿大夫、正議大夫、朝請

大夫、朝散大夫、建節奮武尉、宣惠尉十一等，以代都督已上。又增置綏德、懷仁、守義、奉誠、立信等五尉，以至從九品。

武德初，雜用隋制，至七年頒令，定用上柱國、柱國、上大將軍、大將軍、上輕車都尉、輕車都尉、上騎都尉、騎都尉、驍騎尉、飛騎尉、雲騎尉、武騎尉，凡十二等，起正二品，至從七品。

貞觀十一年，改上大將軍爲上護軍，大將軍爲護軍，自外不改，行之至今。

永徽已後，以國初勳名與散官名同，年月既久，漸相錯亂。咸亨五年三月，更下詔申明，各以類相比。武德初光祿大夫比今日上柱國，左光祿大夫比柱國，右光祿大夫及上大將軍比上護軍，金紫光祿大夫及將軍比護軍，銀青光祿大夫及上開府比上輕車都尉，正議大夫及開府比輕車都尉，通議大夫及上儀同三司比上騎都尉，朝請大夫及儀同比騎都尉，上大都督比驍騎尉，大都督比飛騎尉，帥都督比雲騎尉，都督比武騎尉。自是已後，戰士授勳者動盈萬計。每年納課，亦分番於兵部及本郡當上省司。又分支諸曹，身應役使，有類僮僕。據令乃與公卿齊班，論實在於胥吏之下，蓋以其猥多，又出自兵卒，所以然也。

武德初，以諸道軍務事繁，分置行臺尚書省。其陝東道大行臺尚書省，令一人，正第二品。掌管內軍人，總判省事。僕射一人，從第二品，三品任置〔三〕。掌貳令事。左丞一人，正第四品下。右丞一人，正第四品下。掌分司糾正省內。都事一人，從第七品上。主事四人，從第九品上，諸司主事並同。並掌同京省。兵部尚書一人，正第四品，諸尚書並同。兼掌吏部事。司勳郎中一人，正第五品上，諸郎中並同。主事一人。考功郎中一人，主事一人。兵部郎中一人，主事二人。駕部郎中一人，主事二人。民部尚書一人，兼掌禮部事。禮部郎中一人，主事一人。膳部郎中一人，主事一人。度支郎中一人，主事二人。倉部郎中一人，主事二人。工部尚書一人，兼掌刑部事。刑部郎中一人，主事一人。都官郎中一人，主事一人。工部郎中一人，主事一人。屯田郎中一人，主事一人。每郎中兼京省二司。各有令史、書令史及掌固，並流外。食貨監一人，正第八品下，諸監同。掌膳羞、財物、賓客、鋪設、音樂、醫藥事。丞二人。正第九品下，諸監丞同。農圃監一人，掌倉廩、園圃、柴炭、芻藁、運漕之事。丞四人。武器監一人，掌兵仗、廄牧之事。丞二人。百工監一人，掌舟車及營造雜作之事。丞四人。各有錄事及府史、典事、掌固等，並流外。諸道行臺尚書省，益州道、襄州道、東南道、河東道、河北道。令一人，從第二品。掌同陝東道大行臺。僕射一人，正第三品，左右任置。丞一人，左右任置。左丞從四品上，右丞從四品下。都事二人，正第八品上。主事二人。兵部尚書一人，從第三品，諸尚書同。兼掌吏部、禮部事。考功郎中一人，從第五品上，諸郎中

並同。主事二人。從第九品下，諸主事同。膳部郎中一人，主事二人。兵部郎中二人，主事二人。民部尚書一人，兼掌刑部、工部。倉部郎中二人，主事二人。刑部郎中一人，主事二人。屯田郎中一人，主事二人。每郎中兼掌京省三司，各有令史、書令史、掌固，並流外也。食貨監一人，從八品上，武器監同。兼掌農圃監事，丞一人。兼掌百工監事〔三〕，丞二人。兩監各有錄事、府史、典事、掌固等，並流外。

時秦王、齊王府官之外，又各置左右六護軍府及左右親事帳內府。其左一右一護軍府護軍各一人，正第四品下。掌率統軍已下侍衞陪從。副護軍各二人，從四品下。長史各一人，從七品下。錄事參軍各一人，從八品，有錄事及府史，並流外。倉曹參軍事各一人，兵曹參軍事各一人，鎧曹參軍事各一人。並正九品下，各有府史，並流外。統軍各五人，別將各十人，分掌領親勳衞及外軍。左二右二護軍府、左三右三護軍府，各減統軍三人，別將六人。餘職員同左一右一府。其左右親事府統軍各一人，正四品下。掌率左右別將、侍衞陪從。長史一人，正八品下。錄事參軍事各一人，正九品上，有錄事及府史，並流外。兵曹參軍事各一人，鎧曹參軍事各一人。並正九品下，各有府史，並流外。左別將各一人，右別將各一人，正五品下。掌率親事以上侍衞陪從。其帳內府職員品秩，與統軍府同。又有庫直及驅咥直，庫直隸親事府，驅咥直隸帳內府。各於左右內選才堪者，量事置之。

武德四年，太宗平洛陽之後，又置天策上將府官員。天策上將一人，掌國之征討，總判府事。長史、司馬各一人，從事中郎二人，並掌通判府事。軍諮祭酒二人，謀軍事，贊相禮儀，宴接賓客。典籤四人，掌宣傳導引之事。主簿二人，掌省覆教命。錄事二人，記室參軍事二人，掌書疏表啓，宣行教命。功曹參軍事二人，掌官員假使、儀式、醫藥、選舉、考課、祿恤、鋪設等事。倉曹參軍二人，掌糧廪、公廨、田園、廚膳、過所等事。兵曹參軍事二人，掌兵士簿帳、差點等事。騎曹參軍事二人，掌馬驢雜畜簿帳及牧養支料草粟等事。鎧曹參軍事二人，掌戎仗之事。士曹參軍事二人，掌營造及罪罰之事。六曹並有令史、書令史。參軍事六人，掌出使及雜檢校之事。

其陝東道大行臺尚書令及天策上將，太宗在藩爲之。及升儲，並省之。山東道行臺，武德五年省。餘道，九年省。

校勘記

〔一〕明威信遠　新書卷四六百官志、通典卷三四、通考卷六四「明威」下有「定遠寧遠」四字，無「信遠」。

〔二〕領左右郎將準此　合鈔卷六四職官志「領」下有「軍」字。

〔三〕文騎尉　通典卷三四、通考卷六四作「武騎尉」。

〔四〕職事高者解散官　「高者」二字各本原無，據通典卷三四補。

〔五〕內書省　合鈔卷六四職官志作「內史省」。

〔六〕丞務　「丞」字各本原作「成」，據本書卷四三職官志、通典卷二二改。

〔七〕奉御　唐六典卷一一、通典卷二六、通考卷五七作「奉輦」。

〔八〕司成館　「成」字各本原作「丞」，據通典卷二七、册府卷六二〇改。

〔九〕左右宗衞率府爲司禦衞　「左右宗衞」四字各本原無，據通典卷三〇、册府卷七〇八補。

〔一〇〕豹衞　通典卷二八、唐會要卷七一、通考卷五八作「豹韜衞」。

〔一一〕又置員外官凡二千餘人　「官」字各本原作「郎」，「二」字原作「一」，據本書卷七中宗紀、通典卷一九改。

〔一二〕入正三品　十七史商榷卷八一云：「入正三品四字是衍文」。

〔一三〕已上並職事官諸衞羽林　「官諸」，各本原作「諸官」，據合鈔卷六四職官志改。

〔一四〕五品下　據本卷下文「尚書左右諸司郎中」注及通典卷四〇當作「從五品上」。

〔一五〕十年復置北都軍器監　通典卷二七、通考卷五七「十年」作「開元十六年」。

〔一六〕正四品　合鈔卷六四職官志作「正四品下」。

〔一七〕二十三年爲長史　合鈔卷六四職官志「二十三年」上有「貞觀」二字。

〔一八〕獻陵昭陵恭陵橋陵八陵令　唐六典卷一四、通典卷四〇作「獻陵昭陵乾陵恭陵定陵橋陵等八陵令」。

〔一九〕上州長史　「上州」二字各本原無，據通典卷四〇補。

〔二〇〕游擊將軍　通典卷四〇作「游騎將軍」。

〔二一〕從六品上　「品」下各本原衍「已」字，據合鈔卷六四職官志删。

〔二二〕校衞　通典卷四〇作「校尉」。

〔二三〕太醫署丞　「丞」字各本原無，據通典卷四〇補。

〔二四〕大司農　通典卷四〇作「大農」。

〔二五〕太子內方典直　通典卷四〇「方」作「坊」。

〔二六〕食醫　各本原作「尙醫」，據唐六典卷一一、通典卷四〇改。

〔二七〕親王府鎭事　合鈔卷六四職官志「鎭」作「問」。

〔二八〕太子廐牧署典乘　「廐」上各本原有「典」字，據唐六典卷二七、通典卷四〇删。

〔二九〕又以三品已上官　「上」字各本原作「下」，據唐六典卷二改。

〔三〇〕武散官　十七史商榷卷八一云：「武」字上脫「文」字。

〔三一〕三品任置　殘宋本「三」字作「二」，本卷下文「左右任置」之文屢見，疑「三品」係「左右」之訛。

〔三二〕兼掌百工監事　合鈔卷六四職官志「兼」上有「武器監一人」五字。

舊唐書卷四十三

志第二十三

職官二

太師、太傅、太保各一員。謂之三師，並正一品。後漢初，太傅置府僚。至周、隋，三師不置府僚，初拜於尚書省上。隋煬帝廢三師之官。武德復置，一如隋制。三師，訓導之官，天子所師法，大抵無所統職。然非道德崇重，則不居其位。無其人，則闕之。

太尉、司徒、司空各一員。謂之三公，並正一品。魏、晉至北齊，三公置府僚。隋初亦置府僚，尋省府僚，初拜於尚書省上，唐因之。武德初，太宗爲之，其後親王拜三公，皆不視事，祭祀則攝者行也。三公，論道之官也。蓋以佐天子理陰陽，平邦國，無所不統，故不以一職名其官。大祭祀，則太尉亞獻，司徒奉俎，司空掃除。

尚書都省龍朔二年，改爲中臺，光宅元年，改爲文昌臺。神龍初復。

尚書省領二十四司。六尙書，各分領四司。

尚書令一員。正二品。武德中，太宗爲之，自是闕而不置。令總領百官，儀刑端揆，其屬有六尙書：一曰吏部，二曰戶部，三曰禮部，四曰兵部，五曰刑部，六曰工部。凡庶務，皆會而決之。

左右僕射各一員，從二品。龍朔二年，改爲左右匡政，光宅元年，改爲文昌左右相，開元元年，改爲左右丞相，天寶元年，復爲左右僕射。掌統理六官，綱紀庶務，以貳令之職。自不置令，僕射總判省事。御史糾劾不當，兼得彈之。

左右丞各一員。左丞，正四品上。右丞，正四品下。龍朔改爲左右肅機，咸亨復，永昌元年，升爲從三品也，如意元年，復四品也。左丞掌管轄諸司，糾正省內，勾吏部、戶部、禮部十二司，通判都省事。若右丞闕，則併行之。右丞管兵部、刑部、工部十二司。若左丞闕，右丞兼知其事。御史有糾劾不當，兼得彈之。

左右司郎中各一員。並從五品上。隋置，武德初省。貞觀初，復置。龍朔二年，改爲左右丞務，咸亨復也。左司郎中，副左丞所管諸司事，省署鈔目，勘稽失，知省內宿直之事。若右司郎中闕，則併行之。左右司員外郎各一員。天后永昌元年，置左右司員外郎各一人。神龍初省，後復置。左右司郎中、員

外郎各掌副十有二司之事，以舉正稽違，省署符目焉。

凡都省掌舉諸司之綱紀與百僚之程式，以正邦理，以宣邦教。凡上之所以逮下，其制有六，曰制、敕、册、令、教、符。天子曰制，曰敕，曰册。皇太子曰令。親王、公主曰教。尙書省下於州，州下縣，縣下鄉，皆曰符也。凡下之所以達上，其制亦有六，曰表、狀、牋、啓、辭、牒。表上於天子。其近臣亦爲狀。牋、啓上皇太子，然於其長亦爲之。非公文所施，有品已上公文，皆曰牒。庶人言曰辭也。諸司自相質問，其義有三：關、刺、移。關，謂關通其事；刺，謂刺舉之；移，謂移其事於他司。移則通判之官皆連署也。凡內外百司所受之事，皆印其發日，爲之程限。凡尙書省施行制敕，案成則給程以鈔之。若急速者，不出其日。若諸州計奏達于京師，量事之大小與多少，以爲之節。凡京師諸司，有符、移、關、牒下諸州者，必由於都省以遣之。凡文案既成，勾司行朱訖，皆書其上端，記年月日，納諸庫。凡施行公文應印者，監印之官考其事目無差，然後印之，必書於曆。每月終納諸庫。凡尙書省官，每日一人宿直。都司執直簿，轉以爲次。凡內外百僚，日出而視事，既午而退，有事則直官省之。其務繁，不在此例。凡天下制敕計奏之數，省符宣告之節，率以歲終爲斷。京師諸司，皆以四月一日納于都省。其天下諸州，則本司推校，以授勾官。勾官審之，連署封印，附計帳，使納于都省。常以六月一日，都事集諸司令史對覆。若有隱漏不同，皆附于考課焉。

主事六人，從九品上。令史十八人，書令史三十六人，亭長六人，掌固十四人。凡令史掌案文簿，亭長、掌固檢校省門戶倉庫廳事陳設之事也。

吏部尚書一員，正三品。龍朔二年，改爲司列太常伯，光宅元年，改爲天官尚書，神龍復爲吏部尚書也。侍郎二員。正四品上。隋煬帝大業三年，尚書六曹，各置侍郎一人，以貳尚書之職，並正四品。國家定令，諸曹侍郎降爲正四品下，唯吏部侍郎爲正四品上。龍朔改爲司列少常伯，咸亨復。總章元年，吏部、兵部各增置侍郎一員也。尚書、侍郎之職，掌天下官吏選授、勳封、考課之政令。其屬有四：一曰吏部，二曰司封，三曰司勳，四曰考功。總其職務，而行其制命。凡中外百司之事，由於所屬，皆質正焉。凡選授之制，每歲集於孟冬。去王城五百里之內以上旬，千里之內以中旬，千里之外以下旬。尚書、侍郎，分爲三銓。尚書爲尚書銓，侍郎二人分爲中銓、東銓也。凡擇人以四才，校功以三實。四才，謂身、言、書、判。其優長者，有可取焉。三實，謂德行、才用、勞効，德均以才，才均以勞，勞必考其實而進退之。較之優劣，而定其留放，所以正權衡，明與奪，抑貪冒，進賢能。然後據其官資，量其注擬。五品已上，以名上中書門下，聽制授其官。六品已下，量資任定。其才職頗高〔二〕，可擢爲拾遺、補闕、監察御史者，亦以名送中書門下，聽敕授。其有歷職清要，考第頗深者，得隔品授之，不然卽否。凡出身非清流者，不注清資官。凡注官，若官資未相當，及以爲非便者，聽至三注。凡伎術之官，皆本司定，送吏部

附甲。凡同司聯事勾檢之官，皆不得注大功已上親。凡皇親諸親及軍功，兼注員外郎〔二〕。凡注擬，必先具官階團甲，送門下以聞。注官，階高擬卑曰行，階卑擬高曰守。三銓注擬訖，皆當銓團甲，過左右僕射。若中銓、東銓，則過尚書訖，乃上門下省。給事中讀，黃門侍郎省，侍中審，然後進甲以聞，聽旨授而施行焉。若左右僕射門下批官不當者，別改注，亦有重執而上者也。凡大選，終於季春之月，若選人有身在軍旅，則軍中試書判，封送吏部。亦有春中下解而後集，謂之春選。若優勞人，有敕則有處分及即與官者，並聽非時選，一百日內注擬之。所以定九流之品格，補萬方之闕政，官人之道備焉。

郎中二員，並從五品上。龍朔爲司列大夫，咸亨、光宅並隨曹改也。員外郎二員。並從六品上。令史三十人，書令史六十人，亭長八人，掌固十二人。郎中一人掌考天下文吏之班秩階品。凡敍階二十有九，品在都序，自一品至九品，品有上下，凡散官四品已下，九品已上，並於吏部當番上下。其應當番四十五日。若都省須人送符，諸司須人者，並兵部、吏部散官上，經兩番已上，聽簡入選。不第者，依番名不過五六也〔三〕。凡敍階之法，有以封爵，有以親戚，有以勳庸，有以資蔭，有以秀孝，有以勞考，有除免而復敍者，皆循法以申之，無或枉冒。凡應入三品五品者，皆待別制而進之，不然則否。凡文武百僚之班序，官同者先爵，爵同者先齒。凡京司有常參官，謂五品以上職事官、八品已上供奉官、員外郎、監察御史、太常博士。供奉官、兩省自侍中、中書令已下，盡名供奉官。諸司長官、清望官、四品已下八品已上清官。每日以六品已上清官兩人，待制於衙。供奉官、宿衛官不

在此例。凡授四品已下清望官，才職相當，不應進讓。凡職事官應覲省及移疾，不得過程。年七十已上，應致仕，若齒力未衰，亦聽蒞務。凡官人身及同居大功已上親，自執工商，家專其業，及風疾、使酒，皆不得入仕。凡內外官有清白著聞，應以名薦，則中書門下改授，五品已上，量加升進，六品已下，有付吏部卽量等第遷轉。若第二第三等人，五品已上，改日稍優之。六品已下，秩滿聽選，不在放限。其嶺南、黔中，三年一置選補使，號爲南選。凡天下官吏，各有常員。凡諸司置直，皆有定數。諸司諸色有品直官。內外官吏，則有假寧之節，行李之命。簿書景迹，功賞殿最，具員皆與員外郎分掌之。郎中一人掌小銓，亦分爲九品，通謂之行署。以其在九流之外，故謂之流外銓，亦謂之小選。其校試銓注，與流內銓略同。其吏部、兵部、禮部、考功、都省、御史臺、中書、門下，謂之前八司，其餘則曰後行。凡擇流外，取工書、計，兼頗曉時務。三事中，有一優長，則在敍限。每經三考轉選，量其才能而進之，不則從舊任。小銓，舊委郎中專知。開元二十五年，又敕銓試訖留放，皆尚書侍郎定之也。員外郎一人掌判南曹。曹在選曹之南，故謂之南曹。每歲選人，有解狀、簿書、資歷、考課，必由之以覈其實，乃上三銓。其三銓進甲則署焉。員外郎一人掌判曹務。凡預太廟齋郎帖試，如貢舉之制。

司封郎中一員，從五品上。隋曰主爵郎，武德因之。龍朔二年改爲司封大夫，光宅改司封郎中也。司封員外郎一員，從六品上。主事二人，從九品上。令史四人，書令史九人，掌固四人。司封郎中、員外

郎之職，掌國之封爵，凡有九等。一曰王，正一品，食邑一萬戶。二曰郡王，從一品，食邑五千戶。三曰國公，從一品，食邑三千戶。四曰郡公，正二品，食邑二千戶。五曰縣公，從二品，食邑一千五百戶。六曰縣侯，從三品，食邑一千戶。七曰縣伯，正四品，食邑七百戶。八曰縣子，正五品，食邑五百戶。九曰縣男，從五品，食邑三百戶。凡名山大川，及畿內諸縣，皆不以封。至郡公有餘爵，聽迴授子孫。其國公皆特封。凡天下觀有定數。每觀立三綱，以道德高者充。凡三元諸齋日，修金籙、明眞等齋。凡道士、女道士簿籍，三年一造。凡外命婦之制，皇之姑，封大長公主，皇姉妹，封長公主，皇女，封公主，皆視正一品。皇太子之女，封郡主，視從一品。王之女，封縣主，視正二品。王母妻，爲妃。一品及國公母妻，爲國夫人。三品已上母妻，爲郡夫人。四品母妻，爲郡君。五品若勳官三品有封，母妻爲縣君。散官並同職事〔四〕。勳官四品有封，母妻爲鄉君。其母邑號，皆加太字，各視其夫、子之品。若兩有官爵者，從其高。若內命婦，一品之母，爲正四品郡君；二品之母，爲從四品郡君；三品四品之母，並爲正五品縣君。凡婦人，不因夫及子而別加邑號，夫人云某品夫人，郡君爲某品郡君，縣君、鄉君亦然。凡庶子，有五品已上官，皆封嫡母。無嫡母，封所生母。凡二王後夫人，職事五品已上，散官三品已上，王及國公母妻，朝參各視其夫及子之禮。凡親王，孺人二人，視正五品，媵十人，視正六品。嗣王、郡王及一品，媵十人，視從六品。二品，媵八人，視正七品。三品及國公，媵六人，視從七品。四品，媵

四人，視正八品。五品，媵三人，視從八品。降此外皆爲妾。凡皇家五等親，及諸親三等，存亡昇降，皆立簿書籍，每三年一造。除附之制，並載於宗正寺。

司勳郎中一員，從五品上。隋曰司勳郎，武德初乃加中字。龍朔改爲司勳大夫，咸亨復也。司勳員外郎二員，從六品上。主事四人，從九品上。令史三十三人，書令史六十人，掌固四人。郎中、員外郎之職，掌邦國官人之勳級。凡勳，十有二轉爲上柱國，比正二品。十一轉爲柱國，比從二品。十轉爲上護軍，比正三品。九轉爲護軍，比從三品。八轉爲上輕車都尉，比正四品。七轉爲輕車都尉，比從四品。六轉爲上騎都尉，比正五品。五轉爲騎都尉，比從五品。四轉爲驍騎尉，比正六品。三轉爲飛騎尉，比從六品。二轉爲雲騎尉，比正七品。一轉爲武騎尉，比從七品。凡有功効之人，合授勳官者，皆委之覆定，然後奏擬。

考功郎中一員，從五品上。龍朔二年改爲司績大夫，咸亨初乃復。考功員外郎一員，從六品上〔五〕。龍朔改爲司績員外郎，咸亨復。主事三人，從八品上。令史十三人，書令史二十五人，掌固四人。郎中、員外郎之職，掌內外文武官吏之考課。凡應考之官家，具錄當年功過行能，本司及本州長官對衆讀，議其優劣，定爲九等考第，各於所由司準額校定，然後送省。內外文武官，量遠近以程之有差，附朝集使送簿至省。每年別敕定京官位望高者二人，其一人校京官考，一人校外官考。又定給事中、中書舍人各一人，其一人監京官考，一人監外官考。郎中判

京官考，員外判外官考。其檢覆同者，皆以功過上使。京官則集應考之人對讀注定，外官對朝集使注定。凡考課之法，有四善：一曰德義有聞，二曰淸愼明著，三曰公平可稱，四曰恪勤匪懈。善狀之外，有二十七最：其一曰獻可替否，拾遺補闕，爲近侍之最。其二曰銓衡人物，擢盡才良，爲選司之最。其三曰揚淸激濁，褒貶必當，爲考校之最。其四曰禮制儀式，動合經典，爲禮官之最。其五曰音律克諧，不失節奏，爲樂官之最。其六曰決斷不滯，與奪合理，爲判事之最。其七曰都統有方，警守無失，爲宿衞之最。其八曰兵士調習，戎裝充備，爲督領之最。其九曰推鞫得情，處斷平允，爲法官之最。其十曰讎校精審，明爲刊定，爲校正之最。其十一曰承旨敷奏，吐納明敏，爲宣納之最。其十二曰訓導有方，生徒充業，爲學官之最。其十三曰賞罰嚴明，攻戰必勝，爲將帥之最。其十四曰禮義興行，肅淸所部，爲政教之最。其十五曰詳錄典正，辭理兼舉，爲文史之最。其十六曰訪察精審，彈舉必當，爲糾正之最。其十七曰明於勘覆，稽失無隱，爲勾檢之最。其十八曰職事修理，供承強濟，爲監掌之最。其十九曰功課皆充，丁匠無怨，爲役使之最。其二十曰耕耨以時，收穫成課，爲屯官之最。其二十一曰謹於蓋藏，明於出納，爲倉庫之最。其二十二曰推步盈虛，究理精密，爲曆官之最。其二十三曰占候醫卜，効驗居多，爲方術之最。其二十四曰譏察有方，行旅無壅，爲關津之最。其二十五曰市廛不擾，姦濫不作，爲市司之最。其二十六曰牧養

肥碩，蕃息孳多，爲牧官之最。其二十七曰邊境肅清，城隍修理，爲鎮防之最。一最以上，有四善，爲上上。一最以上，有三善，或無最而有四善，爲上中。一最以上，有二善，或無最而有三善，爲上下。一最以上，而有一善，或無最而有二善，爲中上。一最以上，或無最而有一善，爲中中。職事粗理，善最不聞，爲中下。愛憎任情，處斷乖理，爲下上。背公向私，職務廢闕，爲下中。居官諂詐，貪濁有狀，爲下下。若於善最之外，別可加尚，及罪雖成殿，情狀可矜，雖不成殿，而情狀可責者，省校之日，皆聽考官臨時量定。內外官從見任改爲別官者，其年考從日中校，百司量其閑劇，諸州據其上下。進考之人，皆有定限，苟無其功，不要充數。功過於限，亦聽量進。其流外官，本司量其行能功過，立四等考第而勉進之。凡親勳翊衞，皆有考第。考第之中，略有三等。衞主帥，如三衞之考。其監門、校尉、直長，如主帥之考。凡諡議之法，古之通典，皆審其事，以爲旌別。

戶部尚書一員，正三品。隋爲民部尚書，貞觀二十三年改爲戶部。明慶元年改爲度支，龍朔二年改爲司元太常伯，光宅元年改爲地官尚書，神龍復爲戶部。侍郎二員。正四品下。因隋已來改易名位，皆隨尚書也。尚書、侍郎之職，掌天下田戶、均輸、錢穀之政令，其屬有四：一曰戶部，二曰度支，三曰金部，四曰倉部。總其職務，而行其制命。凡中外百司之事，由於所屬，皆質正焉。

郎中二員，從五品上〔六〕。員外郎二員，從六品上。郎中、員外，自隋已來，隨曹改易。主事四人，從九品上。令史十五人，書令史三十四人，亭長六人，掌固十人。郎中、員外郎之職，掌分理戶口、井田之事。凡天下十道，任土所出，爲貢賦之差。凡天下之州府，三百一十有五，而羈縻之州，迨八百焉。四萬戶已上爲上州，二萬戶以上爲中州，不滿爲下州。凡三都之縣，在內曰京縣，城外曰畿，又望縣有八十五焉。其餘則六千戶以上爲上縣，二千戶已上爲中縣，一千戶已上爲中下縣，不滿一千戶皆爲下縣。凡天下之戶，八百一萬八千七百一十，口四千六百二十八萬五千一百六十一。百戶爲里，五里爲鄉。兩京及州縣之郭內，分爲坊，郊外爲村。里及坊村皆有正，以司督察。四家爲鄰，五鄰爲保。保有長，以相禁約。凡男女，始生爲黃，四歲爲小，十六爲中，二十有一爲丁，六十爲老。每一歲一造計帳，三年一造戶籍。縣以籍成于州，州成于省，戶部總而領焉。凡天下之戶，量其資定爲九等，每定戶以仲年，造籍以季年。州縣之籍，恆留五比，省籍留九比。凡戶之兩貫者，先從邊州爲定，次從關內，次從軍府州。若俱者，各從其先貫焉。樂住之制：居狹鄉者，聽其從寬。居遠者，聽其從近。居輕役之地者，聽其從重。辨天下之四人，使各專其業。凡習學文武者爲士，肆力耕桑者爲農，巧作器用者爲工，屠沽興販者爲商。工商之家，不得預於士。食祿之人，不得奪下人之利。凡天下之田，五尺爲步，步二百有四十爲畝，畝百爲頃。度其肥瘠寬狹，以居其

人。凡給田之制有差，園宅之地亦如之。凡給口分田，皆從便近。居城之人，本縣無田者，則隔縣給授。凡應收授之田，皆起十月，畢十二月。凡授田，先課後不課，先貧後富，先多後少。凡州縣界內所部，受田悉足者，爲寬鄉，不足者爲狹鄉。凡官人及勳，授永業田。凡天下諸州有公廨田，凡諸州及都護府官人有職分田。凡賦役之制有四：一曰租，二曰調，三曰役，四曰雜徭〔七〕。課戶每丁租粟二石。其調，隨鄉土所產綾絹絁各二丈，布加五分之一。輸綾絹絁者〔八〕，綿三兩。輸布者，麻三斤。皆書印焉。凡丁，歲役二旬。無事則收其庸，每日三尺。有事而加役者，旬有五日免調，三旬則租調俱免。凡庸調之物，仲秋斂之，季秋發於州。租則準州土收穫早晚，量事而斂之。仲冬起輸，孟春而納畢。本州納者，季冬而畢。凡諸國蕃胡內附者，亦定爲九等。凡嶺南諸州稅米，及天下諸州稅錢，各有準常。凡丁戶皆有優復蠲免之制。若孝子順孫、義夫節婦志行聞於鄉閭者，州縣申省奏聞，而表其門閭，同籍悉免課役。有精誠致應者，則加優賞焉。凡京司文武職事官，皆有防閤。凡州縣官僚，皆有白直。凡州縣官及在外監官，皆有執衣。凡諸親王府屬，並給士力，具品數如白直。凡有功之臣，賜實封者，皆以課戶充。凡食封，皆傳于子孫。凡庶人年八十及篤疾，給侍丁一人，九十，給二人，百歲，三人。凡天下朝集使，皆以十月二十五日至京師，十一月一日戶部引見訖，於尚書省與羣官禮見，然後集于考堂，應考績之事。元日，陳其貢篚

於殿廷。凡京都諸縣令，每季一朝。

度支郎中一員，從五品上。龍朔改爲司度大夫，咸亨復。員外郎一員，從六品上。主事二人，從九品上。令史十六人，書令史三十三人，計史一人，掌固四人。郎中、員外郎之職，掌判天下租賦多少之數，物產豐約之宜，水陸道塗之利。每歲計其所出而度其所用，轉運徵斂送納，皆準程而節其遲速。凡和糴和市，皆量其貴賤，均天下之貨，以利於人。凡金銀寶貨綾羅之屬，皆折庸調以造。凡天下舟車水陸載運，皆具爲脚直，輕重貴賤、平易險澀而爲之制。凡天下邊軍，有支度使，以計軍資糧仗之用。每歲所費，皆申度支會計，以長行旨爲準。

金部郎中一員，從五品上。龍朔爲司珍大夫，咸亨復。員外郎一員，從六品上。主事三人，從九品上。令史八人，書令史二十一人，計史一人，掌固四人。郎中、員外郎之職，掌判天下庫藏錢帛出納之事，頒其節制，而司其簿領。凡度，以北方秬黍中者一黍之廣爲分，十分爲寸，十寸爲尺，一尺二寸爲大尺，十尺爲丈。凡量，以秬黍中者容一千二百爲龠，二龠爲合，十合爲升，十升爲斗，三斗爲大斗，十斗爲斛。凡權衡，以秬黍中者百黍之重爲銖，二十四銖爲兩，三兩爲大兩，十六兩爲斤。凡積秬黍爲度量權衡，調鐘律，測晷景，合湯藥，及冠冕之制用之。內外官私，悉用大者。凡庫藏出納，皆行文牓，季終會之。若承命出納，則於中書、門下省覆而行之。百司應請月俸，符牒到，所由皆遞覆而行之，乃置木契，與應出物之司相

合。凡官私互市，物數有制。凡縑帛之類，有長短、廣狹、端疋、屯綟之差。凡賜十段，其率絹三疋，布三端，綿三屯。若雜綵十段，則絲布二疋，紬二疋，綾二疋，縵四疋。若賜蕃客錦綵，率十段則錦一張，綾二疋，縵三疋，綿四屯。凡遣使覆囚，則給時服。若諸使經二年不還，亦如之。凡時服稱一具者，全給之。一副者，減給之。正冬之會，稱束帛有差者，皆賜絹，五品已上五疋，六品已下三疋，命婦視其夫、子。

倉部郎中一員，從五品上。龍朔爲司庾大夫，咸亨復也。員外郎一員，從六品上。主事三人，從九品上。令史九人，書令史二十人，計史一人，掌固四人。郎中、員外郎之職，掌判天下倉儲，受納租稅，出給祿廩之事。凡中外文武官，品秩有差，歲再給之。乃置木契一百枚，以與出給之司合。諸司官人及諸色人應給食者，皆給米。凡致仕之官，五品已上及解官充侍者，各給半祿。即選官者，通計前祿，以充後數。凡都已東租納含嘉倉，自含嘉轉運以實京太倉。自洛至陝爲陸運，自陝至京爲水運，置使，以監充之。凡王公已下，每歲田苗，皆有簿書。凡義倉所以備歲不足，常平倉所以均貴賤也。

禮部尚書一員，正三品。隋舊。龍朔改爲司禮太常伯，光宅改爲春官尚書，神龍復也。侍郎一員。正四品下。名因隨曹改易也〔九〕。尚書、侍郎之職，掌天下禮儀、祭享、貢舉之政令。其屬有四：一

曰禮部，二曰祠部，三曰膳部，四曰主客。總其職務，而行其制命。凡中外百司之事，由於所屬，皆質正焉。凡舉試之制，每歲仲冬，率與計偕。其科有六：一曰秀才，試方略策五條。此科取人稍峻，貞觀已後遂絕。二曰明經，三曰進士，四曰明法，五曰書，六曰算。凡此六科，求人之本，必取精究理實，而昇爲第。其有博綜兼學，須加甄獎，不得限以常科。其弘文、崇文館學生，雖同明經、進士，以其資蔭全高，試取粗通文義。其郊社齋郎簡試，如太廟齋郎。其國子監大成十二員，取明經及第人聰明灼然者，試日誦千言，幷口試，仍策所習業，十條通七，然後補充。各授散官，依舊令於學內習業，以通四經爲限。

郎中一員，從五品上。員外郎一員，從六品上。隋曰儀曹郎，武德改禮部郎中員外。龍朔爲司禮大夫司禮員外，咸亨復。主事二人，從八品上。令史五人，書令史十一人，亭長六人，掌固八人。郎中、員外郎之職，掌貳尚書、侍郎。舉其儀制，而辨其名數。凡五禮之儀，一百五十有二：一曰吉禮，其儀五十有五；二曰賓禮，其儀有六；三曰軍禮，其儀二十有三；四曰嘉禮，其儀五十；五曰凶禮，其儀一十有八。凡元日，大陳設於含元殿，服袞冕臨軒，展宮懸之樂；陳歷代寶玉輿輅，備黃麾仗，二王後及百官朝集使、皇親，並朝服陪位。大會之日，陳設如初。凡冬至，大陳設如元正之儀。其異者，無諸州表奏祥瑞貢獻。凡元正、冬至大會之明日，百官、朝集使等皆詣東宮慶賀。凡千秋節，御樓設九部之樂，百官袴褶陪位。凡京司文武職事，

九品已上，每朔、望朝參。五品已上及供奉官、員外郎、監察御史、太常博士，每日參。凡諸蕃國來朝，皆設宮懸之樂及黃麾仗。若蕃國使，則減黃麾之半。凡册皇后、太子、太子妃、諸王、諸王妃、公主，並臨軒册命，陳設如冬、正之儀。訖，皆拜太廟。凡祥瑞，皆辨其名物。有大瑞、上瑞、中瑞〔一〇〕，皆有等差。凡太陽虧，所司預奏，其日置五鼓五兵於太社，而不視事。百官各素服守本司，不聽事。過時乃罷。月蝕，則擊鼓於所司。若五嶽、四鎮、四瀆崩竭，皆不視事三日。凡二分之月，三公巡行山陵，則太常卿爲之副。凡百官拜禮，各有差。致敬之士，若非連屬，應敬之官相見，或自親戚者，各從其私禮。凡樂，有五聲、八音、六律、六呂，陳四懸之度，分二舞之節，以和人倫，以調節氣，以享鬼神，以序賓客。凡私家不得設鐘磬。三品已上，得備女樂。五品女樂不得過三人〔一一〕。居大功已上喪，受册及之官，雖有鼓樂，從而不作。凡太廟、太社及諸宮殿門，東宮及一品已下諸州，施戟有差。凡內外百官，皆給銅印，有魚符之制。並出於門下省。凡服飾尚黃，旗幟尚赤。天子、皇后、太子已下之服，事在輿服志也。凡百僚冠笏、繖幰、珂珮，各有差。常服亦如之。凡凶服，不入公門。凡授都督、刺史階未入五品者，並聽著緋珮魚，離任則停。凡文武官赴朝詣府，導從各有差。凡職事官薨卒，有賻贈、柳翣、碑碣，各有制度。

祠部郎中一員，從五品上。龍朔爲司禋大夫，咸亨復。員外郎一員，從六品上。主事二人，從九品上。

令史五人，書令史十一人，亭長六人，掌固八人。　郎中、員外郎之職，掌祠祀、享祭、天文、漏刻、國忌、廟諱、卜筮、醫藥、僧尼之事。凡祭祀之名有四：一曰祀天神，二曰祭地祇，三曰享人鬼，四曰釋奠于先聖先師。其差有三：若昊天上帝、皇地祇、神州、宗廟爲大祀。祀天地皆以祖宗配享。 日月星辰、社稷、先代帝王、岳鎮海瀆、帝社、先蠶、孔宣父、齊太公、諸太子廟爲中祀。司中、司命、風師、雨師、衆星、山林、川澤、五龍祠等，及州縣社稷、釋奠爲小祀。大祀，皇帝親祭，則太尉爲亞獻，光祿卿爲終獻。若有司攝事，則太尉爲初獻，太常卿爲亞獻。凡大祀，散齋四日，致齋三日。 大祀，齋官皆於散齋日平明，集尚書省，受誓誡。 中祀，散齋三日，致齋二日。小祀，散齋二日，致齋一日。皆祀前習禮、沐浴，並給明衣。凡官爵二品已上，祠四廟。五品已上，祠三廟。六品已下達於庶人，祭祖禰而已。凡國有封禪之禮，則依圓丘方澤之神位。凡天下寺有定數，每寺立三綱，以行業高者充。諸州寺總五千三百五十八所，三千二百三十五所僧，二千一百二十二所尼。 每寺上座一人，寺主一人，都維那一人。 凡僧簿籍，三年一造。 凡別敕設齋，應行道並官給料。 凡國忌日，兩京大寺各二，以散齋僧尼。 文武五品已上，淸官七品已上皆集，行香而退。 天下州府亦然。 凡遠忌日，雖不廢務，然非軍務急切，亦不舉事。 餘如常式。

膳部郎中一員，從五品上。龍朔爲司膳大夫，咸亨復也。 員外郎一員，從六品上。 主事二人，從九品上。 令史四人，書令史九人，掌固四人。　郎中、員外郎之職，掌邦之祭器、牲豆、酒膳，辨其

品數，及藏冰食料之事。

主客郎中一員，從五品上。隋曰司蕃郎，武德改主客郎中，龍朔爲司蕃大夫，咸亨復。員外郎一員，從六品上。主事二人，從九品上。令史四人，書令史九人，掌固四人。郎中、員外郎之職，掌二王後及諸蕃朝聘之事。二王之後，酅公、介公。凡四蕃之國，經朝貢之後，自相誅絕，及有罪滅者，蓋三百餘國。今所存者，七十餘蕃。其朝貢之儀，享宴之數，高下之等，往來之命，皆載於鴻臚之職焉。

兵部尚書一員，正三品。南朝謂之五兵尚書，隋曰兵部尚書。龍朔改爲司戎太常伯，咸亨復也。侍郎二員。正四品下。龍朔爲司戎少常伯，咸亨復。尚書、侍郎之職，掌天下武官選授及地圖與甲仗之政令。其屬有四：一曰兵部，二曰職方，三曰駕部，四曰庫部。總其職務，而行其制命。凡中外百官之事，由於所屬，咸質正焉。凡選授之制，每歲集於孟冬。去王城五百里以上旬，千里之內以中旬，千里之外以下旬。尚書、侍郎分爲三銓。尚書爲中銓，侍郎分東西。凡試能有五，五謂長垛、馬步射、馬槍、步射、應對。互有優長，即可取之。較異有三。三謂驍勇、材藝及可爲統領之用也〔三〕。審其功能，而定其留放，所以錄才藝、備軍國、辨虛冒、敘勳勞也。然後據其資勞，量爲注擬。五品已上送中書門下，六品已下量資注定。其在軍鎮要籍，不得赴選，委節度使銓試其等第申省。凡官階注擬團甲進甲，皆

如吏部之制。凡大選，終於季春之月，所以約資敍之淺深，審才略之優劣，軍國之用在焉。

郎中二員，從五品上。龍朔爲司戎大夫，咸亨復也。員外郎二人，從六品上。主事四人，從八品下。令史三十人，書令史六十人，亭長八人，掌固十二人。

郎中一員掌判帳及天下武官之階品，衞府之名數。凡敍階有二十九。將軍之階。具於敍目。凡敍階之法，一如文散官之制。凡天下之府，五百九十有四，有上中下，並載於諸衞之職。凡應宿衞官，各從番第。凡千牛備身左右及太子千牛備身，皆取三品已上職事官子孫，四品淸官子，儀容端正，武藝可稱者充。五考，本司隨文武簡試聽選。四品，謂諸司侍郎、左右庶子也。凡殿中省進馬，取左右衞三衞及高蔭，簡儀容可觀者補充，簡試同千牛例。僕寺進馬，亦如之。五品已下、七品已上，五年，多至八年，年滿簡送吏部。不第者，如初。無文，聽以武選。凡左右衞、親衞、勳衞、翊衞，及左右率府親勳翊衞，及諸衞之翊衞，通謂之三衞。擇其資蔭高者，爲親衞，其次者，爲勳衞及率府之親衞，又次者，爲翊衞及率府之勳衞，又次者，爲諸衞及率府之翊衞〔三〕，又次者，爲親王府之執仗執乘。量遠邇以定其番第。應補之人，周親已上有犯刑戮者，配令兵部上下。凡諸衞及率府三衞，貫京兆、河南、蒲、同、華、岐、陝、懷、汝、鄭等州，皆令番上，餘州皆納資。凡左右衞之三衞，分爲五仗。凡王公已下，皆有親事帳內，限年十八已下，舉諸州率萬人以充之。皆限十周年，則聽其簡試。文理高者送吏部，其餘留本司，全下者退還本色。凡

兵士隸衞，各有其名。左右衞曰驍騎，左右驍衞曰豹騎，左右武衞曰熊渠，左右威衞曰羽林，左右領軍衞曰射聲，左右金吾衞曰佽飛。東宮左右衞率府曰超乘，左右司禦率府曰旅賁，左右清道率府曰直蕩。總名曰衞士。皆取六品已下子孫，及白丁無職役者點充。凡三年一簡點，成丁而入，六十而免。量其遠邇，以定番第〔四〕。凡衞士，各立名簿。其三年已來征防差遣，仍定優劣爲三第。每年正月十日送本府印記，仍錄一道送本衞府。若有差行上番，折衝府據簿而發之〔五〕。凡差衞士征戍鎭防，亦有團伍。其善弓馬者，爲越騎團，餘爲步兵團，主帥已下統領之。火十人，有六馱馬。若父兄子弟，不併遣之。若祖父母老疾，家無兼丁，免征行及番上。其居常則皆習射，唱大角歌。番集之日，府官率而課試。凡左右金吾衞，有角手，諸衞有弩手，左右羽林軍有飛騎及左右萬騎、彍騎。天下諸軍，有健兒，皆定其名籍，每季上中書、門下。凡關內，有團結兵，秦、成、岷、渭、河、蘭六州，有高麗羌兵。黎、雅、邛、翼、茂五州，有鎭防團結兵。天下諸州差兵，募取戶殷丁多，人材驍勇，選前資官勳官部分強明堪統攝者，節級擢補主帥以領之。其義征者，別爲行伍，不入募人之營。凡軍行器物，皆於當州分給之。如不足，則令自備，貧富必以均焉。凡諸州軍府應行兵之名簿，器物之多少，皆申兵部。軍散之日，亦錄其存亡多少，以申而勘會之。凡諸道迴兵糧糒之物，衣資之費，皆令所在州縣分而給之。

郎中一人掌判簿，以總軍戎差遣之名數。凡

天下節度使有八，若諸州在節度內者，皆受節度焉。其福州經略使，登州平海軍，則不在節度之內。節度名與所管軍鎮名，並見地理志也。凡親王總戎，曰元帥，文武官總統者，則曰總管。以奉使言之，則曰節度使，有大使、副使、判官。若大使加旌節以統軍，置木契以行。凡將帥出行，兵滿一萬人已上，置長史、司馬、倉曹兵曹胄曹等參軍各一人。五千人已上，減司馬。諸軍各置使一人，五千人已上置副使一人，一萬人已上置營田副使一人。每軍各有倉、兵、胄三參軍。其橫海、高陽、唐興、恆陽、北平等五軍，皆本州刺史為使。凡鎮，皆有使一人，副使一人。萬人已上，置司馬、倉兵二曹參軍。五千人已下，減司馬。凡諸軍鎮，每五百人置押官一人，千人置子總管一人，五千人置總管一人。凡諸軍鎮使、副使已上，皆四年一替；總管已下，二年一替；押官隨兵交替。凡諸軍鎮大使、副使已下，皆有傔人，別奏以從之。凡幸三京，卽東都南北衙，皆置左右屯營，別立使以統之。若在都，則京城亦如之。凡大將出征，皆告廟授鉞，辭齊太公廟訖，不宿於家。臨軍對寇，士卒不用命，並得專行其罰。既捷，及軍未散，皆會衆而書勞與其費用，乃告太廟。元帥凱旋之日，皆使郊勞。有司先獻捷於太廟，又告齊太公廟。　員外郎一人掌貢舉及雜請之事。凡貢舉，每歲孟春，亦與計偕。有二科：一曰平射，二曰武舉。凡科之優劣，勳獲之等級，皆審其實而受敍焉。　員外郎一人掌判南曹。每歲選人，有解狀、簿書、資歷、考課。必由之以覈其實，乃上三銓。進甲則

署焉。

職方郎中一員，（從五品上。龍朔爲司域大夫也〔一六〕。）員外郎一員，（正六品上。）主事二人，（從九品上。）令史四人，書令史九人，掌固四人。郎中、員外郎之職，掌天下地圖及城隍、鎮戍、烽堠之數，辨其邦國都鄙之遠近，及四夷之歸化。凡五方之區域，都邑之廢置，疆埸之爭訟者，舉而正之。凡天下上鎮二十，中鎮九十，下鎮一百三十五。上戍十有一，中戍八十六，下戍二百四十五。凡烽堠所置，大率相去三十里。其逼邊境者，築城置之。每烽置帥一人，副一人。凡州縣城門及倉庫門，須有備守。

駕部郎中一員，（從五品上。龍朔爲司輿大夫也。）員外郎一人，（從六品上。）主事三人，（從九品上。）令史十人，書令史二十人，掌固四人。郎中、員外郎之職，掌邦國輿輦、車乘、傳驛、廄牧、官私馬牛雜畜簿籍，辨其出入，司其名數。凡三十里一驛，天下驛凡一千六百三十九，而監牧六十有五，皆分使統之。若畜養之宜，孳生之數，皆載於太僕之職。凡諸衞有承直之馬，凡諸司有備運之牛〔一七〕，皆審其制，以定數焉。

庫部郎中一員，（從五品上。龍朔爲司庫大夫也。）員外郎一員，（從六品上。）主事二人，（從九品上。）令史七人，書令史十五人，掌固四人。郎中、員外郎之職，掌邦國軍州戎器、儀仗。凡元正、冬至陳設，幷祠祭喪葬所貢之物，皆辨其出入之數，量其繕造之功，以分給焉。

刑部尚書一員，正三品。隋初改都官尚書，又改爲刑部。龍朔改爲司刑太常伯，光宅改爲秋官尚書，神龍復也。侍郎一員。正四品下。龍朔爲司刑少常伯。尚書、侍郎之職，掌天下刑法及徒隸、勾覆、關禁之政令。其屬有四：一曰刑部，二曰都官，三曰比部，四曰司門。總其職務，而行其制命。凡中外百司之事，由於所屬，咸質正焉。

郎中二員，從五品上。隋曰憲部郎，武德爲刑部郎中，龍朔改爲司刑大夫。員外郎二員，從六品上。主事四人，從九品上。令史十九人，書令史三十八人，亭長六人，掌固十人。郎中、員外郎之職，掌貳尚書、侍郎，舉其典憲，而辨其輕重。凡文法之名有四：一曰律，二曰令，三曰格，四曰式。凡律，十有二章：一名例，二禁衞，三職制，四戶婚，五廐庫，六擅興，七賊盜，八鬬訟，九詐僞，十雜律，十一捕亡，十二斷獄，而大凡五百條。令，二十有七篇，分爲三十卷。第一至第七曰官品職員，八祠，九戶，十選舉，十一考課，十二宮衞，十三軍防，十四衣服，十五儀制，十六鹵簿，十七公式，十八田，十九賦役，二十倉庫，二十一廐牧，二十二關市，二十三醫疾，二十四獄官，二十五營繕，二十六喪葬，二十七雜令，而大凡一千五百四十六條。凡格，二十四篇。式，三十三篇。以尚書、御史臺、九寺、三監、諸軍爲目。凡律，以正刑定罪。令，以設範立制。格，以禁違正邪。式，以軌物程事。乃立刑名之制五焉：一笞，二杖，三徒，四

流，五死。笞刑五，杖刑五，徒刑五，流刑三，死刑二。而斷獄之大典，有十惡、八議、五聽、六贓。贖配之典，具在刑法志。凡決死刑，皆於中書門下詳覆。凡死罪，枷而杻。婦人及流徒，枷而不杻。官品及勳散之階第七已上，鎖而不枷。在京諸司，則徒已上送大理，杖已下當司斷之。若金吾糾獲，亦送大理。凡決大辟罪，在京者，行決之司，皆五覆奏；在外者，刑部三覆奏。若犯惡逆已上，及部曲奴婢殺主者，一覆奏。凡京城決囚之日，減膳徹樂。每歲立春後至秋分，不得決死刑。大祭祀及致齋、朔望、上下弦、二十四氣、雨未晴、夜未明、斷屠月日及休假，亦如之。凡犯流罪已下，應除免官。當未奏，身死者，免其追奪。流移之人，皆不得弃放妻妾，及私遁還鄉。至六載，然後聽仕。卽本犯不應流而特配流者，三載已後聽仕。其應徒則皆配居作。凡禁囚，五日一慮。凡鞫獄官與被鞫人有親屬讎嫌者，皆聽更之。凡在京諸司見禁囚，每月二十五已前，本司錄其所犯及禁時月日，以報刑部。凡國有赦宥之事，先集囚徒於闕下，命衞尉樹金雞，待宣制訖，乃釋之。

都官郎中一員，從五品上。龍朔改司僕大夫，咸亨復。員外郎一員，從六品上。主事二人，從九品上。令史九人，書令史十二人，掌固四人。郎中、員外郎之職，掌配役隸，簿錄俘囚，以給衣糧藥療，以理訴競雪寃。凡公私良賤，必周知之。凡反逆相坐，沒其家爲官奴婢。一免爲蕃戶，再免爲雜戶，三免爲良民，皆因赦宥所及則免之。年六十及廢疾，雖赦令不該，亦並免爲

蕃戶，七十則免爲良人，任所樂處而編附之。凡初被沒有伎藝者，各從其能，而配諸司。婦人工巧者，入于掖庭。其餘無能，咸隸司農。

比部郎中一員，從五品上。龍朔爲司計大夫。員外郎一員，從六品上。主事二人，從九品上。令史十四人，書令史二十七人，計史一人，掌固四人。郎中、員外郎之職，掌勾諸司百僚俸料、公廨、贓贖、調斂、徒役、課程、逋懸數物，周知內外之經費，而總勾之。凡內外官料俸，以品第高下爲差。外官以州縣府之上中下爲差。凡稅天下戶錢，以充州縣官月料，皆分公廨本錢之利。羈縻州所補漢官，給以當土之物。關監之官，以品第爲差。其給以年支輕貨。鎭軍司馬、判官俸祿，同京官。鎭戍之官，以鎭戍上中下爲差。凡京師有別借食本，每季一申省，諸州歲終而申省，比部總勾覆之。凡倉庫、出內、營造、傭市、丁匠、功程、贓贖、賦斂、勳賞、賜與、軍資、器仗、和糴、屯牧，亦勾覆之。

司門郎中一員，從五品上。龍朔曰司門大夫。員外郎一員，從六品上。主事二人，從九品上。令史六人，書令史十三人，掌固四人。郎中、員外郎之職，掌天下諸門及關出入往來之籍賦，而審其政。凡關二十有六，爲上中下之差。京城四面關有驛道者，爲上關。餘關有驛道及四面無驛道者，爲中關。他皆爲下關。關所以限中外，隔華夷，設險作固，閑邪正禁者也。凡關呵而不征，司貨賄之出入，其犯禁者，舉其貨，罰其人。凡度關者，先經本部本司請過

所，在京則省給之，在外則州給之。而雖非所部，有來文者，所在亦給。

工部尚書一員，正三品。南朝謂之起部。有所營造，則置起部尚書，畢則省之。隋初改置工部尚書。龍朔爲司平太常伯，光宅改爲冬官尚書，神龍復舊也。侍郎一員。正四品下。龍朔爲司平少常伯。尚書、侍郎之職，掌天下百工、屯田、山澤之政令。其屬有四：一曰工部，二曰屯田，三曰虞部，四曰水部。總其職務，而行其制命。凡中外百司之事，由於所屬，咸質正焉。

郎中一員，從五品上。龍朔爲司平大夫也。員外郎一員，從六品上。主事二人，從九品上。令史十二人，書令史二十一人，亭長六人，掌固八人。郎中、員外郎之職，掌經營興造之衆務。凡城池之修濬，土木之繕葺，工匠之程式，咸經度之。凡京師、東都有營繕，則下少府、將作，以供其事。

屯田郎中一員，從五品上。龍朔爲司田大夫也。員外郎一員，從六品上。主事二人，從九品上。令史七人，書令史十二人，計史一人，掌固四人。郎中、員外郎之職，掌天下屯田之政令。凡邊防鎮守，轉運不給，則設屯田，以益軍儲。其水陸腴瘠，播種地宜，功庸煩省，收率等級，咸取決焉。諸屯田役力，各有程數。凡天下諸軍州管屯，總九百九十有二。大者五十頃，小者二十頃。凡當屯之中，地有良薄，歲有豐儉，各定爲三等。凡屯皆有屯官、屯副。凡京文

武職事官，有職分田。京兆、河南府及京縣官，亦準此。凡在京諸司，有公廨田，皆視其品命而審其分給。

虞部郎中一員，從五品上。龍朔爲司虞大夫。員外郎一員，從六品上。主事二人，從九品上。令史四人，書令史九人，掌固四人。郎中、員外郎之職，掌京城街巷種植，山澤苑囿，草木薪炭，供頓田獵之事。凡采捕漁獵，必以其時。凡京兆、河南二都，其近爲四郊，三百里皆不得弋獵採捕。殿中、太僕所管閑廄馬，兩都皆五百里內供其芻藁。其關內、隴右、西使、南使諸牧監馬牛駝羊，皆貯藁及茭草。其柴炭木橦進內及供百官蕃客，並於農隙納之。

水部郎中一員，從五品上。龍朔爲司川大夫。員外郎一員，從六品上。主事二人，從九品上。令史四人，書令史九人，掌固四人。郎中、員外郎之職，掌天下川瀆陂池之政令，以導達溝洫，堰決河渠。凡舟楫溉灌之利，咸總而舉之。凡天下水泉，三億二萬三千五百五十九。其在遐荒絕域，迨不可得而知矣。其江、河，自西極達于東溟，中國之大川者也。其餘百三十五水，是爲中川。其又千二百五十二水，斯爲小川也。若渭、洛、汾、濟、漳、淇、淮、漢，皆亙達方域，通濟舳艫，從有之無，利於生人者也。凡天下造舟之梁四，河則蒲津、大陽、河陽，洛則孝義也。石柱之梁四，洛則天津、永濟、中橋，灞則灞橋。木柱之梁三，皆渭川，便橋、中渭橋、東渭橋也。巨梁十有一，皆國工修之。其餘皆所管州縣隨時營葺。其大津無梁，皆給船人，量其大小難易，以定

其差。

門下省秦、漢初，置侍中，曾無臺省之名。自晉始置門下省，南、北朝皆因之。龍朔改爲東臺，光宅改爲鸞臺，神龍復。

侍中二員。隋曰納言，又名侍內。武德爲納言，又改爲侍中。龍朔改東臺左相，光宅元年改爲納言，神龍復爲侍中。開元元年改爲黃門監，五年復爲侍中。天寶二年改爲左相。至德二年復改爲侍中。武德定令，侍中正三品，大曆二年十一月九日，升爲正二品。舊制，宰相常於門下省議事，謂之政事堂。永淳二年七月，中書令裴炎以中書執政事筆，遂移政事堂於中書省。開元十一年，中書令張說改政事堂爲中書門下，其政事印，改爲中書門下之印也。侍中之職，掌出納帝命，緝熙皇極，總典吏職，贊相禮儀，以和萬邦，以弼庶務，所謂佐天子而統大政者也。凡軍國之務，與中書令參而總焉，坐而論之，舉而行之，此其大較也。凡下之通上，其制有六：一曰奏抄，二曰奏彈，三曰露布，四曰議，五曰表，六曰狀；皆審署申覆而施行焉。凡法駕行幸，則負寶而從。大朝會、大祭祀，則板奏中嚴外辦，以爲出入之節。輿駕還宮，則請解嚴，所以告禮成也。凡大祭祀，皇帝致齋，既朝，則請就齋室。將奠，則奉玉及幣以進。盥手，則取匜以沃。洗爵，則酌罍水以奉。及贊酌汎齊，進福酒以成其禮焉。若享

宗廟，則進瓚而贊酌鬱酒以祼。既祼，則贊酌醴齊。其餘如饗神祇之禮。藉田，則奉耒以贊事。凡諸侯王及四夷之君長朝見，則承詔而勞問之。臨軒命使，册后及太子，則承詔以命之。凡制敕慰問外方之臣及徵召者，則監其封題。若發驛遣使，則給其傳符，以通天下之信。凡官爵廢置，刑政損益，皆授之於記事之官。既書於策，則監其記注焉。凡文武職事六品已下，所司進擬，則量其階資，校其才用，以審定之。若擬職不當，隨其優屈，退而量焉。

門下侍郎二員。隋曰黃門侍郎。龍朔爲東臺侍郎，咸亨改爲黃門侍郎，垂拱改爲鸞臺侍郎，天寶二年改爲門下侍郎，乾元元年改爲黃門侍郎，大曆二年四月復爲門下侍郎。武德定令，中書門下侍郎，同尚書侍郎，正四品上。大曆二年九月敕升爲正三品也。門下侍郎掌貳侍中之職。凡政之弛張，事之與奪，皆參議焉。若大祭祀，則從升壇以陪禮。皇帝盥手，則奉巾以進。既帨，則奠巾于篚，奉瓠爵以贊獻。凡元正、冬至天子視朝，則以天下祥瑞奏聞。

給事中四員。正五品上。隋曰給事郎，置四員，位次門下侍郎。武德定令，曰給事中。龍朔改爲東臺舍人，咸亨復。給事中掌陪侍左右，分判省事。凡百司奏抄，侍中審定，則先讀而署之，以駁正違失。凡制敕宣行，大事則稱揚德澤，褒美功業，覆奏而請施行；小事則署而頒之。凡國之大獄，三司詳決，若刑名不當，輕重或失，則援法例退而裁之。凡發驛遣使，則審其事宜，與黃門侍郎給之；其緩者給傳，即不應給，罷之。凡文武六品已下授職官，所司奏擬，則校其

仕歷淺深，功狀殿最，訪其德行，量其才藝；若官非其人，理失其事，則白侍中而退量焉。若弘文館圖書之繕寫、讎校，亦課而察之。凡天下寃滯未申及官吏刻害者，必聽其訟，與御史、中書舍人同計其事宜，而申理之。

錄事四人，從七品上。主事四人，從八品下。令史十一人，書令史二十二人，甲庫令史七人，傳制八人，亭長六人，掌固十人，修補制敕匠五人。

左散騎常侍二人。從三品。魏、晉置散騎常侍，侍郎，與侍中、黃門侍郎共平尚書奏事。其後用人或雜，江左不重此官，或省或置。隋初省散騎侍郎，置常侍四人，從三品，掌陪從朝直。煬帝又省之。武德初，以爲加官。貞觀初，置常侍二人，隸門下省。明慶二年，又置二員，隸中書省，始有左右之號，並金蟬珥貂。左常侍與侍中左貂，右常侍與中書令右貂，謂之八貂。龍朔爲左侍極，咸亨復。廣德二年五月，昇爲正三品，加置四員。興元元年正月，左右各加一員。貞元四年正月敕，依舊四員也。常侍掌侍奉規諷，備顧問應對。寶應二年敕，左右散騎常侍各置參官兩人，令自揀擇聞奏，參典亦置兩人，後省。

諫議大夫四員。秦、漢曰諫大夫，光武加議字。隋於門下省置諫議大夫七員，從四品下。武德四年敕置四員，正五品上。龍朔改爲正諫大夫，神龍復。大曆四年敕只四員，正五品上。龍朔七年三月敕，其諫議四員，內供奉不得爲正員。至貞元四年五月十五日敕，諫議分爲左右，加置八員，四員隸門下爲左。會昌二年十一月中書奏：隋於門下省置諫議大夫七員〔一八〕，從四品下。今正五品上。自大曆二年門下中書侍郎升爲正三品，兩省遂闕四品官。其諫議大夫望

升爲正四品下，分爲左右，以備兩省四品之闕。向後與丞郎出入迭用，以重其選。敕可之。

諫議大夫掌侍從贊相，規諫諷諭。凡諫有五：一曰諷諫，二曰順諫，三曰規諫，四曰致諫，五曰直諫。

起居郎二員，從六品上。古無其名，隋始置起居舍人二員。貞觀二年省起居舍人，移其職於門下，置起居郎二員。明慶中又置起居舍人，始與起居郎分在左右。龍朔二年改爲左史，咸亨復。天授元年又改爲左史，神龍復也。楷書手三人。

起居郎掌起居注，錄天子之言動法度，以修記事之史。凡記事之制，以事繫日，以日繫月，以月繫時，以時繫年。必書其朔日甲乙，以紀曆數，典禮文物，以考制度，遷拜旌賞以勸善，誅伐黜免以懲惡。季終則授之國史焉。自漢獻帝後，歷代帝王有起居注，著作編之，每季爲卷，送史館也。

左補闕二員，從七品上。左拾遺二員。從八品上。古無此官名。天后垂拱元年二月二十九日敕：「記言書事，每切於旁求；補闕拾遺，未弘於注選。瞻言共理，必藉衆才，寄以登賢，期之進善。宜置左右補闕各二員，從七品上，左右拾遺各二員，從八品上，掌供奉諷諫，行立次左右史之下。仍附于令。」天授二年二月，加置三員，通前五員。大曆四年，補闕拾遺，各置內供奉兩員。七年五月十一日敕，補闕拾遺，宜各置兩員也。補闕、拾遺之職，掌供奉諷諫，扈從乘輿。凡發令舉事，有不便於時，不合于道，大則廷議，小則上封。若賢良之遺滯於下，忠孝之不聞于上，則條其事狀而薦言之。

典儀二員。從九品。南齊有典儀錄事一員，梁有典儀之官，後省。皇朝又置典儀二人，隸門下省。初用人皆

輕，貞觀末〔一九〕，李義府爲之，自是用士人爲之。贊者十二人。隋太常、鴻臚二寺，皆有贊者，皇朝因置之，隸門下省，掌贊唱，爲行事之節。分番上下，謂之番官。　典儀掌殿上贊唱之節，及殿廷版位之次。凡國有大禮，侍中行事，及進中嚴外辦之版，皆贊相焉。

城門郎四員。從六品上。漢有城門校尉，掌京城諸門啓閉之節。隋改校尉爲城門郎，置四員，從六品，皇朝因之也。令史一人，書令史二人，門僕八百人。門僕，晉代有之。皇朝隸城門局，分番上下，掌送管鑰。城門郎掌京城皇城宮殿諸門啓閉之節，奉出納管鑰。開則先外而後內，闔則先內而後外，所以重中禁，尊皇居也。候其晨昏擊鼓之節而啓閉之。凡皇城宮城闔門之鑰，先酉而出，後戌而入；開門之鑰，後丑而出，夜盡而入。京城闔門之鑰，後申而出，先子而入；開門之鑰，後子而出，先卯而入。若非其時而有命啓閉，則詣閤覆奏。

符寶郎四員。從六品上。周有典瑞之職，秦有符璽令，漢曰符璽郎。兩漢得秦六璽及傳國璽，後代傳之。隋置符璽郎二員，從六品。天后惡璽字，改爲寶。其受命傳國等八璽文，並改彫寶字。神龍初，復爲符璽郎。開元初，又改爲符寶，從璽文也。令史二人，書令史三人，主寶六人，主符三十人，主節十八人。　符寶郎掌天子八寶及國之符節，辨其所用。有事則請於內，既事則奉而藏之。八寶：一曰神寶，所以承百王，鎭萬國；二曰受命寶，所以修封禪，禮神祇；三曰皇帝行寶，答疏於王公則用之；四曰皇帝之寶，勞來勳賢則用之；五曰皇帝信寶，徵召臣下則用之；六曰天子行寶，答四

夷書則用之；七曰天子之寶，慰撫蠻夷則用之；八曰天子信寶，發番國兵則用之。凡大朝會，則捧寶以進于御座。車駕行幸，則奉寶以從于黃鉞之內。凡國有大事，則出納符節，辨其左右之異，藏其左而班其右，以合中外之契焉。一曰銅魚符，所以起軍旅，易守長。二曰傳符，所以給郵驛，通制命。三曰隨身魚符，所以明貴賤，應徵召。四曰木契，所以重鎮守，愼出納。五曰旌節，所以委良能，假賞罰。魚符之制，王畿之內，左三右一；王畿之外，左五右一。左者在內，右者在外。行用之日，從第一爲首，後事須用，以次發之，周而復始。大事兼敕書，小事但降符，函封遣使合而行之。傳符之制，太子監國曰雙龍之符，左右各十。京都留守曰麟符，左二十，其右一十有九。東方曰靑龍之符，西方曰騶虞之符，南方曰朱雀之符，北方曰玄武之符，左四右三。左者進內，右者付外。隨身魚符之制〔10〕，左二右一，太子以玉，親王以金，庶官以銅，佩以爲飾。刻姓名者，去官而納焉；不刻者，傳而佩之。木契之制，太子監國，則王畿之內，左右各三；王畿之外，左右各五；庶官鎭守，則左右各十。旌節之制，命大將帥及遣使於四方，則請而佩之。旌以專賞，節以專殺。周禮之制，山國用虎節，土國用人節，澤國用龍節，皆金也。又云，道路用旌節，卽漢使所持者是也。

弘文館：後漢有東觀，魏有崇文館，宋有玄、史二館，南齊有總明館，梁有士林館，北齊有文林館，後周有崇文館，皆著撰文史，鳩聚學徒之所也。武德初置修文館，後改爲弘文館。後避太子諱，改曰昭文館。開元七年，復爲弘文館，隸

門下省。學士。學士無員數，自武德已來，皆妙簡賢良爲學士。故事，五品已上，稱學士，六品已下〔三〕，爲直學士，又有文學直館學士，不定員數。館中有四部書及圖籍，自垂拱已後，皆宰相兼領，號爲館主，常令給事中一人判館事。學生三十人，校書郎二人，從九品上。令史二人，楷書手三十人，典書二人，搨書手三人，筆匠三人，熟紙裝潢匠九人，亭長二人，掌固四人。弘文館學士掌詳正圖籍，教授生徒。凡朝廷有制度沿革，禮儀輕重，得參議焉。校書郎掌校理典籍，刊正錯謬。其學生教授考試，如國子學之制焉。

中書省秦始置中書謁者，漢元帝去「謁者」二字。歷代但云中書。後周謂之內史省，隋因爲內史省，置內史監、令各一員。煬帝改爲內書省，武德復爲內史省，三年改爲中書省。龍朔改爲西臺，光宅改爲鳳閣，神龍復爲中書省。開元元年改爲紫微省，五年復舊。

中書令二員。漢、魏品卑而付重。魏置監、令各一員，歷南朝不改。隋省監，置令二人，正三品。隋文帝廢三公府僚，令中書令與侍中知政事，遂爲宰相之職。隋曰內書令，武德曰內史令，尋改爲中書令。龍朔爲西臺右相，咸亨復爲中書令。光宅爲鳳閣令，開元元年改爲紫微令，五年復爲中書令。天寶改爲右相，至德二年復爲中書令。本正三品，大曆二年十一月九日，與侍中同昇正二品，自後不改也。中書令之職，掌軍國之政令，緝熙帝載，統和

天人。入則告之，出則奉之，以釐萬邦，以度百揆，蓋佐天子而執大政也。凡王言之制有七：一曰册書，二曰制書，三曰慰勞制書，四曰發敕，五曰敕旨，六曰論事敕書，七曰敕牒，皆宣署申覆而施行之。凡大祭祀羣神，則從升壇以相禮。享宗廟，則從升阼階。親征纂嚴，戒敕百僚，册命親賢，臨軒則使讀册。若命之于朝，則宣而授之。凡册太子，則授璽。凡制詔宣傳，文章獻納，皆授之於記事之官。武德、貞觀故事，以尚書省左右僕射各一人及侍中、中書令各二人，爲知政事官。其時以他官預議國政者，云與宰相參議朝政，或云平章國計，或云專典機密，或參議政事。貞觀十七年，李勣爲太子詹事，特詔同知政事，始謂同中書門下三品。自是，僕射常帶此稱。自餘非兩省長官預知政事者，亦皆以此爲名。永淳中，始詔郭正一、郭待舉、魏玄同等，與中書門下同承受進旨平章事。自天后已後，兩省長官及同中書門下三品并平章事，爲宰相。其僕射不帶同中書門下三品者，但釐尚書省而已。總章二年，東臺侍郎張文瓘，西臺侍郎戴至德等，始以同中書門下三品著之入銜。自是相承至今。永淳二年，黃門侍郎劉齊賢知政事，稱同中書門下平章事，自後兩省長官，及他官執政未至侍中書令者〔三〕，皆稱同中書門下平章事也。

中書侍郎二員。漢置中書，掌密詔，有令、僕、丞、郎四官。魏曰中書郎，晉加「侍」字。隋置內書省，改爲內書侍郎，正四品。武德初爲內史侍郎，三年改爲中書侍郎。龍朔、光宅、開元，隨曹易號。至德復爲中書侍郎。武德定令，與尚書侍郎俱第四品。大曆二年九月，與門下侍郎共升爲正三品也。中書侍郎掌貳令之職。凡邦國之庶務，朝廷之大政，皆參議焉。凡臨軒册命大臣，令爲之使，則持册書以授之。凡四夷來朝，

臨軒則受其表疏，升于西階而奏。若獻贄幣，則受之以授於所司。

中書舍人六員。正五品上。曹魏於中書置通事一人，掌呈奏按章。高貴鄉公於通事下加「舍人」二字。晉於中書置舍人、通事各一人。自魏、晉、齊、梁，詔誥皆出於中書令、中書侍郎，中書通事舍人但掌呈奏而已。或通事有文字者，別敕知詔誥。至梁武，制誥專令舍人掌之，兼去「通事」二字，但云中書舍人。隋曰內史舍人，置八員，掌制誥，品第六。尋升五品上。煬帝改內書舍人，置四員。武德初爲內史舍人，三年，改爲中書舍人。龍朔、光宅、開元，隨曹改易。舍人掌侍奉進奏，參議表章。凡詔旨敕制，及璽書册命，皆按典故起草進畫；既下，則署而行之。其禁有四：一曰漏泄，二曰稽緩，三曰違失，四曰忘誤；所以重王命也。制敕既行，有誤則奏而正之。凡大朝會，諸方起居，則受其表狀而奏之。國有大事，若大克捷及大祥瑞，百僚表賀，亦如之。凡册命大臣于朝，則使持節讀册命之。凡將帥有功及有大賓客，皆使勞問之。凡察天下寃滯，與給事中及御史三司鞫其事。凡百司奏議，文武考課，皆預裁焉。

主書四人，從七品上。主事四人，從八品下。令史二十五人，書令史五十人，傳制十人，亭長十八人，修補敕匠五十人。

右散騎常侍二員，從三品。右補闕二員，從七品上。右拾遺二員，從八品上。起居舍人二員。從六品上。右常侍、補闕、拾遺，掌事同左省。起居舍人，掌修記言之史，錄天子之制誥德

音，如記事之制，以記時政損益。季終，則授之於國史。

通事舍人十六人。從六品上。通事舍人，秦謁者之官也。掌賓贊、贊受事，隸光祿勳。晉置舍人、通事各一人，隸中書。東晉曰通事舍人。隋因晉制，置十六人，從六品上，又爲通事謁者。武德初，廢謁者臺，改通事謁者爲通事舍人，隸四方館，屬中書省也。通事舍人掌朝見引納及辭謝者，於殿廷通奏。凡近臣入侍，文武就列，引以進退，而告其拜起出入之節。凡四方通表，華夷納貢，皆受而進之。凡軍旅之出，則命受慰勞而遣之。既行，則每月存問將士之家，以視其疾苦。凱旋，則郊迓之，皆復命。凡致仕之臣，與邦之耋老，時巡問亦如之。

令史十八人，亭長十八人，掌固二十四人。

集賢殿書院：開元十三年置。漢、魏已來，職在祕書。梁於文德殿內藏聚羣書。北齊有文林館學士，後周有麟趾殿學士，皆掌著述。隋平陳之後，寫羣書正副二本，藏于宮中，其餘以實祕書外閣。煬帝於東都觀文殿東西廂貯書。自漢延熹至隋〔三〕，皆祕書掌國籍，而禁中之書，時或有焉。及太宗在藩府時，有秦府學士十八人。其後弘文、崇文二館皆有。玄宗卽位，大校羣書。開元五年，於乾元殿東廊下寫四部書，以充內庫，置校定官四人。七年，駕在東都，於麗正殿置修書使。十二年，駕在東都，十三年與學士張說等宴於集仙殿，因改名集賢，改修書使爲集賢書院學士。其大明宮所置書院，本命婦院，屋宇宏敞。永泰元年三月〔四〕，詔僕射裴冕等十三人，每日於集賢書院待詔。集賢學士。初定制以五品已上官爲學士，六品已下爲直學士。每宰相爲學士者，爲知院事，常侍一人，爲副知院事。學士知院事一

人，開元初，以褚无量、馬懷素、元行沖相次知乾元殿寫書，及在麗正，乃有使名。張說代元行沖，改院爲集賢，以說爲大學士，知院事，說懇讓大字，詔許之。自是，每以宰相一人知院事。副知院事一人，初宰相張說知院事，以左常侍徐堅爲副知院事，因爲故事。判院一人，初在乾元殿，刊正官一人判事，其後因之。押院中使一人。自乾元殿寫書，則置掌出入，宣進奏，兼領中官，監守院門，掌同宮禁。侍講學士，開元初，褚无量、馬懷素侍講禁中，名爲侍讀。其後康子元爲侍講學士。修撰官，校理官，並無常員，以官人兼之。待制官，古之待詔金馬門是。留院官，檢討官。皆以學士別敕留之。孔目官一人，專知御書典四人，並開元五年置。知書官八人，開元五年置，掌分四庫書。書直、寫御書一百人，搨書六人，書直八人〔三〕，裝書直十四人，造筆直四人。並開元六年置。集賢學士之職，掌刊緝古今之經籍，以辨明邦國之大典。凡天下圖書之遺逸，賢才之隱滯，則承旨而徵求焉。其有籌策之可施於時，著述之可行於代者，較其才藝而考其學術，而申表之。凡承旨撰集文章，校理經籍，月終則進課于內，歲終則考最於外。

史館：歷代史官，隸祕書省著作局，皆著作郎掌修國史。武德因隋舊制。貞觀三年閏十二月，始移史館於禁中，在門下省北，宰相監修國史，自是著作郎始罷史職。及大明宮初成，置史館於門下省之南。館門下東西有棗樹七十四株，無雜樹。開元二十五年三月，右相李林甫以中書地切樞密，記事者官宜附近，史官尹愔奏移史館於中書省北，以舊尚藥院充館也。史官。古者天子諸侯，皆有史官，以紀言動、曆數之事。至後漢明帝，召當時名士入東觀，撰光武紀，而史官因以他官兼之。魏明帝始置著作郎，專掌國史，隸中書。晉改隸祕書省，因而不改。貞觀年修五代史，移史館於禁

中。史官無常員，如有修撰大事，則用他官兼之，事畢日停。監修國史。貞觀已後，多以宰相監修國史，遂成故事也。修撰直館。天寶已後，他官兼領史職者，謂之史館修撰，初入爲直館也。元和六年，宰相裴垍奏〔三六〕：「登朝官領史職者，並爲修撰，未登朝官入館者，並爲直館。修撰中以一人官高者判館事，其餘名目，並請不置。」從之。楷書手二十五人，典書四人，亭長二人，掌固六人，裝潢直一人，熟紙匠六人。史官掌修國史，不虛美，不隱惡，直書其事。凡天地日月之祥，山川封域之分，昭穆繼代之序，禮樂師旅之事，誅賞廢興之政，皆本於起居注、時政記，以爲實錄，然後立編年之體，爲褒貶焉。既終藏之于府。

知匭使。天后垂拱元年，置匭以達冤滯。其制，一房四面，各以方色，東曰延恩，西曰申冤，南曰招諫，北曰通玄。所以申天下之冤滯，達萬人之情狀。蓋古善旌、誹謗木之意也。天寶九年，改匭爲獻納。乾元元年，復名曰匭。垂拱已來，常以諫議大夫及補闕、拾遺一人充使，受納訴狀。每日暮進內，而晨出之也。

翰林院。天子在大明宮，其院在右銀臺門內。在興慶宮，院在金明門內。若在西內，院在顯福門。若在東都、華清宮，皆有待詔之所。其待詔者，有詞學、經術、合鍊、僧道、卜祝、術藝、書奕，各別院以廩之，日晚而退。其所重者詞學。武德、貞觀時，有溫大雅、魏徵、李百藥、岑文本、許敬宗、褚遂良。永徽後，有許敬宗、上官儀，皆召入禁中驅使，未有名目。乾封中，劉懿之劉禕之兄弟、周思茂、元萬頃、范履冰，皆以文詞召入待詔，常於北門候進止，時號北門學士。天后時，蘇味道、韋承慶，皆待詔禁中。中宗時，上官昭容獨當書詔之任。睿宗時，薛稷、賈膺福、崔湜，又代其任。玄宗即位，

張說、陸堅、張九齡、徐安貞、張垍等〔三七〕，召入禁中，謂之翰林待詔。王者尊極，一日萬機，四方進奏、中外表疏批答，或詔從中出。宸翰所揮，亦資其檢討，謂之視草，故嘗簡當代士人，以備顧問。至德已後，天下用兵，軍國多務，深謀密詔，皆從中出。尤擇名士，翰林學士得充選者，文士爲榮。亦如中書舍人例置學士六人，內擇年深德重者一人爲承旨，所以獨承密命故也。德宗好文，尤難其選。貞元已後，爲學士承旨者，多至宰相焉。

內教坊。武德已來，置於禁中，以按習雅樂，以中官人充使。則天改爲雲韶府，神龍復爲教坊。

習藝館。本名內文學館，選宮人有儒學者一人爲學士，教習宮人。則天改爲習藝館，又改爲翰林內教坊，以事在禁中故也。

祕書省。隸中書之下。漢代藏書之所，有延閣、廣內、石渠之藏。又御史中丞，在殿內，掌蘭臺祕書圖籍。後漢桓帝延熹二年，始置祕書監，屬太常寺，掌禁中圖書祕文。後併入中書。至晉惠帝，別置祕書寺，掌中外三閣圖書。梁武改寺爲省。龍朔改爲蘭臺，光宅改爲麟臺〔三八〕，神龍復爲祕書省。

祕書監一員，從三品。監之名，後漢桓帝置，魏、晉不改。後周謂之外史下大夫。隋復爲祕書監，從第三品。煬帝改爲祕書令，武德復爲監。龍朔改爲蘭臺太史，天授改爲麟臺監，神龍復爲祕書監也。少監二員，從四品上。少監，隋煬帝置，龍朔改爲蘭臺侍郎，天授爲麟臺少監，神龍復爲祕書少監。比置一員，太極初增置一員也。丞一員。從

五品上。魏武帝置，丞二人。隋置一人，正第五品也。 祕書監之職，掌邦國經籍圖書之事。有二局：一曰著作，二曰太史，皆率其屬而修其職。少監爲之貳，丞掌判省事。

祕書郎四員。從六品上。 校書郎八人，正九品上。 正字四人，正九品下。 主事一人，從九品上。令史四人，書令史九人，典書八人，楷書手八十人，亭長六人。掌固八人。 祕書郎掌甲乙丙丁四部之圖籍，謂之四庫。經庫類十，史庫類十三，子庫類十四，集庫類三。事在經籍志。

著作局：龍朔爲司文局。 著作郎二人，從五品上。龍朔爲司文郎中，咸亨復也。 佐郎四人，從六品上。校書郎二人，正九品上。 正字二人，正九品下。 楷書手五人，掌固四人。 著作郎、佐郎掌修撰碑志、祝文、祭文，與佐郎分判局事也。

司天臺：舊太史局，隸祕書監。龍朔二年改爲祕閣局，久視元年改爲渾儀監。景雲元年改爲太史監，復爲太史局，隸祕書。乾元元年三月十九日敕，改太史監爲司天臺，改置官屬。舊置於子城內祕書省西，今在永寧坊東南角也。

監一人，從三品。本太史局令，從五品下。乾元元年改爲監，升從三品，一如殿中祕書品秩也。 少監二人。本曰太史丞，從七品下。乾元升爲少監，與諸司少監卿同品也。 太史令掌觀察天文，稽定曆數。凡日月星辰之變，風雲氣色之異，率其屬而占候之。其屬有司曆二人，掌造曆。保章正一人，掌教。曆生四十一人。監候五人，掌候天文。觀生九十人，掌晝夜司候天文氣色。 靈臺郎二人，掌教習天文氣色。天文生六十人。 挈壺正二人。掌知漏刻。司辰七十人〔三九〕，漏刻典事二十二人，漏刻博士九人，漏刻生三百六十人，典鐘一百一十二人，

典鼓八十八人，楷書手二人，亭長、掌固各四人。自乾元元年別置司天臺。改置官吏，不同太史局舊數，今據司天職掌書之也。凡玄象器物、天文圖書，苟非其任，不得預焉。每季錄所見災祥，送門下中書省，入起居注。歲終總錄，封送史館。每年預造來年曆，頒于天下。五官正五員，正五品。乾元元年置五官，有春、夏、秋、冬、中五官之名。丞二員，正七品。主簿二員，正七品。定額直五人，五官靈臺郎五員，正七品。舊靈臺郎，正八品下，掌觀天文之變而占候之。凡二十八宿，分爲十二次，事具天文志也。五官保章正五員，正七品。五官司曆五員，正八品。舊司曆二人，從九品上，掌國之曆法，造曆以頒四方。其曆有戊寅曆、麟德曆、神龍曆、大衍曆。天下之測量之處，分至表準，其詳可載，故參考星度，稽驗晷影，各有典章。五官監候五員，正八品。五官挈壺正五員，正九品。五官司辰十五員。正九品。舊挈壺正二員，從八品下。司辰十七人，正九品下。皆掌知漏刻。孔壺爲漏，浮箭爲刻，以告中星昏明之候也。五官禮生十五人，五官楷書手五人，令史五人，漏刻博士二十人，漏刻之法，孔壺爲漏，浮箭爲刻〔三〇〕。其箭四十有八，晝夜共百刻。冬夏之間，有長短。冬至之日，晝漏四十刻，夜漏六十刻。夏至，晝漏六十刻，夜漏四十刻。春分秋分之時，晝夜各五十刻。秋分之後，減晝益夜，凡九日加一刻。春分已後，減夜益晝，九日減一刻。二至前後，加減遲，用日多。二分之間，加減速，用日少。候夜以爲更點之節。每夜分爲五更，每更分爲五點。更以擊鼓爲節，點以擊鐘爲節也。典鐘、典鼓三百五十人，天文觀生九十人，天文生五十人，曆生五十五人，漏生四十人，視品十人。已上官吏，皆乾元元年隨監司新置也。

校勘記

〔一〕其才職頗高　唐六典卷二「職」作「識」。

〔二〕兼注員外郎　唐六典卷二「郎」作「官」。

〔三〕依番名不過五六也　據唐六典卷二「名」作「多」。

〔四〕散官並同職事　「同」字各本原作「司」，據唐六典卷二改。

〔五〕從六品上　各本原作「從五品上」，據唐六典卷二、通典卷四〇改。

〔六〕從五品上　「從」字各本原作「並」，據唐六典卷三改。

〔七〕四曰雜徭　「雜徭」二字各本原無，據唐六典卷三、唐會要卷八三補。

〔八〕輸綾絹絁者　「絁」字各本原無，據本書卷四八食貨志、唐六典卷三補。

〔九〕名因隨曹改易也　「隨」字各本原作「隋」，唐六典卷四作「隨」，本卷「隨曹改易」之文屢見，當以「隨」爲是，據改。

〔一〇〕有大瑞上瑞中瑞　唐六典卷四「中瑞」下有「下瑞」二字。

〔一一〕五品女樂不得過三人　唐六典卷四「五品」下有「已上」兩字。

〔一二〕材藝　「材」字各本原無，據唐六典卷五補。

〔一三〕諸衞　「諸」字各本原作「翊」，據唐六典卷五改。

〔一四〕以定番第　「以」字各本原作「無」，據唐六典卷五改。

〔一五〕據簿而發之　「發」字各本原作「折」，據唐六典卷五改。

〔一六〕司城大夫　唐六典卷五、唐會要卷五九、通鑑卷二〇〇均作「司城大夫」。

〔一七〕備運之牛　唐六典卷五「牛」作「車」。

〔一八〕隋於門下省置諫議大夫七員　「隋」字各本原作「隨」，據唐會要卷五五改。

〔一九〕貞觀末　唐六典卷八「末」字作「初」字。考本書卷八二李義府傳，李義府爲門下省典儀在貞觀八年。

〔二〇〕隨身魚符之制　「魚」字各本原無，據本卷上文及唐六典卷八補。

〔二一〕六品已下　「下」字各本原作「上」，據唐六典卷八、唐會要卷六四改。

〔二二〕侍中書令　疑當作「侍中中書令」。

〔二三〕延熹　各本原作「延嘉」，據唐六典卷九、通典卷二一改。

〔二四〕永泰元年　「元年」，各本原作「九年」，據本書卷一一三裴冕傳改。

〔二五〕書直八人　唐六典卷九「書」作「畫」。

〔二六〕裴垍　「垍」字各本原作「洎」，據本書卷一四憲宗紀、卷一四八裴垍傳改。

〔三七〕張垍　「垍」字各本原作「洎」，據本書卷九七張說傳改。

〔三八〕光宅改爲麟臺　唐六典卷一〇、通典卷二六、册府卷六二〇「光宅」皆作「天授」。

〔三九〕司辰七十人　據下文注：「司辰十七人，正九品下」，「七十」疑當作「十七」。

〔四〇〕浮箭爲刻　各本原作「箭爲刻」，上文注及唐六典卷一〇、新書卷四七百官志均有「孔壺爲漏、浮箭爲刻」句，則此處「箭」字上當脫「浮」字，據補。

舊唐書卷四十四

志第二十四

職官三

御史臺秦、漢曰御史府，後漢改爲憲臺，魏、晉、宋改爲蘭臺，梁、陳、北朝咸曰御史臺。武德因之。龍朔二年改名憲臺。咸亨復。光宅元年分臺爲左右，號曰左右肅政臺。左臺專知京百司，右臺按察諸州。神龍復爲左右御史臺。延和年廢右臺，先天二年復置，十月又廢也。

大夫一員，正三品。秦、漢之制，御史大夫、副丞相爲三公之官。魏、晉之後，多不置大夫，以中丞爲臺主。隋諱中，復大夫，降爲正四品。武德令改爲從三品。龍朔改爲大司憲，咸亨復爲大夫。光宅分臺爲左右，置左右臺大夫。及廢右臺，去左右字。本從三品，會昌二年十二月勑：「大夫，秦爲正卿，漢爲副相，漢末改爲大司空，與丞相俱爲三公。掌邦國刑憲，肅正朝廷。其任既重，品秩宜峻。准六尚書例，昇爲正三品，著之於令。」中丞二員。正四品下。漢御史臺有二丞，掌殿內祕書，謂之中丞。漢末改爲御史長史，後漢復爲中丞。後魏改爲中尉正，北齊復曰中丞。後周曰司憲

中大夫。隋諱中，改爲持書御史，爲從五品。武德因之。貞觀末，避高宗名，改持書御史爲中丞，置二員。龍朔改爲司憲大夫，咸亨復爲中丞。本正五品上，會昌二年十二月敕：「中丞爲大夫之貳，緣大夫秩崇，官不常置，中丞爲憲臺長。今九寺少卿及諸少監、國子司業、京兆少尹，並府寺省監之貳，皆爲四品，唯中丞官重，品秩未崇，可昇爲正四品下，與丞郎出入迭用，著之於令。」大夫、中丞之職，掌持邦國刑憲典章，以肅正朝廷。中丞爲之貳。凡天下之人，有稱冤而無告者，與三司訊之。凡中外百僚之事，應彈劾者，御史言於大夫。大事則方幅奏彈之，小事則署名而已。若有制使覆囚徒，則與刑部尚書參擇之。凡國有大禮，則乘輅車以爲之導。

侍御史四員。從六品下。御史之名，周官有之，亦名柱下史。秦改爲侍御史。後周曰司憲中士，隋爲侍御史，品第七。武德品第六也。掌糾舉百僚，推鞫獄訟。侍御史年深者一人判臺事，知公廨雜事，次一人知西推，一人知東推也。凡有別付推者，則按其實狀以奏。若尋常之獄，推訖斷于大理。凡事非大夫、中丞所劾，而合彈奏者，則具其事爲狀，大夫、中丞押奏〔一〕。大事則冠法冠，衣朱衣纁裳，白紗中單以彈之。小事常服而已。凡三司理事，則與給事中、中書舍人、更直於朝堂受表。若三司所按而非其長官，則與刑部郎中員外、大理司直評事往訊之。

主簿一人，從七品下。錄事二人。從九品下。主簿掌印及受事發辰，勾檢稽失。兼知官廚及黃卷。主事二人，令史十七人，書令史二十三人。

殿中侍御史六人，從七品下。令史八人，書令史十八人。殿中侍御史掌殿廷供奉之儀式。凡冬至、元正大朝會，則具服升殿。若郊祀、巡幸，則於鹵簿中糾察非違，具服從於旌門，視文物有所虧闕，則糾之。凡兩京城內，則分知左右巡，各察其所巡之內有不法之事。

監察御史十員，正八品上。貞觀初，馬周以布衣進用，太宗令於監察御史裏行。自此因置裏行之名。龍朔元年，以王本立爲監察裏行也。監察掌分察巡按郡縣、屯田、鑄錢、嶺南選補、知太府、司農出納，監決囚徒。監祭祀則閱牲牢，省器服，不敬則劾祭官。尚書省有會議，亦監其過謬。凡百官宴會、習射，亦如之。

殿中省魏初置殿中監，隋初改爲殿中局，煬帝改爲殿內省，武德改爲殿中省。龍朔改爲中御府，咸亨復爲殿中省。

監一員，從三品。魏初置，品第二。梁品第三。隋品第四。武德品第三也。少監二員，從四品上。丞二人，從五品上。主事二人，從九品上。令史四人，書令史十二人，亭長、掌固各八人。殿中監掌天子服御，總領尚食、尚藥、尚衣、尚舍、尚乘、尚輦六局之官屬，備其禮物，供其職事。少監爲之貳。凡聽朝，則率其屬執繖扇以列於左右。凡大祭祀，則進大珪、鎮珪於壝門之外。既

事，受而藏之。凡行幸，則侍奉於仗內，驂乘以從。若元正、冬至大朝會，則有進爵之禮。丞掌副監事，兼勾檢稽失，省署抄目。主事掌印及知受事發辰。

尚食局：奉御二人，正五品下。隋初爲典御，又改爲奉御。直長五人，正七品上。食醫八人。正九品下。奉御掌謹其儲供，辨名數。直長爲之貳。若進御，必辨其時禁。春肝，夏心，秋肺，冬腎，四季之月脾王，皆不可食。當進，必先嘗。正、至大朝會饗宴，與光祿大夫視其品秩之差。其賜王公賓客，亦如之。諸陵月享，則視膳而獻之。食醫掌率主食王膳，以供其職。

尚藥局：奉御二人，正五品下。直長四人，正七品上。書吏四人。侍御醫四人，從六品上。主藥十二人，藥童三十人。司醫四人，正八品下。醫佐八人，正八品下。按摩師四人，咒禁師四人，合口脂匠四人，掌固四人。奉御掌合和御藥及診候方脈之事。直長爲之貳。凡藥有上、中、下三品，上藥爲君，中藥爲臣，下藥爲佐。合造之法，一君三臣九佐，別人五藏，分其五味，有湯丸膏散之用。診脈有寸、關、尺之三部，醫之大經。凡合和與監視其分劑，藥成嘗而進焉。侍御醫，掌診候調和。主藥、藥童，主刮削擣篩。

尚衣局：奉御二人，從五品上。直長四人，正七品下。書令史三人，書吏四人，主衣十六人，掌固四人。奉御掌衣服，詳其制度，辨其名數。直長爲之貳。凡天子之服冕十有三：一大裘冕，二衮冕，三鷩冕，四毳冕，五絺冕，六玄冕，七通天冠，八武弁，九弁服，十介幘，十一

白紗帽；十二平巾幘〔二〕，十三翼善冠。事具輿服志。凡天子之大珪，曰珽，長三尺〔三〕。鎭珪，長尺有二寸。若有事於郊丘社稷，則出之於內。將享，至于中壝門，則奉鎭珪于監而進之。既事，受而藏之。凡大朝會，則設案，服畢而徹之。

尚舍局：奉御二人，從五品上。直長六人，正七品下。書令史三人，書吏七人，掌固十人，幕士八十人。奉御掌殿廷張設、湯沐、燈燭、灑掃之事。直長爲之貳。凡行幸，預設三部帳幕，有古帳、大帳、次帳、小次帳、小帳，凡五等之帳爲三部。其外置排城以爲蔽扞。排城，連板爲之〔四〕，板上畫辟邪獸，表裏皆漆之。凡大祭祀，有事於郊壇，則先設行宮於壇之東南向，隨地之宜。將祀三日，則設大次於外壝東門之外道北，南向而設坐。若有事於明堂太廟，則設大次於東門，如郊壇之制。凡致齋，則設幄於正殿西序及室內，俱東向，張於楹下。凡元正、冬至大朝會，則設斧扆於正殿。施蹋席薰鑪。朔望受朝，則施幄於正殿，帳裙頂帶方闊一丈四尺也。

尚乘局：奉御二人，從五品上。直長一人，正七品下。奉乘十八人，正九品下。習馭五十人，掌閑五十人，獸醫七十人。進馬六人，七品下。司庫一人，正九品下。司廩二人，正九品下。書令史一人，書吏十四人。奉御掌內外閑廐之馬，辨其粗良，而率其習馭。直長爲之貳。一曰左右飛黃閑，二曰左右吉良閑，三曰左右龍媒閑，四曰左右騊駼閑，五曰左右駃騠閑〔五〕，六曰左右天苑閑。開元時仗內六閑，曰飛龍、祥麟、鳳苑、鵷鸞、吉良、六羣等〔六〕，號六廐馬。凡秣馬給料，以時爲差。凡外牧進良馬，印

以三花飛風之字而爲志。奉乘掌率習馭、掌閑、駕士及秣飼之法。司庫掌鞍轡乘具。司廩掌藁秸出納。獸醫掌療馬病。初尚乘局掌六閑馬，後置內外閑廐使，專掌御馬。開元初，以尚乘局隸閑廐使，乃省尚乘，其左右六閑及局官，並隸閑廐使領之也。進馬舊儀，每日尚乘以廐馬八匹，分爲左右廂，立於正殿側宮門外，候仗下卽散。若大陳設，卽馬在樂懸之北，與大象相次。進馬二人，戎服執鞭，侍立於馬之左，隨馬進退。雖名管殿中，其實武職，用資蔭簡擇，一如千牛備身。天寶八載，李林甫用事，罷立仗馬，亦省進馬官。十二載，楊國忠當政，復立仗馬及進馬官，乾元復省，上元復置也。

尙輦局：奉御二人，從五品上。直長四人，正七品下。尙輦二人，正九品下。書令史二人，書吏四人，掌扇六人，掌翰二十四人，主輦三十二人，奉輿十二人，掌固四人。奉御掌輿輦，分其次序而辨其名數。直長爲之貳。凡大朝會，則陳于廷。大祭祀，則陳于廟。凡大朝會，則繖二翰一，陳之于廷。孔雀扇一百五十有六，分居左右。舊翟尾扇，開元年初改爲繡孔雀。若常聽朝，皆去扇，左右各留其三，以備常儀。

內官

妃三人。正一品。周官三夫人之位也。隋依周制，立三夫人。武德立四妃：一貴妃，二淑妃，三德妃，四賢妃，

位次后之下。玄宗以爲后妃四星，其一正后，不宜更有四妃，乃改定三妃之位：惠妃一，麗妃二，華妃三，下有六儀、美人、才人四等，共二十人，以備內官之位也。三妃佐后，坐而論婦禮者也。其於內，則無所不統，故不以一務名焉。六儀六人，正二品，周官九嬪之位也。掌教九御四德，率其屬以贊導后之禮儀。美人四人，正三品，周官二十七世婦之位也。掌率女官，修祭祀賓客之事。才人七人，正四品，周官八十一御女之位。掌敍宴寢，理絲枲，以獻歲功〔七〕。

宮官六尚，如六尚書之職掌。

尚宮二人，正五品。司記二人，正六品。典記二人，正七品。掌記二人，正八品。女史六人。司言二人，正七品。典言二人，正八品。掌言二人，正八品。女史四人。司簿二人，正六品。典簿二人，正七品。掌簿二人，正八品。女史六人。司闈六人，正六品。典闈六人，正七品。掌闈六人，正八品。女史四人。尚宮職，掌導引中宮，總司記、司言、司簿、司闈四司之官屬。凡六尚書物出納文簿〔八〕，皆印署之。司記掌印，凡宮內諸司簿書出入目錄，審而付行焉。典記佐之，女史掌執文書。司言掌宣傳啓奏。司簿掌宮人名簿廩賜。司闈掌宮闈管籥。

尚儀二人，正五品。司籍二人，正六品。典籍二人，正七品。掌籍二人，正八品。女史十人。司

樂四人，正六品。典樂四人，正七品。掌樂二人，正八品。女史二人〔九〕。司賓二人，正六品。典賓二人，正七品。掌賓二人。正八品。司贊二人，正六品。典贊二人，正六品。掌贊二人，正六品。女史二人。

尙儀之職，掌禮儀起居，總司籍、司樂、司賓、司贊四司之官屬。司籍掌四部經籍、筆札几案。司樂掌率樂人習樂，陳懸、拊擊、進退。司賓掌賓客朝見、宴會賞賜。司贊掌朝見宴會贊相。

尙服二人，正五品。司寶二人，正六品。典寶二人，正七品。掌寶二人，正八品。女史四人。司衣二人，正六品。典衣二人，正七品。掌衣二人，正八品。女史四人。司飾二人，正六品。典飾二人，正七品。掌飾二人，正八品。女史四人。司仗二人，正六品。典仗二人，正七品。掌仗二人，正八品。女史二人。

尙服之職，掌供內服用采章之數，總司寶、司衣、司飾、司仗四司之官屬。司寶掌瑞寶、符契、圖籍。司衣掌衣服首飾。司飾掌膏沐巾櫛。司仗掌羽儀仗衞。

尙食二人，正五品。司膳四人，正六品。典膳四人，正七品。掌膳四人，正八品。女史四人。司醞二人，正七品。典醞二人，正七品。掌醞二人，正八品。女史二人。司藥二人，正六品。典藥二人，正七品。掌藥二人，正八品。女史四人。司饎二人，正六品。典饎二人，正七品。掌饎二人，正八品。女史四人。

尙食之職，掌供膳羞品齊之數，總司膳、司醞、司藥、司饎四司之官屬。凡進食，先嘗之。司膳掌制烹煎和。司醞掌酒醴酏飲。司藥掌方藥。司饎掌給宮人廩餼飯

食、薪炭。

尙寢二人，正五品。司設二人，正六品。典設二人，正七品。掌設二人，正八品。女史四人。司輿二人，正六品。典輿二人，正七品。掌輿二人，正八品。女史二人。司苑二人，正六品。典苑二人，正七品。掌苑二人，正八品。女史二人。司燈二人，正六品。典燈二人，正七品。掌燈二人，正八品。女史二人。尙寢之職，掌燕寢進御之次序，總司設、司輿、司苑、司燈四司之官屬。司設掌幃帳茵席、掃洒張設。司輿掌輿輦繖扇羽儀。司苑掌園苑種植蔬菓。司燈掌燈燭。

尙功二人，正五品。司製二人，正六品。典製二人，正七品。掌製二人，正八品。女史二人。司珍二人，正六品。典珍二人，正七品。掌珍二人，正八品。女史六人。司綵二人，正六品。典綵二人，正七品。掌綵二人，正八品。女史二人。司計二人，正六品。典計二人，正七品。掌計二人，正八品。女史二人。尙功之職，掌女功之程課，總司製、司珍、司綵、司計四司之官屬。司製掌衣服裁縫。司珍掌寶貨。司綵掌繒錦絲枲之事。司計掌支度衣服、飲食、薪炭。

宮正一人，正五品。司正二人，正六品。典正二人，正七品。女史四人。宮正之職，掌戒令、糾禁、謫罰之事。司正、典正佐之。右唐制定宮官六尙書、二十四司職事官，以備內職之數。

內侍省星經有宦者四星，在天市垣，帝坐之西。周官有巷伯、寺人之職，皆內官也。前漢宮官，多用士人，後漢始用宦者爲宮官。晉置大長秋卿爲後宮官，以宦者爲之。隋爲內侍省，煬帝改爲長秋監，武德復爲內侍。龍朔改爲內侍監，光宅改爲司宮臺，神龍復爲內侍省也。

內侍四員〔一〇〕。從四品上。漢、魏曰長秋卿，梁曰大長秋，北齊曰中侍中，後周曰司內上士，隋曰內侍，置二人。煬帝曰長秋令，正四品。武德復爲中侍〔一一〕。中官之貴，極于此矣。若有殊勳懋績，則有拜大將軍者，仍兼內侍之官。德宗置左右神策、威遠等禁兵，命中官掌之。每軍置中尉一人，宦者爲之。自李輔國、魚朝恩之後，京師兵柄，歸於內官，號左右軍中尉。將兵於外者，謂之觀軍容使。而天下軍鎮節度使，皆內官一人監之，事具宦者傳也。內常侍六人。正五品下。漢代謂之中常侍。

內侍之職，掌在內侍奉、出入宮掖宣傳之事，總掖廷、宮闈、奚官、內僕、內府五局之官屬。內常侍爲之貳。凡皇后祭先蠶，則相儀。后出，則爲之夾引。

內給事八人，從五品下。主事二人，從九品下。令史八人，書令史十六人。內給事掌判省事。凡元正、冬至羣臣朝賀中宮，則出入宣傳。凡宮人衣服費用，則具其品秩，計其多少，春秋二時，宣送中書。

內謁者監六人，正六品下。內謁者十二人，從八品下。內寺伯二人。正七品下。內謁者監掌內宣傳。凡諸親命婦朝會，所司籍其人數，送內侍省。內謁者掌諸親命婦朝集班位。內寺伯掌糾察諸不法之事。歲大儺，則監其出入。

掖廷局：令二人，從七品下。丞三人，從八品下。宮教博士二人，從九品下。監作四人，從九品下。令史四人，計史二人，書令史八人。掖廷令掌宮禁女工之事。凡宮人名籍，司其除附，公桑養蠶，會其課業。丞掌判局事。博士掌教習宮人書算衆藝。監作掌監當雜作。

宮闈局：令二人，從七品下。丞二人，從八品下。令史三人，書吏六人，內閽人二十人，內掌扇十六人，內給使無常員。宮闈局令掌侍奉宮闈，出入管鑰。凡大享太廟，帥其屬詣于室，出皇后神主置於輿而登座焉。既事，納之。凡宮人無官品者，稱內給使。若有官及經解免應敍選者，得令長上，其小給使學生五十人，皆總其名籍，以給其糧廩。丞掌判局事。內給使掌諸門進物出納之曆〔三〕。

奚官局：令二人，正八品下。丞二人，正九品下。書令史三人，書吏六人，藥童四人。奚官令掌奚隸工役、宮官品命。丞爲之貳。凡宮人有疾病，則供其醫藥，死亡則供其衣服，各視其品命。仍於隨近寺觀，爲之修福。雖無品，亦如之。凡內命婦五品已上亡，無親戚於墓側，三年內取同姓中男一人，以時主祭。無同姓，則所司春秋以少牢祭之。

內僕局：令二人，正八品下。丞二人，正九品下。書令史二人，書吏四人，駕士二百人。內僕令掌中宮車乘出入導引。丞爲之貳。凡中宮有出入則令居左，丞居右，而夾引之。凡皇后之車有六，事在輿服也。

內府局：令二人，正八品下。丞二人，正九品下。書令史二人，書吏四人。內府令掌中藏寶貨，給納名數。丞爲之貳。凡朝會五品已上，賜絹帛金銀器於殿廷者，並供之。諸將有功，并蕃酋辭還，亦如之。

太常寺古曰秩宗，秦曰奉常，漢高改爲太常，梁加寺字，後代因之。

卿一員，正三品。梁置十二卿，太常卿爲一。周、隋品第三。龍朔二年改爲奉常，光宅改爲司禮卿，神龍復爲太常卿也。少卿二人。正四品。隋置少卿二人，從四品。武德置一人，貞觀加置一員。太常卿之職，掌邦國禮樂、郊廟、社稷之事，以八署分而理之：一曰郊社，二曰太廟，三曰諸陵，四曰太樂，五曰鼓吹，六曰太醫，七曰太卜，八曰廩犧。總其官屬，行其政令。少卿爲之貳。凡國有大禮，則贊相禮儀。有司攝事，則爲之亞獻。率太樂官屬，宿設樂懸，以供其事。讌會，亦如之。若三公行園陵，則爲之副，公服乘輅備鹵簿而奉其禮。若大祭祀，則先省牲器。凡太卜占國之大事及祭祀卜日，皆往涖之於太廟南門之外。凡仲春薦冰及四時品物甘滋新成者，皆薦焉。凡有事於宗廟，少卿帥太祝、齋郎入薦香燈，整拂神幄，出入神主。將享，則與良醞令實鐏罍。凡備大享之器服，有四院。一曰天府院，二曰御衣院，三曰樂懸院，四曰神廚院。

丞二人，從五品上。主簿二人，從七品上。錄事二人，從九品下。府十二人，史二十三人。博士四人，從七品上。謁者十人，贊引二十人。太祝六人，正九品上。祝史六人。奉禮二人，從九品上。贊者十六人。協律郎二人，正八品上。亭長八人，掌固十二人，太廟齋郎，京、都各一百三十人。太廟門僕，京、都各三十人。

丞掌判寺事。凡大饗太廟，則修七祀於太廟西門之內。若祫享，則兼修配享功臣之禮。主簿掌印，勾檢稽失，省署抄目。錄事掌受事發辰。博士掌五禮之儀式，本先王之法制，適變隨時而損益焉。凡大祭祀及有大禮，則與卿導贊其儀。凡公已下擬謚，皆迹其功行，爲之褒貶。無爵稱子，養德邱園，聲實明著，則謚曰先生。大行大名，小行小名之。古有周書謚法，大戴禮謚法，漢劉熙謚法一卷，晉張靖謚法兩卷，又有廣謚法一卷，梁沈約總聚古今謚法，凡有一百六十五稱也。若大祭祀，卿省牲器，謁者爲之導。若小祀及公卿大夫有嘉禮，亦命謁者以贊之。太祝掌出納神主于太廟之九室，而奉享薦禘祫之儀。凡國有大祭祀〔三〕，凡郊廟之祝版，先進取署，乃送祠所。將事，則跪讀祝文，以信于神；禮成而焚之。凡大祭祀，卿省牲而告充。凡祭天及日月星辰之玉帛，則焚之；祭地及社稷山岳，則瘞之；海瀆，則沉之。奉禮郎掌朝會祭祀君臣之版位。凡樽卣之制，十有四，祭則陳之。祭器之位，簠簋爲前，甑鉶次之，籩豆爲後。大凡祭祀朝會，在位者拜跪之節，皆贊導之，贊者承傳焉。又設牲牓之位，以成省牲之儀。凡春秋二仲，公卿巡陵，則主其威儀鼓吹之節而

相禮焉。協律郎掌和六呂六律，辨四時之氣，八風五音之節。凡太樂，則監試之，爲之課限。若大祭祀饗宴奏于廷，則升堂執麾以爲之節制，舉麾工鼓柷而後樂作，偃麾戛敔而後止。

兩京郊社署：令各一人，從七品下。丞一人，從八品上。府二人，史四人，典事三人，掌固五人，門僕八人，齋郎一百一十人。郊社令掌五郊社稷明堂之位，祠祀祈禱之禮。丞爲之貳。凡大祭祀，則設神坐於壇上而別其位，立燎壇而先積柴。凡有合朔之變，則置五兵於太社，以朱絲縈之以俟變，過時而罷之。

諸陵署：令一人，從五品上。錄事一人，府二人，史四人，主衣四人，主輦四人，主藥四人，典事三人，掌固二人。陵戶，乾、橋、昭四百人，獻、定、恭三百人。陵令掌先帝山陵，率戶守衛之。丞爲之貳。凡朔望、元正、冬至，皆修享於諸陵。凡功臣密戚陪葬者聽之，以文武分爲左右列。諸太子陵令各一人，從八品下。丞一人。從九品下。

太樂署：令一人，從七品下。丞一人，從八品下。府三人，史六人。樂正八人，從九品下。典事八人，掌固八人，文武二舞郎一百四十人。太樂令調合鐘律，以供邦國之祭祀享宴。丞爲之貳。凡天子宮懸鐘磬，凡三十六簴。鎛鐘十二，編鐘十二，編磬十二，共爲三十六架。東方西方，磬簴起北，鐘簴次之。南方北方，磬簴起西，鐘簴次之。鎛鐘在編鐘之間，各依辰位〔一四〕。四隅建鼓，左柷右敔。又設巢、竽、笛、

簫〔一五〕、篪、塤，繫于編鐘之下。偶歌琴、瑟、箏、筑，繫于編磬之下。其在殿廷前，則加鼓吹十二案，於建鼓之外，羽葆之鼓、大鼓、金錞、歌簫、笳置於其上。又設登歌鐘、節鼓、瑟、琴、箏、笳於堂上，笙、和、簫、篪於堂下。太子之廷，陳軒懸，去其南面鎛鐘、編鐘、編磬各三〔一六〕，凡九簴，設于辰、丑、申之位。三建鼓亦如之。凡宮懸之作，則奏文武舞，事在晉樂志也。凡大宴會，則設十部伎。凡大祭祀、朝會用樂，辨其曲度章服，而分始終之次。有事於太廟，每室酌獻各用舞。事具晉樂志。凡祀昊天上帝及五方大明、夜明之樂，皆六成，祭皇地祇神州社稷之樂，皆八成，享宗廟之樂，皆九成。其餘祭祀，三成而已。五音有成數，觀其數而用之也。凡習樂，立師以教。每歲考其師之課業，爲上中下三等，申禮部，十年大校之，量優劣而黜陟焉。凡樂人及音聲人應教習，皆著簿籍，覈其名數，分番上下。

鼓吹署：令一人，從七品下。丞三人，從八品下。府三人，史六人。樂正四人，從九品下。典事四人，掌固四人。鼓吹令掌鼓吹施用調習之節，以備鹵簿之儀。丞爲之貳。凡大駕行幸，鹵簿則分前後二部以統之。法駕則三分減一，小駕則減大駕之半。皇太后、皇后出，則如小駕之例。皇太子鼓吹，亦有前後二部。親王已下各有差。凡大駕行幸〔一七〕，有夜警晨嚴之制。大駕夜警十二部，晨嚴三通。太子諸王公卿已下，警嚴有差。凡合朔之變，則率工人設五鼓於太社。大儺，則帥鼓角以助侲子唱之。

太醫署：令二人，從七品下。丞二人，從八品下。府二人，史四人，主藥八人，藥童二十四

人。醫監四人，從八品下。醫正八人，從九品下。藥園師二人，藥園生八人，掌固四人。太醫令掌醫療之法。丞爲之貳。其屬有四，曰：醫師、針師、按摩師、禁咒師。皆有博士以教之。其考試登用，如國子之法。凡醫師、醫工、醫正療人疾病，以其全多少而書之以爲考課。藥園師，以時種蒔收采。

諸藥醫博士一人，正八品上。助教一人，從九品下。醫師二十人，醫工一百人，醫生四十人，典藥二人。博士掌以醫術教授諸生。醫術，謂習本草、甲乙脈經，分而爲業，一曰體療，二曰瘡腫，三曰少小，四曰耳目口齒，五曰角法也。

針博士一人，從八品下。針助教一人，從九品下。針師十人，針工二十人，針生二十人。針博士掌教針生以經脈孔穴，使識浮沉澀滑之候，又以九針爲補瀉之法。其針名有九，應病用之也。

按摩博士一人，從九品下。按摩師四人，按摩工十六人，按摩生十五人。按摩博士掌教按摩生消息導引之法。

咒禁博士一人，從九品下。咒禁師二人，咒禁工八人，咒禁生十人。咒禁博士掌教咒禁生以咒禁，除邪魅之爲厲者。

太卜署：令一人，從八品下。丞一人，正九品。卜正二人，從九品下。卜博士二人。從九品下。

太卜令掌卜筮之法。丞爲之貳。其法有四：一龜，二五兆，三易，四式。皆辨其象數，通其消息，所以定吉凶焉。凡國有祭祀，則率卜正、占者，卜日於太廟南門之外。歲季冬之晦，帥侲子入宮中堂贈大儺。贈，送也，堂中舞侲子，以送不祥也。

廩犧署：令一人，正八品下。丞一人。正九品。廩犧令掌薦犧牲及粢盛之事。丞爲之貳。凡三祀之牲牢，各有名數。大祭祀，則與太祝以牲就牓位，太常卿省牲，則北面告腯〔八〕，乃牽牲以授太官。

汾祠署：令一人，從七品下。丞一人。從八品上。汾祠令、丞，掌神祀、享祭、洒埽之制。

兩京齊太公廟署：令各一人，從七品下。丞各一人。從八品上。令、丞掌開闔、洒掃及春秋仲釋奠之禮。

光祿寺秦曰郎中令，漢曰光祿勳，掌宮殿門戶。梁置十二卿，加寺字，除勳字，曰光祿卿，掌膳食，後因之。龍朔改爲司膳寺正卿，光宅改爲司膳寺卿，神龍復爲光祿寺也。

卿一員，從三品。少卿二人。從四品上。卿之職，掌邦國酒醴、膳羞之事，總太官、珍羞、良醞、掌醢之屬〔九〕，修其儲備，謹其出納。少卿爲之貳。國有大祭祀，則省牲鑊，視濯漑。若

三公攝祭，則爲之終獻。朝會宴享，則節其等差，量其豐約以供焉。

丞二人，（從六品上。）主簿二人，（從七品上。）錄事二人，（從九品上。）府十二人，史二十一人，亭長六人，掌固六人。丞掌判寺事。主簿掌印，勾檢稽失。錄事掌受事發辰。

太官署：令二人，（從七品下。）丞四人，（從八品下。）府四人，史八人。監膳十人，（從九品下。）主膳十五人，供膳二千四百人，掌固四人。太官令掌供膳食之事。丞爲之貳。凡祭之日，與卿詣廚省牲鑊，取明水於陰鑑，取明火於陽燧，帥宰人以鑾刀割牲，取其毛血，實之於豆，遂烹牲焉。又帥進饌者實簠簋，設於饌幕之內。凡朝會宴享，九品已上並供其膳食。凡供奉祭祀致齋之官，則視其品秩爲之差降。國子監釋奠，百官觀禮，亦如之。凡宿衞當上，及命婦朝參宴會者，亦如之。

珍羞署：令一人，（正八品下。）丞二人，（正九品下。）府三人，史六人，典書八人〔一〇〕，餳匠五人，掌固四人。令掌庶羞之事，丞爲之貳，以實籩豆。陸産之品，曰榛栗脯修，水物之類，曰魚鹽菱芡，辨其名數，會其出入，以供祭祀朝會賓客之禮也。

良醞署：令二人，（正八品下。）丞二人，（正九品下。）府三人，史六人。監事二人，（從九品下。）掌醞三十人，酒匠十三人，奉觶一百二十人，掌固四人。令掌供奉邦國祭祀五齊三酒之事。丞爲之貳。（五齊三酒，義見周官。）郊祀之日，帥其屬以實鐏罍。若享太廟，供其鬱鬯之酒，以實六

彝。若應進者，則供春暴、秋清、酴醾、桑落等酒。

掌醢署：令一人，正八品下。丞二人，正九品下。府二人，史四人，主醢十人。令掌供醢醢之屬，而辨其名物。丞爲之貳。凡鹿、兔、羊、魚等四醢。凡祭神祇，享宗廟，用菹醢以實豆；宴賓客，會百官，醢醬以和羹。

衞尉寺秦置衞尉，掌宮門衞屯兵，屬官有公車司馬、衞士、旅賁三令。梁置十二卿，衞尉加寺字，官加卿字。龍朔改爲司衞寺，咸亨復也。

卿一員，從三品。少卿二人。從四品上。卿之職，掌邦國器械文物之事，總武庫、武器、守宮三署之官屬。少卿爲之貳。凡天下兵器入京師者，皆籍其名數而藏之。凡大祭祀大朝會，則供其羽儀、節鉞、金鼓、帷帟、茵席之屬。

丞二人，從六品上。主簿二人，從七品上。錄事一人，從九品上。府六人，史十一人，亭長四人，掌固六人。丞掌判寺事，辨器械出納之數。主簿掌印，勾檢稽失。錄事掌受事發辰。

武庫：令、兩京各一人，從六品下。丞二人，從八品下。府二人，史六人，監事一人，正九品上。典事二人，掌固五人。令掌藏邦國之兵仗、器械，辨其名數，以備國用。丞爲之貳。凡親征

及大田巡狩，以羝羊、猳猪、雄雞釁鼓。若太子親征及大將出師，則用猳豘。凡有赦，則先建金雞，兼置鼓於宮城門之右。視大理及府縣囚徒至，則撾其鼓。

武器署：令一人，正八品下。丞二人，從九品下。府二人，史六人，監事一人，從九品下。典事二人，掌固四人。令掌在外戎器，辨其名物，會其出入。丞爲之貳。凡大祭祀大朝會及巡幸，則納於武庫，供其鹵簿。若王公百官婚葬之禮，應給鹵簿，亦供之。

守宮署：令一人，正八品下。丞二人，正九品下。府二人，史四人，監事二人，掌設六人，幕士一千六百人〔三〕。令掌邦國供帳之屬，辨其名物，會其出入。丞爲之貳。凡大祭祀大朝會及巡幸，則設王公百官位於正殿南門外。

宗正寺星經有宗正星，在帝座之東南。秦置宗正，掌宗屬。梁置十二卿，宗正爲一，署加寺字。隋品第二。光宅改爲司屬，神龍復之也。

卿一員，從三品上。少卿二員。從四品上。丞二人，從六品上。主簿一人，從七品上。錄事一人，從九品上。府五人，史九人，亭長四人，掌固四人。卿之職，掌九族六親之屬籍，以別昭穆之序，并領崇玄署。少卿爲之貳。九廟之子孫，繼統爲宗，餘曰族。凡大祭祀及册命朝會之

禮，皇親諸親應陪位預會者，則爲之簿書，以申司封。若皇親爲三公子孫應襲封者，亦如之。丞掌判寺事。主簿掌印及勾檢稽失。錄事掌受事發辰。

崇玄署：令一人，正八品下。丞一人，正九品下。府二人，史三人，典事六人，掌固二人。

令掌京都諸觀之名數、道士之帳籍，與其齋醮之事。丞爲之貳。

太僕寺太僕，古官。梁置十二卿，署加寺字，後因之。龍朔改爲司馭寺，光宅爲司僕寺，神龍復也。

卿一員。從三品。古有太僕正，卽其名也。後無正字，唯名太僕。梁置爲列卿，隋品第三。龍朔爲司馭正卿，光宅曰司僕卿，神龍復也。少卿二人。從四品上。卿之職，掌邦國廄牧、車輿之政令，總乘黃、典廄、典牧、車府四署及諸監牧之官屬。少卿爲之貳。凡國有大禮及大駕行幸，則供其五輅屬車之屬。凡監牧羊馬所通籍帳，每歲則受而會之，以上尚書駕部，以議其官吏之考課。凡四仲之月，祭馬祖、馬步、先牧、馬社。

丞四人，從六品上。主簿二人，從七品上。錄事二人，從九品上。府十七人，史三十四人，獸醫六百人，獸醫博士四人，學生一百人，亭長四人，掌固六人。丞掌判寺事。主簿掌印，勾檢稽失，省署抄目。錄事掌受事發辰。

乘黃署：令一人，從七品下。丞一人，從八品下。府一人，史二人，典事八人，駕士一百四十人，羊車小吏十四人，掌固六人。令掌天子車輅，辨其名數與馴馭之法。丞爲之貳。凡乘輿五輅，事具輿服志也。皆有副車，又有十二車，曰指南車、曰記里鼓車、白鷺車、鸞旗車、辟惡車、皮軒車、耕根車、安車、四望車、羊車、黃鉞車、豹尾車，其車飾見輿服志也。屬車一十有二。古者屬車八十一乘，皇朝置十二乘也。乘輿有大駕、法駕、小駕，車服各有名數之差。若有大禮，則以所御之輅進內。既事，則受而藏之。凡將有事，先期四十日，尚乘供馬如輅色，率駕士預調習指南等十二車。

典廐署：令二人，從七品下。丞四人，從八品下。府二人，史六人。主乘六人，正九品下。典事八人，執馭一百人，駕士八百人，掌固六人。令掌繫飼馬牛，給養雜畜之事。丞爲之貳。

典牧署：令二人，正八品下。丞四人，正九品下。府四人，史八人，監事八人，典事十六人，從九品下。主酪五十人。令掌牧雜畜，造酥酪脯腊給納之事。丞爲之貳。凡羣牧所送羊犢，皆受之，而供廩犧、尚食之用。諸司合供者，亦如之。

車府署：令一人，正八品下。丞一人，正九品下。府一人，史二人，典事四人，掌固六人。令掌王公已下車輅，辨其名數及馴馭之法。丞爲之貳。凡公已下，四軺車。一象輅，二革軺，三木輅，四軺輅。視其品秩而給之，兼給馭士也。

上牧監一人，從五品下。牧監，皆皇朝置也。副監二人，正六品下。丞二人，正八品上。主簿一人，

正八品下。錄事一人，府三人，史六人，典事八人，掌固四人。

中牧監一人，正六品下。副監一人，從六品下。丞一人，從八品下。主簿一人，從九品下。錄事一人，府二人，史四人，典事四人，掌固四人。

下牧監一人，從六品下。副監一人，正七品下。丞一人，正九品上。主簿一人。從九品下。諸牧監掌羣牧孳課之事。凡馬五千匹爲上監，三千匹已上爲中監，一千匹已上爲下監。凡馬之羣，有牧長尉。凡馬，有左右監，以別其粗良，以數紀名，著之簿籍。細馬稱左，粗馬稱右。凡諸羣牧，立南北東西四使以分統之。其馬皆印，每年終，監牧使巡按孳數，以功過相除，爲之考課。

沙苑監一人，從六品下。副監一人，正七品下。丞一人，正九品下。主簿二人，從九品下。錄事一人，府三人，史六人，典事四人，掌固二人。沙苑監，掌牧養隴右諸牧牛羊，以供其宴會祭祀及尚食所用。每歲與典牧分月以供之。丞爲之貳。若百司應供者，則四時皆供。凡羊毛及雜畜毛皮角，皆具數申有司。

大理寺古謂掌刑爲士，又曰理。漢景帝加大字，取天官貴人之牢曰大理之義。後漢後，改爲廷尉，魏復

爲大理。南朝又名廷尉，梁改名秋卿，北齊、隋爲大理，加寺字。龍朔改爲詳刑寺，光宅爲司刑，神龍復改。

卿一員，從三品。古或名廷尉，北齊加寺字。隋品第三。龍朔爲詳刑正卿，光宅爲司刑卿，神龍復爲大理卿。少卿二員。從四品上。

卿之職，掌邦國折獄詳刑之事。少卿爲之貳。凡犯至流死，皆詳而質之，以申刑部；仍於中書、門下詳覆。凡吏曹補署法官，則與刑部尚書、侍郎議其人可否〔三〕，然後注擬。

正二人，從五品下。丞六人，從六品上。主簿二人，從七品上。錄事二人，從九品上〔三〕。府二十八人，史五十六人。正掌參議刑辟，詳正科條之事。凡六丞斷罪不當，則以法正之。丞掌分判寺事。主簿掌印，省署抄目，勾檢稽失。錄事掌受事發辰。獄丞四人，掌率獄吏，檢校囚徒，及枷杖之事。獄史六人，亭長四人，掌固八人。問事一百四十八人，掌決罪人。司直六人，從六品上。評事十二人，從八品下。掌出使推覈。評事史十四人。其刑法科目，已載於刑部。

鴻臚寺周曰大行人，秦曰典客，漢景帝曰大行，武帝曰大鴻臚。梁置十二卿，鴻臚爲多卿，去大字，署爲寺。後周曰賓部，隋曰鴻臚寺。龍朔改爲同文寺，光宅曰司賓寺，神龍復也。

卿一員，從三品。少卿二人。從四品上。卿之職，掌賓客及凶儀之事，領典客、司儀二署，以率其官屬，供其職務。少卿爲之貳。凡四方夷狄君長朝見者，辨其等位，以賓待之。凡二王後及夷狄君長之子襲官爵者，皆辨其嫡庶，詳其可否。若諸蕃人酋渠有封禮命，則受册而往其國。凡天下寺觀三綱，及京都大德，皆取其道德高妙、爲衆所推者補充，申尙書祠部。皇帝太子爲五服之親及大臣發哀臨弔，則贊相焉。凡詔葬大臣，一品則卿護其喪事，二品則少卿，三品丞一人往。皆命司儀，以示禮制。

丞二人，從六品上。主簿一人，從七品上。錄事二人，從九品上。府五人，史十一人，亭長四人，掌固六人。丞掌判寺事。主簿掌印，勾檢稽失。錄事掌受事發辰。

典客署：令一人，從七品下。丞二人，從八品下。掌客十五人，正九品上。典客十三人，府四人，史八人，賓僕十八人，掌固二人。典客令掌二王後之版籍及四夷歸化在蕃者之名數。丞爲之貳。凡朝貢、宴享、送迎，皆預焉。辨其等位，供其職事。凡酋渠首領朝見者，皆館供之。如疾病死喪，量事給之。還蕃，則佐其辭謝之節。

司儀署：令一人，正八品下。丞一人，正九品下。司儀六人，府二人，史四人，掌設十八人，齋郎三十三人，掌固四人，幕士六十人。司儀令掌凶禮之儀式及喪葬之具。丞爲之貳。凡京官職事三品已上、散官二品已上、京官四品已上，如遭喪薨卒，量品贈祭葬，皆供給之。

司農寺漢初治粟內史，景帝改爲大農，武帝加司字。梁置十二卿，以署爲寺，以官爲卿。隋爲司農卿，龍朔二年改爲司稼卿，咸亨復也。

卿一員，從三品上。少卿二員。從四品上。卿之職，掌邦國倉儲委積之事，總上林、太倉、鉤盾、導官四署與諸監之官屬，謹其出納。少卿爲之貳。凡京百司官吏祿給及常料，皆仰給之。孟春藉田祭先農，則進耒耜，季冬藏冰，仲春頒冰，皆祭司寒。

丞六人，從六品上。主簿二人，從七品上。錄事二人，從九品上。府二十八人，史七十六人，計史三人，亭長九人，掌固七人。丞掌判寺事。凡天下租及折造轉運于京都，皆閱而納之，以供國用，以祿百官。主簿掌印，署抄目，勾檢稽失。凡置木契二十隻，應須出納，與署合之。錄事掌受事發辰。

上林署：令二人，從七品下。丞四人，從八品下。府七人，史十四人，監事十九人，典事二十四人，掌固五人。令掌苑囿園池之事。丞爲之貳。凡植果樹蔬，以供朝會祭祀。其尚食所進，及諸司常料，季冬藏冰，皆主之。

太倉署：令三人，從七品下。丞二人，從八品下。府十人，史二十人，監事十人。從九品下。

令掌九穀廩藏。丞爲之貳。凡鑿窖置屋，皆銘甎爲庾斛之數，與其年月日，受領粟官吏姓名。又立牌如其銘。

鉤盾署：令二人，正八品上。丞四人，正九品上。府七人，史十四人，監事十人，從九品下。典事十九人，掌固五人。令掌供邦國薪芻之事。丞爲之貳。凡祭祀、朝會、賓客享宴，隨差降給之。

導官署：令二人，正八品上。丞四人，正九品上。府八人，史十六人，監事十人。從九品上。令掌導擇米麥之事。丞爲之貳。凡九穀之用，隨其精粗、差其耗損而供之。

太原、永豐、龍門諸倉：每倉監一人，正七品下。丞二人，從八品上。錄事一人，典事六人，府二人，史四人，掌固四人。倉監掌倉窖儲積之事。丞爲之貳。凡出納帳紙，歲終上于寺司。

司竹監：監一人，正七品下。副監一人，正八品下。丞二人，從八品上。錄事一人，府二人，史四人，典事三十人，掌固四人。司竹監掌植養園竹。副監爲之貳。歲終，以竹功之多少爲考課。

温泉監：泉在京兆府昭應縣之西。監一人，正七品下。丞二人，從八品上。錄事一人，府二人，史二人，掌固四人。温泉監掌湯池宮禁之事〔三〕。丞爲之貳。凡王公已下至于庶人，湯泉

館有差，別其貴賤，而禁其踰越。凡近湯之地，潤澤所及，瓜果之屬先時而毓者，必苞匭而進之，以薦陵廟。

京、都苑總監：監各一人，從五品下。副監一人，從六品下。丞二人，從七品下。主簿一人，從九品上。錄事各三人，府八人，史十六人，亭長四人，掌固六人。　苑總監掌宮苑內館園池之事。副監爲之貳。凡禽魚果木，皆總而司之。凡給總監及苑內官屬，人畜出入，皆爲差降之數。

京、都苑四面監：監各一人，從六品下。副監一人，從七品下。丞二人，正八品下。錄事一人，府三人，史三人，典事六人，掌固四人。　四面監掌所管面苑內宮館園池，與其種植修葺之事。副監爲之貳。丞掌判監事。

諸屯：監一人，從七品下。丞二人。從八品下。　諸屯監各掌其屯稼穡。丞爲之貳。凡每年定課有差。

九成宮總監：監一人，從五品下。副監一人，從六品下。丞一人，從七品下。主簿一人，從九品下。錄事一人，府三人，史五人。　宮監掌檢校宮樹，供進鍊餌之事。副監爲之貳。

太府寺周官有太府下士，掌財賦。秦、漢已後，財賦屬司農少府。梁始置太府卿，掌帑藏。龍朔改爲外府，光宅改爲司府，神龍復爲太府寺也。

卿一員，從三品。卽後周太府中大夫。少卿二員。從四品上。卿掌邦國財貨，總京師四市、平準、左右藏、常平八署之官屬，舉其綱目，修其職務。少卿爲之貳。以二法平物。一曰度量，二曰權衡。凡四方之貢賦，百官之俸秩，謹其出納，而爲之節制焉。凡祭祀，則供其幣。

丞四人，從六品上。主簿二人，從七品上。錄事二人，從九品上。府十五人，史五十人，計史四人，亭長七人，掌固七人。丞掌判寺事。凡正、至大朝所貢方物，應陳於殿廷者，受而進之。

兩京都市署：京師有東西兩市，東都有南北兩市。令一人（三五），從六品上。丞各二人，正八品上。錄事一人，府三人，史七人，典事三人，掌固一人。京、都市令掌百族交易之事。丞爲之貳。凡建標立候，陳肆辨物，以二物平市，謂秤以格，斗以槩。以三賈均市。賈有上、中、下之差。

平準署：令二人，從七品下。丞四人，從八品下。錄事一人，府六人，史十三人，監事二人，從九品下。典事二人，價人十人，掌固十人。平準令掌供官市易之事。丞爲之貳。凡百司不任用之物，則以時出貨。其沒官物，亦如之。

左藏署：左右藏令，晉始有之，後代因之。皇家左藏，有東庫、西庫、朝堂庫，又有東都庫。各木契一，與太府主

簿合也。令三人，從七品下。丞五人，從八品下。府九人，史十八人，監事九人，從九品下。典事一人，掌固八人。左藏令掌邦國庫藏。丞爲之貳。凡天下賦調，先於輸場簡其合尺度觔兩者，卿及御史監閱，然後納于庫藏，皆題以州縣年月，所以別粗良，辨新舊。凡出給，先勘木契，然後錄其名數，請人姓名，署印送監門，乃聽出。若外給者，以墨印印之。凡藏院之內，禁人燃火，及無故入院者。晝則外四面常持仗爲之防守，夜則擊柝，而分更以巡警之。

右藏署：令二人，正八品上。丞三人，正九品上。府五人，史十人，監事四人，從九品下。典事七人，掌固十人。右藏令掌國寶貨。丞爲之貳。凡四方所獻金玉、珠貝、玩好之物，皆藏之。出納禁令，如左藏。

常平署：漢宣帝時，始置常平倉，以平歲之凶穰。後漢改爲常滿倉，晉曰常平，後魏曰邸閣倉。隋於衞州置黎陽倉，洛州置河陽倉，陝州置常平倉，華州置廣運倉，轉相委輸，漕關東之粟，以給京師。國家垂拱初，兩京置常平署，天下州府亦置之。令一人，從七品下。丞二人，從八品下。府四人　史八人，監事五人，從九品下。典事五人，掌固六人。常平令掌倉儲之事。丞爲之貳也。

國子監國子之義，見周官。晉武始立國子學。北齊曰國子寺，隋初曰學，後改爲寺，大業三年改爲監。龍朔

曰大司成，光宅曰成均，神龍復爲國子監也。

祭酒一員，從三品。周官曰師氏、保氏，漢始置祭酒博士，歷代因之。隋祭酒，品第三。龍朔、光宅，隨曹改易。

司業二員。從四品下。隋大業三年，始置司業一人，從四品。官名隨曹改易。祭酒、司業之職，掌邦國儒學訓導之政令，有六學。一國子學，二太學，三四門，四律學，五書學，六算學也。凡春秋二分之月，上丁釋奠于孔宣父，祭以太牢，樂用登歌軒懸。祭酒爲初獻，司業爲亞獻。凡教授之經，以周易、尚書、周禮、儀禮、禮記、毛詩、春秋左氏傳、公羊傳、穀梁傳各爲一經，孝經、論語兼習之。每歲終，考其學官訓導功業之多少，爲之殿最。

丞一人，從六品下。主簿一人，從七品下。錄事一人，從九品下。府七人，史十三人，亭長六人，掌固八人。丞掌判監事。凡六學生每歲有業成上于監者，以其業與祭酒、司業試所習業，上尚書禮部。

國子博士二人，正五品上。助教二人，從六品上。學生三百人，典學四人，廟幹二人，掌固四人。

博士掌教文武官三品已上、國公子孫，二品已上曾孫爲生者。生初入，置束帛一篚，酒一壺，修一案。每歲生有能通兩經已上求出仕者，則上于監。堪秀才進士者，亦如之。典學掌抄錄課業。廟幹掌灑掃學廟。

太學博士三人，正六品上。助教三人，從七品上。學生五百人。太學博士掌教文武五品

已上及郡縣公子孫，從三品曾孫之爲生者。教法並如國子。

四門博士三人，正七品上。助教三人。從八品上。四門博士掌教文武七品已上及侯伯子男子之爲生者，若庶人子爲俊士生者，教法如太學。學生五百人。直講四人，掌佐博士助教之職。大成二十人〔二六〕。通四經業成，上於尚書吏部，試登第者，加階放選也。

律學博士一人，從八品下。太宗置。助教一人，從九品上。學生五十人。博士掌教文武官八品已下及庶人子爲生者〔二七〕。以律令爲專業，格式法例亦兼習之。

書學博士二人，從九品下。學生三十人。博士掌教文武官八品已下及庶人之子爲生者。以石經、說文、字林爲專業，餘字書兼習之。

算學博士二人，從九品下。學生三十人。博士掌教文武八品已下及庶人子爲生者。二分其經，以爲之業。習九章、海島、孫子、五曹、張邱建、夏侯陽、周髀十五人，習綴術、緝古十五人。其紀遺、三等數亦兼習之〔二八〕。

五經博士各一人。五品下。舊無五經學科，自貞元五年一月敕特置三禮開元禮科，長慶二年二月，始置三傳三史科，後又置五經博士。檢年月，未獲也。

廣文館博士二人〔二九〕。正六品上。天寶九載置，試附監修進士業者。置助教一人，至德後廢也。

少府監秦置少府，掌山澤之稅。漢掌內府珍貨。梁始爲卿。歷代或置或省。隋大業五年，始分太府置少府監。龍朔改爲內府，光宅改爲尚方，神龍復爲少府監。

監一員，從三品。秦、漢有少府，梁始爲卿，隋改爲監，從三品，少監，從四品。煬帝改爲令，武德復爲監，龍朔、光宅，隨曹改易之。少監二員。從四品下。監之職，掌供百工伎巧之事，總中尚、左尚、右尚、織染、掌治五署之官屬，庀其工徒，謹其繕作。少監爲之貳。凡天子之服御，百官之儀制，展采備物，皆率其屬以供之。

丞四人，從六品下。主簿二人，從七品下。錄事二人，從九品上。府二十七人，史十七人，計史三人，亭長八人，掌固四人。丞掌判監事。凡五署所修之物，則申尚書省，下所司，以供給焉。

中尚署：令一人，從六品下。丞四人，從八品下。府九人，史十八人，監作四人，典事四人，掌固四人。中尚令，掌供郊祀之圭璧、器玩之物。中宮服飾，雕文錯綵之制，皆供之。丞爲之貳。其所用金玉齒革毛羽之屬，任土以時而供送之。

左尚署：令一人，正七品下。丞五人，從七品下。監作六人，從九品下。典事十八人，掌固四人。左尚令掌供天子之五輅、五副、七輦、三輿、十有二車、大小方圓華蓋一百五十有六，

諸翟尾扇及小繖翰，辨其名數，而頒其制度。丞爲之貳。

右尚署：令一人，正七品下。丞四人，從八品下。監作六人，從九品下。典事十三人，掌固十人。

右尚署令供天子十有二閑馬之鞍轡及五品三部之帳，備其材革，而修其制度。丞爲之貳。凡刀劍、斧鉞、甲冑、紙筆、茵席、履舄之物，靡不畢供。具用綾絹、金玉、毛革等，所出方土，以時支送。

織染署：令一人，正八品上。丞二人，正九品上。監作六人，從九品下。典事十一人，掌固五人。

織染令掌供天子太子羣臣之冠冕，辨其制度，而供其職。丞爲之貳。

掌冶署：令一人，正八品上。丞一人，從九品上。監作四人。從九品下。掌冶令掌鎔鑄銅鐵器物。丞爲之貳。凡天下出銅鐵州府，聽人私採，官收其稅。若白鑞，則官市之。其西北諸州，禁人無置鐵冶及採鐵。若器用所須，具名移於所由官供之。

諸冶：監一人，正七品下。丞二人，從八品下。錄事一人，府一人，史二人，監作四人，從九品下。典事二人，掌固四人。諸冶監掌鑄銅鐵之事。

北都軍器監一人，正四品上。少監一人，正五品上。丞二人，正七品上。主簿一人，正八品上。錄事一人，從九品上。府十人，史十八人，典事四人，亭長二人，掌固四人。軍器監掌繕造甲弩，以時納于武庫。

甲坊署：令一人，正八品下。丞一人，正九品下。府二人，史五人，監作二人，從九品下。典事二人。

弩坊署：令一人，正八品下。丞一人，正九品下。府二人，史五人，監作二人，從九品下。典事二人。

諸鑄錢監：絳州三十鑪，揚、宣、鄂、蔚四州各十鑪，益、鄧、郴三州各五鑪，洋州三鑪，定州一鑪也。諸鑄錢監以所在州府都督刺史判之。副監一人，上佐判之。丞一人，判司判之。監事一人，或參軍或縣尉知之。錄事、府、史，士人爲之。

諸互市：監各一人，從六品下。丞一人。正八品下。諸互市監掌諸蕃交易馬駝驢牛之事〔三〇〕。

將作監秦置將作，掌營繕宮室，歷代不改。隋爲將作寺，龍朔改爲繕工監，光宅改爲營繕監，神龍復爲將作監也。

大匠一員，從三品。大匠之名，漢景帝置。梁置十二卿，將作爲一卿。後周曰匠師中大夫。隋初爲將作寺，置大匠一人，又改爲監，以大匠爲監。煬帝改爲令，武德改爲大匠。龍朔、光宅，隨曹改易也。少匠二員。從四品下。

大匠掌供邦國修建土木工匠之政令，總四署三監百工之官屬，以供其職事。凡兩京宮殿宗廟城郭諸臺省監寺廨宇樓臺橋道，謂之內外作，皆委焉。

丞四人，從六品下。主簿二人，從七品下。錄事二人，從九品下。府十四人，史二十八人，計史三人，亭長四人，掌固六人。

左校署：令二人，從八品下。丞四人，正九品下。府六人，史十二人，監作十人。從九品下。

左校令掌供營構梓匠。凡宮室樂懸簨簴，兵仗器械，喪葬所須，皆供之。

右校署：令二人，從八品下。丞三人，正九品下。府五人，史十人，監作十人，從九品下。典事十四人。　右校令掌供版築、塗泥、丹雘之事。

中校署：令一人，從八品下。丞三人，正九品下。府三人，史六人，監事四人，從九品下。典事八人，掌固二人。　中校令掌供舟車兵仗、廏牧雜作器用之事。凡行幸陳設供三梁竿柱，閑廄供剉碓行槽，祭祀供葛竹槧等。

甄官署：令一人，從八品下。丞二人，正九品下。府五人，史十人，監作四人，從九品下。典事十八人。　甄官令掌供琢石陶土之事。凡石磬碑碣、石人獸馬、碾磑塼瓦、瓶缶之器、喪葬明器，皆供之。

百工、就谷、庫谷、斜谷、太陰、伊陽等監：百工監在陳倉，就谷監在王屋〔三〕，庫谷監在鄠縣，太陰監

在陸渾，伊陽監在伊陽，皆在出材之所。監各一人，從七品下。丞一人，正八品下。府各一人，史三人，典事各二十一人，錄事各一人，監事四人。從九品下。百工等監掌採伐材木。

都水監

都水監：使者二人，正五品上。漢官有都水長，屬主爵，掌諸池沼，後改爲使者，後漢改爲河隄謁者。晉復置都水臺，立使者一人，掌舟楫之事。梁改爲太舟卿，北齊亦曰都水臺。隋改爲都水監，大業復爲使者，尋又爲監，復改監爲令，品第三。武德復爲監，貞觀改爲使者，從六品。龍朔改爲司津監，光宅爲水衡都尉，神龍復爲使者，正五品上，仍隸將作監。丞二人，從七品上。主簿二人，從八品下。錄事一人，府五人，史十人，掌固三人。使者掌川澤津梁之政令，總舟楫、河渠二署之官屬，凡虞衡之採捕，渠堰陂池之壞決，水田斗門灌溉，皆行其政令。

舟楫署：令一人，正八品下。丞二人。正九品下。舟楫署令掌公私舟船運漕之事。

河渠署：令一人，正八品下。丞一人，正九品上。府三人，史六人。河隄謁者六人，掌修補堤堰漁釣之事。典事三人，掌固四人，長上漁師十人，短番漁師一百二十人，明資漁師一百二十人。河渠令掌供川澤魚醢之事。祭祀則供魚醢。諸司供給魚及冬藏者，每歲支錢二

十萬，送都水，命河渠以時價市供之。

諸津：令一人，正九品上。丞一人。從九品下。　津令各掌其津濟渡舟梁之事。

武官

左右衞周制：軍萬二千五百人。天子六軍，大國三軍，次國二軍，小國一軍。軍將皆命卿。至秦、漢，始置衞將軍，後漢、魏因之。晉武帝始置左右中三衞將軍。至隋始置左右衞、左右武衞、左右候、左右領軍、左右率府。各有大將軍一人，謂十二衞大將軍也。國家因之。

大將軍各一員，正三品。將軍各二員。從三品。　左右衞將軍之職，掌統領宮廷警衞之法，以督其屬之隊仗，而總諸曹之職務。凡親勳翊五中郎將府及折衝府所隸，皆總制之。凡宿衞，內廊閤門外，分爲五仗，一供奉仗、二親仗、三勳仗、四翊仗、五散手仗也。皆坐于東西廊下。若御坐正殿，則爲黃旗仗，分立於兩階之次，在正門之內，以挾門隊坐於東西廂。皆大將軍守之。

長史各一人，從六品上。錄事參軍事各一人，正八品上。倉曹、兵曹參軍各二人，正八品下。騎曹、冑曹參軍各一人，正六品下。司階二人，正六品上。中候三人，正七品下。司戈五人，正八品下。執戟五人，正九品下。奉車都尉五人。從五品下。　長史掌判諸曹、親勳翊五府及武安、武成等

五十府之事。諸曹參軍皆掌本曹勾檢之事。隨曹各有府史。

親府、勳一府、勳二府、翊一府、翊二府等五府〔三〕：每府中郎一人、中郎將一人〔三〕，皆四品下。左右郎將各一人，正五品上。錄事一人，兵曹參軍事一人，正九品上。校尉五人，旅帥十人，隊正二十人，副隊正二十人。中郎將領本府之屬以宿衞。左右郎將貳之。若大朝會、巡幸，以鹵簿之法以領其儀仗。

左右驍衞古曰驍騎，隋改左右備身爲左右驍衞，所領名豹騎，國家去騎字曰驍衞府，龍朔去府字，改爲左右武威，神龍復爲驍衞。

大將軍各一員，正三品。將軍各二員。從三品。驍衞將軍之職，掌如左右衞。大朝會在正殿之前，則以黃旗隊及胡祿隊坐於東西廊下。若御坐正殿，則以其隊仗次立左右衞下。

長史、錄事參軍、倉兵騎冑四曹參軍、員數、品秩如左右衞。司階、中候、司戈、執戟等，四色人數、品秩如左右衞也。校尉、旅帥、隊正、副隊、人數如左右衞。翊府中郎、中郎將、左右中郎將、左右郎將。職掌如左右衞。

左右武衞魏武爲丞相，有武衞營。隋採其名，置左右武衞府，有大將軍。光宅改爲左右鷹揚衞，龍朔復也。

大將軍各一員，正三品。將軍各二員。從三品。其職掌如左右衞。大朝會，被白鎧甲，執器楯及旗等〔三〕，蹕稱長唱，警持鈒隊，應蹕爲左右廂儀仗。在正殿前，則以諸隊次立於驍衞之下。

長史、錄事參軍、倉兵騎胄四曹參軍、司階、中候、司戈、執戟、人數、品秩皆如左右衞也。翊府中郎將、左右郎將、錄事、兵曹。人數、品秩如左右衞。

左右威衞隋爲左右屯衞，龍朔改爲威衞，光宅改爲左右豹韜衞，神龍復爲威衞也。

大將軍各一員，正三品。將軍各二員。從三品。其職掌，大朝會則被黑甲鎧，弓箭刀楯旗等，分爲左右廂隊，次武衞之下。

長史、錄事參軍、倉兵騎胄四曹參軍、職掌、人數、品秩皆如左右衞也。司階、中候、司戈、執戟、人數、品秩如左右衞。翊府中郎將、左右郎將、錄事、兵曹、校尉、旅帥、隊正、副隊正。人數、品秩皆如左右衞之親府。

左右領軍衞漢建安中，魏武爲丞相，始置中領軍，後因之。北齊置領軍府，後因之。煬帝改爲屯衞，國家改爲領軍衞。龍朔改爲戎衞，光宅改爲玉鈐衞，神龍後爲領軍衞。

大將軍各一員，正三品。將軍各二員。從三品。其職掌，大朝會則被青甲鎧，弓箭刀楯旗等，分爲左右廂儀仗，次立威衞之下。

長史、錄事參軍、倉兵騎胄四曹參軍、司階、中候、司戈、執戟、人數、品秩如左右衞。翊府中郎將、左右郎將、錄事、兵曹、校尉、旅帥、隊正、副隊正。人數、品秩、職掌如左右衞也。

左右金吾衞秦曰中尉，掌徼巡，武帝改名執金吾，魏復爲中尉。南朝不置。隋曰候衞。龍朔二年改爲左右金吾衞，采古名也。

大將軍各一員，正三品。將軍各二員。從三品。左右金吾衞之職，掌宮中及京城晝夜巡警之法，以執禦非違。凡翊府及同軌等五十府皆屬之。凡車駕出入，則率其屬以清遊隊，建白澤朱雀等旗隊先驅，如鹵簿之法。從巡狩畋獵，則執其左右營衞之禁。凡翊衞、翊府、同軌、寶圖等五十府彍騎衞士應番上者，各領所職焉。

長史、錄事參軍、倉兵騎胄四曹參軍、司階、中候、司戈、執戟、人數、品秩、職掌如左右衞也。翊府中郎將、左右郎將、兵曹、校尉、旅帥、隊正、副隊正。品秩、人數、職掌如左右衞也。

左右監門衞漢、魏曰城門校尉，始置左右監門府，省將軍、郎將等官(三五)，國家因之。龍朔二年，去府字爲衞。

大將軍各一員，從三品。將軍各二員，從三品。中郎將四人。正四品下。監門將軍之職，掌宮禁門籍之法。凡京司應入宮殿門者，皆有籍。左將軍判入，右將軍判出。若大駕行幸，即依鹵簿法，率其屬於牙門之下，以爲監守。中郎將，掌監諸門，檢校出入。

長史、錄事參軍、兵曹胄曹二曹參軍。品秩如諸衞。

監門校尉，各三百二十人，立長各六百八十人，長人長上二十人，立長長上各二十人〔三〕。

左右千牛衞宋謝綽拾遺有千牛刀，卽人主防身刀也。後魏有千牛備身，取莊子庖刀解牛之義，後代因之。隋置左右千牛備身二十人，掌供御弓箭，備身六十人，掌宿衞侍從。煬帝置備身府，皇家改爲千牛府。龍朔爲左右奉宸衞，神龍復爲千牛衞。

大將軍各一員，正三品。將軍各二員，從三品。中郎將各二人。正四品下。千牛將軍之職，掌宮殿侍衞及供御之儀仗，而統其曹務。凡千牛備身左右，執弓箭以宿衞，主仗守戎服器物。凡受朝之日，則領備身左右昇殿，而侍列於御坐之左右。凡親射于射宮，則將軍率其屬以從。凡千牛備身之考課、賜會及祿秩之昇降，同京職事官之制。中郎將昇殿侍奉。凡侍奉，禁橫過座前者，禁對語及傾身與階下人語者，禁搖頭舉手以相招召者。若有口敕，

通事舍人承受傳聲階下而不聞者，中郎將宣之。

長史、錄事參軍、兵冑二曹參軍、人數、品秩同諸衞。司階各二人，正六品上。中候各三人，司戈各五人，執戟各五人，品秩同諸衞。千牛備身十二人，備身左右各二人。

左右羽林軍漢置南北軍，掌衞京師。南軍，若今諸衞也；北軍，若今羽林軍也。漢武置羽林，名曰建章營騎，屬光祿勳，後更名羽林騎，取六郡良家子，及死事之孤爲之。後漢置左右羽林監，南朝因之，後魏、周曰羽林率，隨左右屯衞〔三七〕，所領兵名曰羽林。龍朔二年，置左右羽林軍。

大將軍各一員，正三品下。將軍各二員。從三品下〔三八〕。羽林將軍統領北衙禁兵之法令，而督攝左右廂飛騎之儀仗，以統諸曹之職。若大朝會，率其儀仗以周衞階陛。大駕行幸，則夾道馳而爲內仗。凡飛騎每月番上者，皆據其名歷而配于所職。其飛騎仗或有敕上南衙者，則大將軍承墨敕白移於金吾引駕仗，引駕仗官與監門覆奏，又降墨敕，然後得入。

長史、錄事參軍、倉兵冑三曹參軍、品秩如諸衞。司階、中候、司戈、執戟，如千牛衞品秩、人數。翊府中郎將、左右郎將、錄事、兵曹、校尉、旅帥、隊正、副隊正。人數、品秩如諸衞。

左右龍武軍初，太宗選飛騎之尤驍健者，別署百騎，以爲翊衞之備。天后初，加置千騎，中宗加置萬騎，分爲

左右營，置使以領之。自開元以來，與左右羽林軍名曰北門四軍。開元二十七年，改爲左右龍武軍，官員同羽林軍也。

大將軍一員，正三品。將軍二員。從三品。

長史一人，錄事參軍事一人，錄事一人，史二人，倉兵胄三曹參軍事各一人。隨曹有府、史、掌固人數。司階二人，中候三人，司戈、執戟各五人，長上各十人。右件官員階品、人數、職掌，如羽林軍也。

左右神武軍至德二年，肅宗在鳳翔置。初，貞觀中置北衙七營，後改爲左右羽林軍。皆選才力驍勇者充，每月一營十人爲番當上。又置左右龍武軍，皆唐元功臣子弟幷外州人。如宿衞兵，分日上下。肅宗在鳳翔，方收京城，以羽林軍減耗，寇難未息，乃別置神武軍，同羽林制度官吏，謂之北衙六軍。又置衙前射生手千餘人，謂之左右英武軍，非六軍之例也。乾元二年十月敕，左右羽林、左右龍武、左右神武官員並昇同金吾四衞，置大將軍二人、將軍二人也。

左右神策軍上元中，以北衙軍使衞伯玉爲神策軍節度使，鎭陝州，以拒東寇，以中使魚朝恩爲觀軍容使，監伯玉軍。及伯玉入爲羽林帥，出爲荆南節度使，朝恩專統神策軍，鎭陝。廣德元年，吐蕃犯京師，代宗避狄幸陝，朝恩以神策軍迎扈。及永泰元年，吐蕃犯京畿，朝恩以神策兵屯于苑中。自是，神策軍恆以中官爲帥。建中末，盜發京師，竇文場以神策軍扈蹕山南。及還京師，賞勞無比。貞元中，特置神策軍護軍中尉，以中官爲之，時號兩軍中尉。貞元已後，中尉

之權傾於天下，人主廢立，皆出其可否，事見宦者傳也。

大將军各二員，正三品。貞元二年九月敕，改神策左右廂爲左右軍，置大將軍各二人，正三品。將軍各二員，从三品。至貞元三年五月，敕左右神策將軍各加二員，左右神武將軍各加一員也。

神威軍本號殿前射生左右廂，貞元二年九月改殿前左右射生軍，三年四月改爲左右神威軍，非六軍之例也。

大將軍二員，正三品。將軍二員。從三品。職田、俸錢、手力、粮料等，同六軍諸衞。

六軍統軍興元元年正月二十九日敕，左右羽林、左右龍武、左右神武各置統軍一人，秩從二品。

十六衞上將軍舊無此官。貞元二年九月一日敕：「六軍先有敕，各置統軍一人。十六衞宜各置上將軍一員，秩從二品。其左右衞及左右金吾衞上將軍俸料、隨軍人馬等，並同六軍統軍。其諸衞上將軍，次統軍例支給。」至德二年九月十三日，六軍十二衞上將軍，並放入宿，已後爲例也。

諸府隋置驃騎、鷹揚等府，凡天下守戍兵，不成軍曰牙，府有上中下也。

折衝都尉各一人，上府，都尉正四品上，中府，從四品下，下府，正五品下。武德中，採隋折衝、果毅郎將之名，改統軍爲折衝都尉，別將爲果毅都尉。左右果毅都尉各一人，上府，果毅從五品下，中府，正六品上，下府，從六

品下。隋煬帝置果毅郎將，國家置折衝都尉。別將各一人，上府，別將正七品下，中府，從七品上，下府，從七品下。長史一人，上府，正七品下，中府，從七品上，下府，從七品下。兵曹參軍一人，上府，從八品下，中府，正九品上，下府，從九品下也。錄事一人，校尉五人。每校尉，旅帥二人，每旅帥，隊正、副隊正各二人。

諸府折衝都尉掌領五校之屬，以備宿衞，以從師役，總其戎具、資糧、差點、教習之法令。凡衞士，三百人爲一團，以校尉領之，以便習騎射者爲越騎，餘爲步兵。其團，十人爲火，火備六馱之馬。每歲十一月，以衞士帳上尚書省天下兵馬之數以聞。凡兵馬在府，每歲季冬，折衝都尉率五校之屬以教其軍陣、戰鬭之法也。具有教習簿籍。

東宮官屬

太子太師、太傅、太保各一員。並從一品。師傅，宮官，南朝不置。後魏、北齊，師傅品第二，號東宮三太。隋品亦第二。武德定令，加從一品也。

太子少師、少傅、少保各一員。並正二品。三少，亦古官，歷代或置或省。南朝並不置。後魏、北齊置之，品第三，號東宮三少。皇家定令，正二品。

三師三少之職，掌教諭太子。無其人，則闕之。

太子賓客四員，正三品。古無此官，皇家顯慶元年春始置四員也。掌侍從規諫，贊相禮儀。

太子詹事一員，正三品。少詹事一員。正四品上。詹事，秦官，掌皇太子宮。龍朔二年改爲端尹，天授爲宮尹，神龍復也。詹事統東宮三寺十率府之政令。少詹爲之貳。凡天子六官之典制，皆視其事而承受之。

丞二人，正六品上。主簿一人，從七品上。錄事二人，正九品下。令史九人，書令史十八人。丞掌判府事。主簿掌印，檢勾稽。錄事掌受事發辰。

司直一人，正九品上。令史一人，書令史二人，亭長四人，掌固六人。司直掌彈劾宮僚，糾舉職事。太子朝，宮臣則分知東西班。凡諸司文武應參官，每月皆具在否以刺之。

太子左春坊：左庶子二人，正四品上。中允二人。正五品下。左庶子掌侍從贊相，駁正啓奏。中允爲之貳。

司議郎四人，正六品上。錄事二人，從八品下。主事二人，從九品下。令史七人，書令史十四人。司議郎掌啓奏記注宮內祥瑞，宮長除拜薨卒，每年終送史館。

左諭德一人，正四品下。左贊善大夫五人，正五品上。傳令四人，掌儀二人，贊者四人。左諭德掌諷諭規諫。

崇文館：貞觀中置，太子學館也。學士，直學士，員數不定。學生二十人，校書二人，從九品下。令史二人，典書二人，搨書手二人，書手十人，熟紙匠三人，裝潢匠五人，筆匠三人。學士掌東宮經籍圖書，以教授諸生。凡課試舉送，如弘文館。校書掌校理四庫書籍。

司經局：洗馬二人，從五品下。洗馬，漢官，爲太子前馬。太子文學三人，正六品。校書四人，正九品。正字二人，從九品上。書令史二人，楷書手二十五人，典書四人。洗馬掌四庫圖籍繕寫、刊緝之事。文學掌侍奉文章。校書、正字掌典校四庫書籍。

典膳局：典膳郎二人，正六品上。丞二人，正八品上。書令史二人，主食六人，典食二百人，掌固四人。典膳郎掌進膳嘗食，每夕局官於廚更直。

藥藏局：藥藏郎二人，正六品上。丞二人，正八品上。侍醫典藥九人，藥童十八人，掌固六人。藥藏郎掌和劑醫藥。

內直局：內直郎二人，從六品下。丞二人，正八品下。典服三十人，典扇十五人〔三九〕，典翰十五人，掌固六人。內直郎掌符璽、繖扇、几案、衣服之事。

典設局：典設郎四人，從六品下。丞二人，正八品下。幕士六百人。典設郎掌湯沐、灑掃、鋪陳之事。凡大祭祀，太子助祭，則於正殿東設幄坐。

宮門局：宮門郎二人，從六品下。丞二人，正八品下。門僕一百三十人。宮門郎掌內外宮

門管鑰之事。（其鐘鼓刻漏，一如皇居之制也。）

太子右春坊：右庶子二人，（正四品下。）中舍人二人，（正五品上。）舍人四人，（正六品上。）錄事一人，（從八品下。）主事二人。（從九品下。）舍人掌行令書令旨及表啓之事〔四〇〕。太子通表，如諸臣之禮。諸臣及宮臣上皇太子，大事以牋，小事以啓，其封題皆曰上，右春坊通事舍人開封以進。其事可施行者皆下於坊，舍人開，庶子參詳之，然後進。不可者則否。右諭德一人，（正四品下。）右贊善大夫五人，（正五品上。）傳令四人，（諭德、贊善，掌事如左。）通事舍人八人，（正七品下。）典謁二十人。舍人掌導引宮臣辭見及承令勞問之事。

太子內坊：（皆宦者爲司局。）典內二人，（從五品下。）錄事一人，典直四人，（正九品下。）導客舍人六人，閤帥六人，內閽八人，內給使，（無員數。）內廐二十人，典事二人，駕士三十人。典內掌東宮閤門之禁令，及宮人衣廩賜與之出入。丞爲之貳。典直主儀式。導客主儐序。閤帥主門戶。內閽主出入。給使主繖扇。內廐主車輿。典事主牛馬。典內統而監之。

太子內官：司閨二人，（從六品。）掌導引妃及宮人名簿，總掌正、掌書、掌筵三司。掌

正三人，從八品。掌文書出入，目錄爲記。幷閤門管鑰，糾察推罰。女史，流外三品，掌典文簿而執行焉。　掌書三人，從八品。掌寶、符契、經簿、宣傳、啓奏、敎學、廩賜、紙筆、監印。

掌筵三人，從八品。掌帷幄、牀褥、几案、繖扇、洒掃、鋪設之事。司禮二人，從六品。掌禮儀參見，以總掌嚴、掌縫、掌藏，而領其事。掌嚴三人，從八品（四一）。掌首飾、衣服、巾櫛、膏沐、仗衞。掌縫三人，從八品。掌裁縫、織績。掌藏三人，從八品。掌貨貝、珠玉、錦綵。

司饌二人，從六品。掌膳羞。進食先嘗，總掌食、掌醫、掌園三司，而領其事。掌食三人，從八品。掌膳羞、酒醴、燈燭。掌醫三人，從八品（四二）。掌醫主醫藥。掌園三人，從八品。掌園苑樹藝、蔬果。

太子家令寺：令一人，從四品上。丞二人，從七品上。主簿一人，正九品下。錄事一人。家令掌太子飲膳、倉儲、庫藏之政令，總食官、典倉、司藏三署之官屬。

食官署：令一人，從八品下。丞二人，從九品下。掌膳十二人，奉觶三十人。食官令掌飲膳之事。

典倉署：令一人，從八品下。丞二人，從九品下。園丞二人，典事六人。典倉令掌九穀入藏，及醯醢、庶羞、器皿、燈燭之事。

司藏署：令一人，從八品下。丞二人。從九品下。司藏令掌庫藏財貨、出納、營繕之事。

太子率更寺：令一人，從四品上。丞二人，從七品上。主簿一人，正九品下。錄事一人，伶官師二人，漏刻博士二人，掌漏六人，漏童六十人，典鼓二十四人。率更令掌宗族次序、禮樂、刑罰及漏刻之政令。

太子僕寺：僕一人，從四品下。丞一人，從七品上。主簿一人，正九品下。錄事一人。太子僕掌車輿、乘騎、儀仗之政令及喪葬之禮物，辨其次序。

廐牧署：令一人，從八品下。丞二人，從九品下。典乘四人，牧長四人，翼馭十五人，駕士三十人，獸醫二十人。廐牧令掌車馬、閑廐、牧畜之事。

東宮武官

太子左右衞率府：秦、漢有太子衞率，主門衞。晉分左右中前四衞率，後代因置左右率。北齊爲衞率坊。隋初始分置左右衞率府、左右宗衞率、左右虞候、左右內率、左右監門率十府，以備儲閳武衞之職。煬帝改爲左右侍率，國家復爲衞率。龍朔改爲左右典戎衞，咸亨復。率各一員，正四品上。副率各一人。從四品上。左右衞率

掌東宮兵仗羽衞之政令，總諸曹之事。凡親勳翊府及廣濟等五府屬焉。凡正、至太子朝，宮臣率其屬儀仗，爲左右廂之周衞，出入如鹵簿之法。

長史各一人，正七品上。錄事參軍事各一人，從八品上。倉曹參軍一人，從八品下。兵曹參軍一人，從八品下。冑曹參軍一人，從八品下。司階一人，從六品上。中候二人，從七品下。司戈二人，從八品下。執戟三人。從九品下。長史掌判諸曹及三府五府之貳。錄事掌監印勾稽。官掌本曹簿籍〔四三〕。職事皆視上臺。

親府勳翊府中郎將各一人，從四品上。左右郎將各一人，正五品下。錄事一人，兵曹參軍一人，校尉五人，旅帥十人，隊正二十人，副隊正二十人。郎將掌其府之屬以宿衞，而總其事。職掌一視上臺親府。

太子左右司禦率府：本號左右宗衞府，龍朔改爲司禦率府。率各一人，正四品上。副率各二人，從四品上。司禦率掌同左右率。

長史、錄事參軍事、倉兵冑三曹參軍、司階、中候、司戈、執戟。人數、品秩、職掌如左右衞府也。

太子左右清道率府：隋文置左右虞候府，各開府一人，掌斥候。國初亦爲左右虞候，龍朔改爲清道率府，

神龍又爲虞候，開元復爲清道也。率各一人，正四品上。副率各二人。從四品上。清道率掌東宮內外晝夜巡警之法。

長史、錄事參軍事、倉兵胄三曹參軍、司階、中候、司戈、執戟。人數、品秩如左右衞率府。

太子左右監門率府：隋置此官，國家因之。率各一人，正四品上。副率各一人。正四品上。左右監門率掌東宮禁衞之法，應以籍入宮殿門者，二率司其出入，如上臺之法。

長史、錄事參軍事、兵胄二曹參軍。監門直長七十八人。人數、品秩同諸率府。

太子左右內率府：隋初置內率府，擬上臺千牛衞。龍朔初，爲奉裕率，咸亨復。率各一人，正四品上。副率各一人。從四品上。左右內率之職，掌東宮千牛備身侍奉之事，而立其兵仗〔四〕，總其府事。

長史、錄事參軍事、兵胄二曹參軍，人數、品秩如諸率。千牛十六人，備身二十八人，主仗六十人。

王府官屬公主邑司。

親王府：傅一人，從三品。漢官有王傅、太傅，魏、晉後唯置師，國家因之，開元改爲傅。諸議參軍一人，正五品上。友一人，從五品下。文學二人，從六品上。東閤、西閤祭酒各一人。從七品上。傅掌傅相贊導，而匡其過失。諮議訏謀左右。友陪侍規諷。文學讎校典籍，侍從文章。祭酒接對賓客。

長史一人，從四品上。司馬一人，從四品下。掾一人，正六品上。屬一人，正六品上。主簿一人，從六品上。史二人，記室參軍事二人，從六品上。錄事參軍事一人，從六品上。錄事一人，從九品上。功倉戶兵騎法士等七曹參軍事各一人，正七品上。參軍事二人，正八品下。行參軍四人，從八品。典籤二人。從八品下。長史、司馬統領府僚，紀綱職務。掾統判七曹參軍事。主簿掌覆省王教。記室掌表啓書疏。錄事參軍事勾稽省署鈔目。錄事掌受事發辰。七曹參軍各督本曹事，出使檢校。典籤宣傳教命。

親王親事府：典軍二人，正五品上。副典軍二人，從五品上。執仗親事十六人，執乘親事十六人，親事三百三十三人，校尉、旅帥、隊正、隊副。準部內人數多少置。親事帳內府典軍二人，副典軍二人，品秩如親事府。帳內六百六十七人，校尉、旅帥、隊正、隊副。看人數置。典軍、副

典軍之職，掌率校尉已下守衞陪從之事。

親王國：令一人，從七品下。大農二人，從八品下。尉二人，正九品下。丞一人，從九品下。錄事一人，典衞八人，舍人四人，學官長一人，食官長一人，丞一人，廐牧長二人，丞二人，典府長二人，丞二人。國令、大農掌通判國事。國尉、國丞掌判國司，勾稽監印事。典衞守居宅。舍人引納。學官教授內人。

公主邑司：令一人，從七品下。丞一人，從八品下。錄事一人，從九品下。主簿二人，謁者二人，舍人二人，家吏二人〔四五〕。公主邑司官各掌主家財貨出入〔四六〕、田園徵封之事。其制度，皆隸宗正寺。

州縣官員

京兆河南太原等府：自秦、漢已來爲雍、洛、并州。周、隋或置總管都督，通名爲府。開元初，乃爲京兆府、河南府、太原府。三府牧各一員，從二品。牧，古官，舜置十二牧是也。秦以京城守爲內史，漢武改爲尹。後魏、北齊、

周、隋又以京守爲牧。武德初，因隋置牧，以親王爲之。或不出閤，長史知府事。尹各一員，從三品。京城守，秦曰內史，漢曰尹，後代因之。隋爲內史。武德初置牧，以長史總府事。開元初，雍、洛、并改爲府，乃昇長史爲尹，從三品，專總府事也。少尹各二員，從四品下。魏、晉已下，州府有治中，隋文改爲司馬，煬帝改爲贊理，又爲丞，武德改爲治中，永徽避高宗名，改爲司馬，開元初，改爲少尹。司錄參軍二人，正七品。錄事四人，從九品上。功倉戶兵法士等六曹參軍事各二人，正七品下。府史、隋書有之。參軍事六人，正八品下。執刀十五人，典獄十一人，問事十二人，白直二十四人。經學博士一人，從八品上。助教二人，學生八十人。醫藥博士一人，助教一人，學生二十人。

大都督府：魏黃初二年，始置都督諸州軍事之名，後代因之。至隋改爲總管府。武德四年又改爲都督，貞觀中分爲上中下都督府也。都督一員（四七），從二品。長史一人，從三品。司馬二人，從四品下。錄事參軍事二人，正七品上。錄事二人，從九品上。功倉戶兵法士六曹參軍事，功士二曹各一員，餘曹各二員，並正七品下也。典獄十六人，問事十人，白直二十四人，市令一人，從九品上。丞一人，佐一人，史二人，倉督二人。經學博士一人，從八品上。助教二人，學生六十人。醫學博士一人，從八品下。助教一人，學生十五人。

中都督府：都督一員，正三品上。別駕一人，正四品下。長史一人，正五品上。司馬一人，正五品

下。錄事參軍事一人，從七品下。錄事二人，從九品上。功倉戶兵法士六曹參軍事各一人，並從七品上。參軍事四人，從八品上。典獄十四人，白直二十人，市令一人，從九品上。丞一人，佐一人，史二人，帥三人，倉督二人。經學博士一人，從八品下。助教二人，學生六十人。醫藥博士一人，學生十五人。

下都督府：都督一員，從三品。別駕一人，從四品下。長史一人，從五品上。司馬一人，從五品上。錄事參軍事一人，從七品上。錄事二人，從九品下。功倉戶兵法士六曹參軍事各一人，從七品下。參軍事三人，從八品下。典獄十二人，問事六人，白直十六人，市令一人，從九品上。丞二人，佐一人，史二人，帥二人，倉督二人。經學博士一人，從八品下。助教一人，學生五十人。醫學博士一人，助教一人，學生十二人。

上州：州之名，古也。舜置十二州，禹貢九州，漢置十三州。秦幷六國，置三十六郡。漢則以州統郡。其後武德改郡爲州，改州爲郡，事見諸卷。國家制，戶滿四萬以上爲上州。刺史一員，從三品。秦分天下爲三十六郡，郡置守、都尉各一人，仍以御史一人監郡。漢廢監郡御史，丞相遣掾吏分察諸郡。漢武元光五年，分天下置十三州，分統諸郡。每州遣使者一人，督察官吏清濁，謂之十三州刺史。後漢遂以名臣爲刺史，專州郡之政，仍置別駕、治中、諸曹掾屬，號曰外臺。魏、晉已後，因之不改，而郡置太守、丞尉、諸曹。隋初罷郡，並爲州。煬帝罷州爲郡，郡置通守。武德改郡爲州，州置刺史。天寶改州爲郡，置太守。乾元元年，改郡爲州，州置刺史。初，漢代奉使者皆持節，故刺史臨部，皆持節。至魏、

晉，刺史任重者，爲使持節都督，輕者爲持節。後魏、北齊，總管、刺史，則加使持節諸軍事，以此爲常。隋開皇三年罷郡，以州統縣，刺史之名存而職廢。而於刺史太守官位中，不落持節之名，至今不改，有名無實也。至德之後，中原用兵，大將爲刺史者，兼治軍旅，遂依天寶邊將故事，加節度使之號，連制數郡。奉辭之日，賜雙旌雙節，如後魏、北齊故事。名目雖殊，得古刺史督郡之制也。別駕一人，從四品下。長史一人，從五品上。司馬一人，從五品下。錄事參軍事一人，從七品上。錄事三人，從九品上。司功、司倉、司戶、司兵、司法、司士六曹參軍事各一人，並從七品下。參軍事四人，典獄十四人，問事八人，白直二十四人，市令一人，從九品上。丞一人，佐一人，史二人，帥三人，倉督二人。經學博士一人，從八品下。助教二人，學生六十人。醫學博士一人，正九品下。助教一人，學生十五人。

中州：戶滿二萬戶已上，爲中州。刺史一員，正四品上。別駕一人，正五品下。長史一人，正六品上。司馬一人，六品上。錄事參軍事一人，正八品上。錄事一人，從九品上。司功、司倉、司戶、司法、司士六曹參軍事各一人(四八)，並正八品下。隨曹有佐史人數。參軍事三人，正九品上。執刀十人，典獄十二人，問事六人，白直十六人，市令一人，丞、佐各一人，史、帥、倉督各二人。經學博士一人，正九品上。助教一人，學生五十人。醫藥博士一人，從九品下。助教一人，學生十二人。

下州：戶不滿二萬，爲下州也。刺史一員，正四品下。別駕一人，從五品上。司馬一人，從六品下。錄事參軍事一人，從八品上。錄事一人，從九品下。司倉、司戶、司法三曹參軍事各一人，從八品下。

諸州上縣：令一人，從六品上。丞一人，從八品下。主簿一人，正九品下。尉二人，從九品上。錄事二人，史三人。司戶、佐四人，史七人，帳史一人。司法，佐四人，史八人。倉督二人，典獄十人，問事四人，白直十人，市令一人。佐史各一人，帥一人。博士一人，助教一人，學生四十人。

諸州中縣：令一人，正七品上。丞一人，從八品下。主簿一人，從九品上。尉一人，從九品下。錄事一人，史四人。司戶、佐三人，史五人，帳史一人。司法，佐二人，史六人。倉督一人，典獄八人，問事四人，白直八人。博士一人，助教一人，學生二十五人。

諸州中下縣：令一人，從七品上。丞一人，正九品上。主簿一人，從九品上。尉一人，從九品下。錄事一人，司戶、佐二人，史三人，帳史一人。司法，佐二人，史四人。典獄六人，問事四人，白直八人，市令一人。佐史各一人，帥二人。博士一人，助教一人，學生二十五人。

諸州下縣：令一人，從七品下。丞一人，正九品下。主簿一人，從九品上。尉一人，從九品下。錄事一人，司戶、佐二人，史四人，帳史一人。司法，佐一人，史四人。典獄六人，問事四人，白直八人，市令一人。佐一人，史二人，帥二人也。博士一人，助教一人，學生二十人。

京畿及天下諸縣令之職，皆掌導揚風化，撫字黎甿，敦四人之業，崇五土之利，養鰥寡，恤孤窮。審察冤屈，躬親獄訟，務知百姓之疾苦。

大都護府：大都護一員，從二品（三）。副都護四人，正四品上。長史一人，正五品上。司馬一人，正五品上。錄事參軍事一人，正七品上。錄事二人，從九品上。功曹、倉曹、戶曹、兵曹、法曹五參軍事各一人，並正七品下。參軍事三人。正八品下。

上都護府：都護一員，正三品。副都護二人，從四品上。長史一人，正五品上。司馬一人，正五品上。錄事參軍事一人，正七品下。錄事二人，功曹、倉曹、戶曹、兵曹四參軍事各一人，從七品上。參軍事三人。從八品上。

都護之職，掌撫慰諸蕃，輯寧外寇，覘候姦譎，征討攜貳。長史、司馬貳焉。諸曹，如州府之職。

節度使：天寶中，緣邊禦戎之地，置八節度使。受命之日，賜之旌節，謂之節度使，得以專制軍事。行則建節符，樹六纛。外任之重，無比焉。至德已後，天下用兵，中原刺史亦循其例，受節度使之號。節度使一人，副使一人，行軍司馬一人，判官二人，掌書記一人，參謀，無員數也。隨軍四人。皆天寶後置。檢討未見品秩。

元帥、都統、招討等使

元帥。舊無其名。安、史之亂，肅宗討賊，以廣平王為天下兵馬元帥，又以大臣郭子儀、李光弼隨其方面副之，

號爲副元帥。及代宗卽位，又以雍王爲之。自後不置。昭宗又以煇王爲之也。

都統。乾元中置，或總三道，或總五道。至上元末省。大中後，討徐州以康承訓，討黄巢以荆南王鐸，皆爲都統。

招討使。貞元末置。自後，隨用兵權置，兵罷則停。

防禦團練使。至德後，中原置節度使。又大郡要害之地，置防禦使，以治軍事，刺史兼之，不賜旌節。上元後，改防禦使爲團練守捉使，又與團練兼置防禦使，名前使，各有副使、判官，皆天寶後置，未見品秩。

諸鎭魏有鎭東、鎭西、鎭南、鎭北四將軍，後代因之。隋因始置鎭將、鎭副之名也。

上鎭：將一人，正六品下。鎭副一人，正七品下。錄事一人，倉曹、兵曹二參軍。從八品下。各有佐史。

中鎭：將一人，正七品上。鎭副一人，從七品上。錄事一人，兵曹參軍一人。正九品下。

下鎭：將一人，正七品下。鎭副一人，從七品下。錄事一人，兵曹參軍一人。從九品下。

諸戍春秋有戍，葵丘之義。東晉、後魏以屯兵守境處爲戍，隋因之。

上戍：主一人，正八品下。戍副一人。從八品下。佐一人，史二人。

中戍：主一人。從八品下。

下戍：主一人。正九品下。

五岳四瀆廟：令各一人。正九品上。齋郎三十人，祝史三人。

上關：令一人，從八品下。丞二人。正九品下。錄事一人，有府、史、典事。津吏八人。

中關：令一人，正九品下。丞一人。從九品下。錄事一人，津吏六人。

下關：令一人，從九品下。津吏四人。關令各有府、史。

關令掌禁末遊，伺姦慝。凡行人車馬出入往來，必據過所以勘之。

校勘記

〔一〕大夫中丞押奏　「奏」字各本原無，據唐六典卷一三、唐會要卷六一補。

〔二〕平巾幘　「巾」字各本原作「紗」，據本書卷四五輿服志、唐六典卷一一改。

〔三〕長三尺　「三」字各本原無，據唐六典卷一一補。

〔四〕連板爲之　「之」字各本原作「小」，據唐六典卷一一改。

〔五〕左右駃騠閑　「騠」字各本原作「騏」，據唐六典卷一一、通典卷二六、唐會要卷六五改。

〔六〕六羣　唐六典卷一一作「六郡」。

〔七〕以獻歲功　「獻」字各本原在「歲」下，據唐六典卷一二、新書卷四七百官志改。

〔八〕凡六尙書物出納文簿　唐六典卷一二、新書卷四七百官志「書」字作「事」。

〔九〕女史二人　「人」下各本原有注文「正八品」三字，閣本考證云：「女史二人句下刊本衍『正八品』三字，據上下文删。」按唐六典卷一二云：「女史，流外。」則閣本考證是，據删。

〔一〇〕內侍四員　「四」字各本原作「二」，據唐六典卷一二、通典卷二七、册府卷六六五改。

〔一一〕武德復爲中侍　據「內侍省」注文「隋爲內侍省，煬帝改爲長秋監，武德復爲內侍」，此處「中侍」疑當作「內侍」。

〔一二〕內給使　「使」字各本原作「事」，據本卷上文及唐六典卷一二改。

〔一三〕凡國有大祭祀　唐六典卷一四「祀」下有「盥則奉匜，既盥則奉巾帨」。

〔一四〕各依辰位　「辰」字各本原無，據本書卷二九音樂志、唐六典卷一四補。

〔一五〕巢竽笙管　唐六典卷一四作「笙竽笛簫」。

〔一六〕鎛鐘編鐘編磬　「編磬」二字各本原無，據唐六典卷一四補。

〔一七〕凡大駕行幸　「大」字各本原無，據唐六典卷一四補。

〔一八〕則北面告腯　「告」字各本原作「牛」，據唐六典卷一四、新書卷四八百官志改。

〔一九〕掌醢之屬　「醢」字各本原作「醯」，據本卷下文及唐六典卷一五改。

〔二〇〕典書　唐六典卷一五作「典事」。

〔二一〕幕士　「士」字各本原無，據唐六典卷一六、新書卷四八百官志補。

〔二二〕則與刑部尙書　「與」字各本原無，據唐六典卷一八補。

〔二三〕錄事二人從九品上　以上各字各本原無，據唐六典卷一八補。

〔二四〕宮禁之事　「宮」字各本原作「官」，據唐六典卷一九、新書卷四八百官志改。

〔二五〕令一人　唐六典卷二〇「令」上有「各」字。

〔二六〕大成　各本原作「文成」，據唐六典卷二一、新書卷四八百官志改。

〔二七〕八品已下　「下」字各本原作「上」，據唐六典卷二一、新書卷四八百官志改。

〔二八〕三等數　「數」字各本原無，據唐六典卷二一、新書卷四八百官志補。

〔二九〕廣文館博士二人　通典卷二七、唐會要卷六六、冊府卷五九七「二人」作「四人」。

〔三〇〕諸互市監　「互」字各本原無，據唐六典卷二二補。

〔三一〕王屋　唐六典卷二三作「盩厔」。

〔三二〕翊二府等五府　「等」上各本原有「翊」字，據唐六典卷二四、新書卷四九上百官志刪。

〔三三〕每府中郎一人中郎將一人　唐六典卷二四、新書卷四九上百官志無「中郎一人」四字。下文「左

右驍衞」之「翊府中郎中郎將」，「府」下「中郎」二字亦無。

〔三四〕執器楯及旗等　「執」字各本原作「之」，據唐六典卷二四改。

〔三五〕始置左右監門府省將軍郎將等官　校勘記卷二六云：「通典、通考皆云隋初有左右監門府將軍各一人，各置郎將二人。此志下文云，國家因之。而列將軍、中郎將之人數、品秩於後。然則『省』字必『有』字之訛也。」

〔三六〕立長　唐六典卷二五、新書卷四九上百官志皆作「直長」。

〔三七〕隨左右屯衞　唐六典卷二五云：「隋煬帝改左右領軍爲左右屯衞」，據此則「隨」當作「隋」。

〔三八〕正三品下……從三品下　按本書卷四二職官志：正三品、從三品不分上下，唐六典卷二五無兩「下」字，是也。

〔三九〕典扇　各本原作「典局」，據唐六典卷二六、冊府卷七〇八、新書卷四九上百官志改。

〔四〇〕舍人掌行令書令旨及表啓之事　此句之上無右庶子職掌，當有脫文。唐六典卷二六有「右庶子之職，掌侍從左右、獻納、啓奏、宣傳令言」。

〔四一〕從八品　「八」字各本原作「三」，據唐六典卷二六改。

〔四二〕從八品　「八」字各本原作「三」，據唐六典卷二六改。

〔四三〕官掌本曹簿籍　校勘記卷二六云：「按以六典所記職掌考之，參以本志上文官名之次第，疑『官』

字上當有『倉兵胄諸曹』等字。」

〔四四〕而立其兵仗　唐會要卷二八「立」字作「主」。

〔四五〕家吏二人　唐六典卷二九、新書卷四九下百官志「吏」作「史」。

〔四六〕邑司　各本原作「司邑」，據唐六典卷二九改。

〔四七〕都督一員　「都」字各本原無，據唐六典卷三〇、新書卷四九下百官志補。下文中都督府、下都督府「都」字均按此例補。

〔四八〕司功司倉司戶司法司士六曹參軍事各一人　唐六典卷三〇「司戶」下有「司兵」二字。

〔四九〕從九品下　各本原作「從九品上」，據唐六典卷三〇、新書卷四九下百官志改。

〔五〇〕篤學異能　各本「篤」下原有「疾才」二字，據唐六典卷三〇刪。

〔五一〕掌五經敎授諸生　「經」字各本原作「敎」，據唐六典卷三〇改。

〔五二〕從二品　各本原作「從三品」，據唐六典卷三〇改。

舊唐書卷四十五

志第二十五

輿服

昔黃帝造車服，爲之屏蔽，上古簡儉，未立等威。而三、五之君，不相沿習，乃改正朔，易服色，車有輿輅之別，服有袞冕之差，文之以染繢，飾之以絺繡，華蟲象物，龍火分形，於是典章興矣。周自夷王削弱，諸侯自恣。窮孔翬之羽毛，無以供其侈；極隨和之掌握，不足慊其華。則皮弁革舄之容，非珠履鷸冠之玩也。迨秦誅戰國，斟酌舊儀，則有鹵簿、金根、大駕、法駕，備千乘萬騎，異舜典、周官。漢氏因之，號乘輿三駕，儀衞之盛，無與比隆。東京帝王，博雅好古，明帝始令儒者考曲臺之說，依周官五輅六冕之文，山龍藻火之數，創爲法服。雖有制作，竟寢不行。輿駕乘金根而已，服則衮冕，冠則通天。其後所御，多從袍服。事具前志。而袞冕之服，歷代不行。後魏、北齊，輿服奇詭，至隋氏一統，始復

舊儀。

隋制，車有四等，有亘幰、通幰、軺車、輅車。初制五品以上乘偏幰車，其後嫌其不美，停不行用，以亘車代之。三品以上通幰車，則青壁。一品軺車，油幰朱網。唯輅車一等，聽敕始得乘之。馬珂，一品以下九子，四品七子，五品五子。

衣裳有常服、公服、朝服、祭服四等之制。

平巾幘，牛角簞簪，紫衫，白袍、靴，起梁帶。五品已上，金玉鈿飾，用犀爲簪。是爲常服，武官盡服之。六品已下，衫以緋。至於大仗陪立，五品已上及親侍加兩襠縢蛇，其勳侍去兩襠。

弁冠，朱衣裳，素革帶，烏皮履，是爲公服。其弁通用烏漆紗爲之，象牙爲簪導。五品已上，亦以鹿胎爲弁，犀爲簪導者。加玉琪之飾，一品九琪，二品八琪，三品七琪，四品六琪。三品兼有紛、鞶囊，佩於革帶之後，上加玉珮一。鞶囊，二品以上金縷，三品以上銀縷，五品以上綵縷，文官尋常入內及在本司常服之。

親王，遠遊三梁冠，金附蟬，犀簪導，白筆。三師三公、太子三師三少、尚書祕書二省、九寺、四監、太子三寺、諸郡縣關市、親王文學、藩王嗣王、公侯，進賢冠。三品以上三梁，五品以上兩梁，犀簪導。九品以上一梁，牛角簪導。門下、內書、殿內三省，諸衞府，長秋監，太

子左右庶子、內坊、諸率，宮門內坊，親王府都尉，府鎮防戍九品以上，散官一品已下，武弁幘。侍中、中書令，加貂蟬，珮紫綬。散官者，白筆。御史、司隸二臺，法冠。一名獬豸冠。謁者、臺大夫以下，高山冠。並絳紗單衣，白紗內單，皁領、褾、襈、裾，白練裙襦〔一〕，絳蔽膝，革帶，金飾鉤鰈，方心曲領，紳帶，玉鏢金飾劍，亦通用金鏢，山玄玉佩，綬，襪，烏皮舄。是爲朝服。玉佩，纁朱綬，施二玉環。三品以上綠綬，四品、五品青綬。二品以下去玉環，六品以下去劍、珮、綬。八品以下，冠去白筆，衣省內單及曲領、蔽膝，著烏皮履。五品加紛、鞶囊。其綬纁朱者，用四綵，赤、紅、纁、紺紅，朱質，纁文織，長一丈八尺，二百四十首，闊九寸。綠綬用四綵，綠、紫、黃、朱紅，綠質，長一丈八尺，二百四十首，闊九寸。紫綬用四綵，紫、黃、赤、紅，紫質，長一丈六尺，一百八十首，闊八寸。青綬三綵，白、青、紅，青質，長一丈四尺，一百四十首，闊七寸。

玄衣纁裳冕而旒者，是爲祭服。綬、珮、劍各依朝服之數。其章自七品以下，降二爲差，六品以下無章。

文武之官皆執笏，五品以上，用象牙爲之，六品以下，用竹木。

是時，內外羣官，文物有序，僕御淸道，車服以庸。於是貴賤士庶，較然殊異。越王侗於東都嗣位，下詔停廢。自茲以後，浸以不章，以至於亡。

唐制，天子車輿有玉輅、金輅、象輅、革輅、木輅，是爲五輅，耕根車、安車、四望車，已上八等，並供服乘之用。其外有指南車、記里鼓車、白鷺車、鸞旗車、辟惡車、軒車、豹尾車、羊車、黃鉞車，（豹尾、黃鉞二車，武德中無，自貞觀已後加焉。其黃鉞，天寶元年制改爲金鉞。）屬車十二乘，並爲儀仗之用。大駕行幸，則分前後，施於鹵簿之內。若大陳設，則分左右，施於儀衞之內。

玉輅，青質，以玉飾諸末。重輿，左青龍，右白虎，金鳳翅，畫簴文鳥獸，黃屋左纛。金鳳一在軾前，十二鑾在衡，（正縣鑾數，皆其副輅及耕根則八。）二鈴在軾，龍輈前設鄣塵，青蓋黃裏，繡飾，博山鏡子，樹羽，輪皆朱班重牙。左建旂十有二旒，皆畫升龍，其長曳地。右載闟戟，長四尺，廣三尺，黻文。旂首金龍頭銜結綬及鈴綏。駕蒼龍，金鍐方釳，插翟尾五焦，鏤錫，鞶纓十有二就。（錫，馬當顱，鏤金爲之。鞶纓鞍皆以五綵飾之。就，成也，一帀爲一就也。）祭祀、納后則供之。

金輅，赤質，以金飾諸末，餘與玉輅同，駕赤騮，鄉射、祀還、飲至則供之。

象輅，黃質，以象飾諸末，餘與玉輅同，駕黃騮，行道則供之。

革輅，白質，鞔之以革，餘與玉輅同，駕白駱，巡狩、臨兵事則供之。

木輅，黑質，漆之，餘與玉輅同，駕黑騮，畋獵則供之。

五輅之蓋，旌旗之質及鞶纓，皆從輅色，蓋之裏皆用黃。其鏤錫，五輅同。

耕根車，青質，蓋三重，餘與玉輅同，耕籍則供之。

安車，金飾，重輿，曲壁，八鑾在衡，紫油纁，朱裏通幰，朱絲絡網，朱鞶纓，朱覆髮，貝絡，駕赤騮，臨幸則供之。

四望車，制同犢車，金飾，八鑾在衡，青油纁，朱裏通幰，朱絲絡網，拜陵、臨弔則供之。

自高宗不喜乘輅，每有大禮，則御輦以來往。爰洎則天以後，遂以爲常。玄宗又以輦不中禮，又廢而不用。開元十一年冬，將有事於南郊，乘輅而往，禮畢，騎而還。自此行幸及郊祀等事，無遠近，皆騎於儀衞之內。其五輅及腰輿之屬，但陳於鹵簿而已。

皇后車則有重翟、厭翟、翟車、安車、四望車、金根車六等。

重翟車，青質，金飾諸末，輪畫朱，金根車牙，其箱飾以重翟羽，青油纁，朱裏通幰，繡紫帷，朱絲絡網，繡紫絡帶，八鑾在衡，鏤錫，鞶纓十二就，金鍐方釳，插翟尾，朱總〔三〕，總以朱爲之，如馬纓而小，著馬勒，在兩耳與兩鑣也。駕蒼龍，受册、從祀、享廟則供之。

厭翟，赤質，金飾諸末，輪畫朱牙，其箱飾以次翟羽，紫油纁，朱裏通幰，紅錦帷，朱絲絡

網，紅錦絡帶，餘如重翟車，駕赤騮，採桑則供之。

翟車，黃質，金飾諸末，輪畫朱牙，其車側飾以翟羽，黃油纁，黃裏通幰，白紅錦帷〔三〕，朱絲絡網，白紅錦絡帶，餘如重翟，駕黃騮，歸寧則供之。諸輦纓之色，皆從車質。

安車，赤質，金飾，紫通幰朱裏，駕四馬，臨幸及弔則供之。

四望車，朱質，紫油通幰，油畫絡帶，拜陵、臨弔則供之。

金根車，朱質，紫油通幰，油畫絡帶，朱絲網，常行則供之。

皇太子車輅，有金輅、軺車、四望車。

金輅，赤質，金飾諸末，重較，箱畫簴文鳥獸，黃屋，伏鹿軾，龍輈，金鳳一在軾，前設鄣塵，朱蓋黃裏，輪畫朱牙，左建旂九旒，右載闟戟，旂首金龍頭銜結綬及鈴緌，駕赤騮四，八鑾在衡，二鈴在軾，金鍐方釳，插翟尾五焦，鏤錫，鞶纓九就，從祀享、正冬大朝、納妃則供之。

軺車，金飾諸末，紫通幰朱裏，駕一馬，五日常服及朝享宮臣、出入行道則供之。

四望車，金飾諸末，紫油纁，通幰朱裏，朱絲絡網，駕一馬，弔臨則供之。

王公已下車輅，親王及武職一品，象飾輅。自餘及二品、三品，革輅。四品，木輅。五品，軺車。

象輅，以象飾諸末，朱班輪，八鑾在衡，左建旂，旂畫龍，一升一降。右載闟戟。

革輅，以革飾諸末，左建旜，通帛爲旜。餘同象輅。

木輅，以漆飾之，餘同革輅。

軺車，曲壁，青通幰。

諸輅皆朱質朱蓋，朱旂旜。一品九旒，二品八旒，三品七旒，四品六旒，其鞶纓就數皆準此。

內命婦夫人乘厭翟車，嬪乘翟車，婕妤已下乘安車，各駕二馬。外命婦、公主、王妃乘厭翟車，駕二馬。自餘一品乘白銅飾犢車，青通幰，朱裏油纁，朱絲絡網，駕以牛。二品已下去油纁、絡網，四品青偏幰。

有唐已來，三公已下車輅，皆太僕官造貯掌。若受制行册命及二時巡陵、婚葬則給之。自此之後，皆騎馬而已。

唐制，天子衣服，有大裘之冕、衮冕、鷩冕、毳冕、絺冕、玄冕、通天冠、武弁、黑介幘、白紗帽、平巾幘、白帢，凡十二等。

大裘冕，無旒，廣八寸，長一尺六寸，玄表纁裏，已下廣狹准此。金飾，玉簪導，以組爲纓，色如其綬。裘以黑羔皮爲之，玄領、褾、襟緣。朱裳，白紗中單，皁領，青褾、襈、裾。革帶，玉鉤鰈，大帶，素帶朱裏，紕其外，上以朱，下以綠，紐用組也。蔽膝隨裳。鹿盧玉具劍，火珠鏢首。白玉雙珮，玄組雙大綬，六綵，玄、黃、赤、白、縹、綠，純玄質，長二丈四尺，五百首，廣一尺。小雙綬長二尺一寸，色同大綬而首半之，間施三玉環。朱襪，赤舄。祀天神地祇則服之。

衮冕，金飾，垂白珠十二旒，以組爲纓，色如其綬，黈纊充耳，玉簪導。玄衣，纁裳，十二章，八章在衣，日、月、星、龍、山、華蟲、火、宗彝，四章在裳，藻、粉米、黼、黻。衣褾、領爲升龍，織成爲之也。各爲六等，龍、山以下，每章一行，十二〔四〕。白紗中單，黼領，青褾、襈、裾，黻。繡龍、山、火三章，餘同上。革帶、大帶、劍、珮、綬與上同。舄加金飾。諸祭祀及廟、遣上將、征還、飲至、踐阼、加元服、納后、若元日受朝，則服之。

鷩冕，服七章，三章在衣，華蟲、火、宗彝，四章在裳，藻、粉米、黼、黻。餘同衮冕，有事遠主則服之。

毳冕，服五章，三章在衣，宗彝、藻、粉米，二章在裳，黼、黻也。餘同鷩冕，祭海岳則服之。

絺冕，服三章，一章在衣，粉米，二章在裳，黼、黻。餘同毳冕，祭社稷、帝社則服之。

玄冕服，衣無章，裳刺黼一章〔五〕。餘同繡冕　蜡祭百神、朝日夕月則服之。

通天冠，加金博山，附蟬十二首，施珠翠，黑介幘，髮纓翠緌，玉若犀簪導。絳紗裏〔六〕，白紗中單，領〔七〕，標，飾以織成。朱襈，裾，白裙，白裙襦，亦裙衫也。絳紗蔽膝，白假帶，方心曲領。其革帶、珮、劍、綬、襪、舄與上同。若未加元服，則雙童髻，空頂黑介幘，雙玉導，加寶飾。諸祭還及冬至朔日受朝、臨軒拜王公、元會、冬會則服之。

武弁，金附蟬，平巾幘，餘同前服〔八〕。講武、出征、四時蒐狩、大射、禡、類、宜社、賞祖、罰社、纂嚴則服之。

弁服，弁以鹿皮爲也。十有二琪，琪以白玉珠爲之。玉簪導，絳紗衣，素裳，革帶，白玉雙珮，鞶囊，小綬，白襪，烏皮履，朔日受朝則服之。

黑介幘，白紗單衣，白裙襦，革帶，素襪，烏皮履，拜陵則服之。

白紗帽，亦烏紗也。白裙襦，亦裙衫也。白襪，烏皮履，視朝聽訟及宴見賓客則服之。

平巾幘，金寶飾。導簪冠文皆以玉，紫褶，亦白褶。白袴，玉具裝，眞珠寶鈿帶，乘馬則服之。

白帢，臨大臣喪則服之。

太宗又制翼善冠，朔望視朝，以常服及帛練裙襦通著之。若服袴褶，又與平巾幘通用。

著於令。

其常服，赤黃袍衫，折上頭巾，九環帶，六合靴，皆起自魏、周，便於戎事。自貞觀已後，非元日冬至受朝及大祭祀，皆常服而已。

顯慶元年九月，太尉長孫無忌與修禮官等奏曰：

准武德初撰衣服令，天子祀天地，服大裘冕，無旒。臣無忌、志寧、敬宗等謹按郊特牲云：「周之始郊，日以至。」「被衮以象天，戴冕藻十有二旒，則天數也。」而此二禮，俱說周郊，衮與大裘，事乃有異。按月令：「孟冬，天子始裘。」明以禦寒，理非當暑，若啓蟄祈穀，冬至報天，行事服裘，義歸通允。至於季夏迎氣，龍見而雩，炎熾方隆，如何可服？謹尋歷代，唯服衮章，與郊特牲義旨相協。按周遷輿服志云，漢明帝永平二年，制採周官、禮記，始制祀天地服，天子備十二章。沈約宋書志云：「魏、晉郊天，亦皆服衮。」又王智深宋紀曰：「明帝制云，以大冕純玉藻、玄衣、黃裳郊祀天地。」後魏、周、齊，迄于隋氏，勘其禮令，祭服悉同。斯則百王通典，炎涼無妨，復與禮經事無乖舛。今請憲章故實，郊祀天地，皆服衮冕，其大裘請停，仍改禮令。又檢新禮，皇帝祭社稷服繡冕，四旒，三章。祭日月服玄冕，三旒，衣無章。謹按令文是四品五品之服，此則三公亞獻，皆服衮衣，孤卿助祭，服毳及鷩，斯乃乘輿章數，同於大夫，君少臣多，殊爲不

可。據周禮云：「祀昊天上帝則服大裘而冕，五帝亦如之。享先王則袞冕，享先公則鷩冕，祀四望山川則毳冕，祭社稷五祀則絺冕，諸小祀則玄冕。」又云：「公侯伯子男孤卿大夫之服，袞冕以下，皆如王之服。」所以三禮義宗，遂有二釋〔九〕。一云公卿大夫助祭之日，所著之服，降王一等。又云悉與王同。求其折衷，俱未通允。但名位不同，禮亦異數。天子以十二爲節，義在法天，豈有四旒三章，翻爲御服。若諸臣助祭，冕與王同，便是貴賤無分，君臣不別。如其降王一等，則王著玄冕之時，羣臣次服爵弁，既屈天子，又貶公卿。周禮此文，久不施用。亦猶祭祀之立尸侑，君親之拜臣子，覆巢設硩蔟之官，去鼃置蟈氏之職，唯施周代，事不通行。是故漢、魏以來，下迄隋代，相承舊事，唯用袞冕。今新禮親祭日月，仍服五品之服，臨事施行，極不穩便。請遵歷代故實，諸祭並用袞冕。

制可之。

無忌等又奏曰：「皇帝爲諸臣及五服親舉哀，依禮著素服。今令乃云白帢，禮令乖舛，須歸一塗。且白帢出自近代，事非稽古，雖著令文，不可行用。請改從素服，以會禮文。」

制從之。自是鷩冕已下，乘輿更不服之，白帢遂廢，而令文因循，竟不改削。

開元十一年冬，玄宗將有事於南郊，中書令張說又奏稱：「准令，皇帝祭昊天上帝，服大

衮之冕，事出周禮，取其質也。永徽二年，高宗親享南郊用之。明慶年修禮，改用衮冕，事出郊特牲，取其文也。自則天已來用之。若遵古制，則應用大裘，若便於時，則衮冕爲美。」令所司造二冕呈進，上以大裘樸略，冕又無旒，既不可通用於寒暑，乃廢不用之。自是元正朝會依禮令用衮冕及通天冠，大祭祀依郊特牲亦用衮冕，自餘諸服，雖在於令文，不復施用。十七年，朝拜五陵，但素服而已。朔望常朝，亦用常服，其翼善冠亦廢。

武德令，皇太子衣服，有衮冕、具服遠遊三梁冠、公服遠遊冠、烏紗帽、平巾幘五等。貞觀已後，又加弁服、進德冠之制。

衮冕，白珠九旒，以組爲纓，色如其綬，青纊充耳，犀簪導。玄衣，纁裳，九章。五章在衣，龍、山、華蟲、火、宗彝，四章在裳，藻、粉米、黼、黻，織成爲之。白紗中單，黼領，青褾、襈、裾。革帶，金鉤鰈，大帶，素帶朱裏，亦紕以朱綠，皆用組。黻。隨裳色，火、山二章也。玉具劍，金寶飾也。玉鏢首。瑜玉雙珮，朱組雙大綬，四綵，赤、白、縹、紺，純朱質，長一丈八尺，三百二十首，廣九寸。小雙綬長二尺六寸，色同大綬而首半之，施二玉環也。朱韈赤舄。舄加金飾。侍從皇帝祭祀及謁廟、加元服、納妃則服之。

具服遠遊三梁冠，加金附蟬九首，施珠翠，黑介幘，髮纓翠緌，犀簪導。絳紗袍，白紗中

單，皁領、褾、襈、裾，白裙襦，白假帶，方心曲領，絳紗蔽膝。其革帶、劍、珮、綬、襪、舃與上同。後改用白襪、黑舃。未冠則雙童髻，空頂黑介幘，雙玉導，加寶飾。謁廟還宮、元日冬至朔日入朝、釋奠則服之。

公服遠遊冠，簪導以下並同前也。絳紗單衣，白裙襦，革帶，金鉤鰈，假帶，方心，紛，鞶囊，長六尺四寸，廣二寸四分，色同大綬。白襪，烏皮履，五日常服、元日冬至受朝則服之。

烏紗帽，白裙襦，白襪，烏皮履，視事及宴見賓客則服之。

平巾幘，紫褶，白袴，寶鈿起梁帶，乘馬則服之。

弁服，弁以鹿皮爲之。犀簪導，組纓，玉琪九，絳紗衣，素裳，革帶，鞶囊，小綬，雙珮，白襪，烏皮履，朔望及視事則兼服之。

進德冠，九琪，加金飾，其常服及白練裙襦通著之。若服袴褶，則與平巾幘通著。

自永徽已後，唯服衮冕、具服、公服而已。若乘馬袴褶，則著進德冠，自餘並廢。若讌服、常服，紫衫袍與諸王同。

開元二十六年，肅宗升爲皇太子，受册，太常所撰儀注有服絳紗袍之文。太子以爲與皇帝所稱同，上表辭不敢當，請有以易之。玄宗令百官詳議。尚書左丞相裴耀卿、太子太師蕭嵩等奏曰：「謹按衣服令，皇太子具服，有遠遊冠，三梁，加金附蟬九首，施珠翠，黑介

幘，髮纓綏，犀簪導，絳紗袍，白紗中單，皁領、標、襈，白裙襦，方心曲領，絳紗蔽膝，革帶，劍，珮，綬等，謁廟還宮、元日冬至朔日入朝、釋奠則服之。其絳紗袍則是冠衣之內一物之數，與裙襦、劍、珮等無別。至於貴賤之差，尊卑之異，則冠爲首飾，名制有殊，并珠旒及裳綵章之數，多少有別，自外不可事事差異。亦有上下通服，名制是同，禮重則具服，禮輕則從省。今以至敬之情，有所未敢，衣服不可減省，稱謂須更變名。望所撰儀注，不以絳紗袍爲稱，但稱爲具服，則尊卑有差，謙光成德。」議奏上，手敕改爲朱明服，下所司行用焉。

武德令，侍臣服有衮、鷩、毳、繡、玄冕，及爵弁，遠遊、進賢冠，武弁，獬豸冠，凡十等。

衮冕，垂青珠九旒，以組爲纓，色如其綬，以下旒、纓皆如之也。青纊充耳，簪導。青衣，纁裳，服九章。五章在衣，龍、山、華蟲、火、宗彝，爲五等。四章在裳，藻、粉米、黼、黻。皆絳爲繡，徧衣而已，下皆如之。白紗中單，黼領，繡冕以下，中單青領。青標、襈、裾。革帶，鉤艓〔一〇〕，大帶，三品已上，素帶朱裏，皆紕其外，上以綠。五品帶，紕其垂，外以玄黃。紐皆用青組之。黻。凡黻皆隨裳色。毳冕以上，山、火二章，繡冕山一章，玄冕無章。劍，珮，綬，朱韈，赤舄，第一品服之。

鷩冕，七旒，服七章，三章在衣，華蟲、火、宗彝，四章在裳，藻、粉米、黼、黻也。餘同衮冕，第二品服之。

毳冕，五旒，服五章，三章在衣，宗彝、藻、粉米，二章在裳，黼、黻也。餘同驚冕，第三品服之。

繡冕，四旒，服三章，一章在衣，粉米，二章在裳，黼、黻。餘並同毳冕，第四品服之。

玄冕，衣無章，裳刺黻一章，餘同繡冕，第五品服之。

爵弁，色同爵，無旒無章。玄纓，簪導，青衣，纁裳，白紗中單，青領、褾、裾，革帶，鉤䚢，大帶，練帶，紕其垂，內外以繡，紐約用青組。爵韠，襪，赤履，九品已上服之。

凡冕服，助祭及親迎若私家祭祀皆服之，爵弁亦同。凡冕，制皆以羅爲之，其服以紬。爵弁用紬爲之，其服用繒。

遠遊三梁冠，黑介幘，青綏，凡文官皆青綏，以下准此也。皆諸王服之，親王則加金附蟬。

進賢冠，三品以上三梁，五品以上兩梁，九品以上一梁。皆三公、太子三師三少、五等爵、尚書省、秘書省、諸寺監學、太子詹事府、三寺及散官，親王師友、文學、國官，若諸州縣關津岳瀆等流內九品以上服之。

武弁，平巾幘，侍中、中書令則加貂蟬，侍左者左珥，侍右者右珥。皆武官及門下、中書、殿中、內侍省、天策上將府、諸衞領軍武候監門、領左右太子諸坊諸率及鎮戍流內九品已上服之。其親王府佐九品以上，亦準此。

法冠，一名獬豸冠，以鐵爲柱，其上施珠兩枚，爲獬豸之形，左右御史臺流內九品以上

服之。

高山冠者，內侍省內謁者及親王下司閤等服之。

却非冠者，亭長、門僕服之。

諸應冠而未冠者，並雙童髻，空頂幘。五品已上雙玉導，金飾，三品以上加寶飾，六品以下無飾。

朝服，亦名具服。冠，幘，纓，簪導，絳紗單衣，白紗中單，皁領、襈、裾，白裙襦，亦裙衫也。革帶，鉤䚢，假帶，曲領方心，絳紗蔽膝，襪，舄，劍，珮，綬，一品已下，五品以上，陪祭、朝饗、拜表大事則服之。七品已上，去劍、珮、綬，餘並同。

公服，亦名從省服〔二〕。冠，幘，纓，簪導，絳紗單衣，白裙襦，亦裙衫也。革帶，鉤䚢，假帶，方心，襪，履，紛，鞶囊，一品以下，五品以上，謁見東宮及餘公事則服之。其六品以下，去紛、鞶囊，餘並同。

諸珮綬者，皆雙綬。親王纁朱綬，四綵，赤、黃、縹、紺，純朱質，纁文織，長一丈八尺，二百四十首，廣九寸。一品綠綟綬，四綵，紫、黃、赤〔三〕，純綠質，長一丈八尺，二百四十首，廣九寸。二品、三品紫綬，三綵，紫、黃、赤，純紫質，長一丈六尺，一百八十首，廣八寸。四品青綬，三綵，青、白、紅，純青質，長一丈四尺，一百四十首，廣七寸。五品黑綬，二綵，青、紺，

純紺質，長一丈二尺，一百首，廣六寸。自王公以下皆有小雙綬，長二尺六寸，色同大綬而首半之。正第一品佩二玉環，自外不同也。有綬者則有紛，皆長六尺四寸，廣二尺四分，各隨綬色。諸鞶囊，二品以上金縷，三品金銀縷，四品銀縷，五品綵縷。諸珮，一品珮山玄玉，二品以下、五品以上，佩水蒼玉。

諸文官七品以上朝服者，簪白筆，武官及爵則不簪。諸舄履並烏色，舄重皮底，履單皮底。別注色者，不用此色。

諸勳官及爵任職事官者，散官、散號將軍同職事。正衣本服，自外各從職事服。諸致仕及以理去官，被召謁見，皆服前官從省服。

平巾幘，簪箄導〔三〕，冠支〔四〕，五品以上紫褶，六品以下緋褶，加兩襠縢蛇，並白袴，起梁帶。五品以上，金玉雜鈿。六品以下，金飾隱起。靴，武官及衞官陪立大仗則服之。若文官乘馬，亦通服之，去兩襠縢蛇。諸視品府佐，武弁，平巾幘。國官，進賢一梁冠，黑介幘，簪導。其服各準正品，其流外官，亦依正品流外之例。參朝則服之。若謁見府公，府佐平巾黑幘，國官黑介幘，皆白紗單衣，烏皮履。

諸流外官行署，三品以上黑介幘，絳公服，用緋爲之，制同絳紗單衣。方心，革帶，鉤艓，假帶，襪，烏皮履。九品以上絳褠衣，制同絳公服，袖狹，形直如溝，不垂。去方心、假帶，餘同絳公服。

其非行署者，太常寺謁者、卜博士、醫助教、祝史、贊引，鴻臚寺掌儀、諸典書、典學，內侍省內典引，太子門下坊典儀、內坊導客舍人、諸贊者，王公以下舍人，公主謁者等，各準行署，依品服。自外及民任雜掌無官品者，皆平巾幘，緋衫，大口袴，朝集從事則服之。諸典謁，武弁，絳公服。其齋郎，介幘，絳褠衣。自外品子任雜掌者，皆平巾幘，緋衫，大口袴，朝集從事則服之。

黑介幘，簪導，深衣，青襟、領，革帶，烏皮履。未冠則雙童髻，空頂黑介幘，去革帶。國子、太學、四門學生參見則服之。書算學生、州縣學生，則烏紗帽，白裙襦，青領。諸外官拜表受詔皆服。本品無朝服者則服之。其餘公事及初上，並公服。諸州大中正，進賢一梁冠，絳紗公服，若有本品者，依本品參朝服之。諸州縣佐史、鄉正、里正、岳瀆祝史、齋郎，並介幘，絳褠衣。

平巾幘，緋褶，大口袴，紫附褠，尚食局主食、典膳局主食、太官署食官署掌膳服之。平巾綠幘，青布袴褶，尚食局主膳、典膳局典食、太官署食官署供膳服之。平巾五辮髻，青袴褶，青耳屩，羊車小史服之。總角髻，青袴褶，漏刻生、漏童服之。

龍朔二年九月戊寅，司禮少常伯孫茂道奏稱：「諸臣九章服，君臣冕服，章數雖殊，飾龍名衮，尊卑相亂。望諸臣九章衣以雲及麟代龍，昇山爲上，仍改冕。」當時紛議不定。儀鳳

年，太常博士蘇知機又上表，以公卿以下冕服，請別立節文。敕下有司詳議。崇文館學士校書郎楊炯奏議曰：

古者太昊庖犧氏，仰以觀象，俯以察法，造書契而文籍生。次有黃帝軒轅氏，長而敦敏，成而聰明，垂衣裳而天下理。其後數遷五德，君非一姓。體國經野，建邦設都，文質所以再而復，正朔所以三而改。夫改正朔者，謂夏后氏建寅，殷人建丑，周人建子。至於以日繫月，以月繫時，以時繫年，此則三王相襲之道也。夫易服色者，謂夏后氏尚黑，殷人尚白，周人尚赤。至於山、龍、華蟲、宗彝、藻、火、粉米、黼、黻，此又百代可知之道也。謹按虞書曰：「予欲觀古人之象，日、月、星辰、山、龍、華蟲作繪，宗彝、藻、火、粉米、黼、黻絺繡。」由此言之，則其所從來者尚矣。

夫日月星辰者，明光照下土也。山者，布散雲雨，象聖王澤沾下人也。龍者，變化無方，象聖王應機布教也。華蟲者，雉也，身被五采，象聖王體兼文明也。宗彝者，武蜼也，以剛猛制物，象聖王神武定亂也。藻者，逐水上下，象聖王隨代而應也。火者，陶冶烹飪，象聖王至德日新也。米者，人恃以生，象聖王物之所賴也。黼能斷割，象聖王臨事能決也。黻者，兩己相背，象君臣可否相濟也。逮有周氏，乃以日月星辰爲旌旗之飾，又登龍於山，登火於宗彝，於是乎制衮冕以祀先王也。九章者，法於陽數

也。以龍爲首章者，衮者卷也，龍德神異，應變潛見，表聖王深沈遠智，卷舒神化也。又制鷩冕以祭先公也，鷩者雉也，有耿介之志，表公有賢才，能守耿介之節也。又制毳冕以祭四望也，四望者，岳瀆之神也。武蜼者，山林所生也，明其象也。制絺冕以祭社稷，社稷，土穀之神也，粉米由之成也，象其功也。又制玄冕以祭羣小祀也，百神異形，難可偏擬，但取黻之相背異名也。夫以周公之多才也，故化定制禮，功成作樂。夫以孔宣之將聖也，故行夏之時，服周之冕。先王之法服，乃此之自出矣；天下之能事，又於是乎畢矣。

今表狀「請制大明冕十二章，乘輿服之」者。謹按，日月星辰者，已施旌旗矣；龍武山火者，又不踰於古矣。而云麟鳳有四靈之名，玄龜有負圖之應，雲有紀官之號，水有感德之祥，此蓋別表休徵，終是無踰比象。然則皇王受命，天地興符，仰觀則璧合珠連，俯察則銀黃玉紫。盡南宮之粉壁，不足寫其形狀；罄東觀之鉛黃，無以紀其名實。固不可畢陳於法服也。雲也者，從龍之氣也，水也者，藻之自生也，又不假別爲章目也。此蓋不經之甚也。

又「鷩冕八章，三公服之」者。鷩者，太平之瑞也，非三公之德也。鷹鸇者，鷙鳥也，適可以辨祥刑之職也。熊羆者，猛獸也，適可以旌武臣之力也。又稱藻爲水草，無

所法象，引張衡賦云，「帶倒茄於藻井，披江葩之狎獵。」謂爲蓮花，取其文采者。夫茄者蓮也，若以蓮花代藻，變古從今，既不知草木之名，亦未達文章之意。此又不經之甚也。

又「毳冕六章，三品服之」者。按此王者祀四望服之名也。今三品乃得同王之毳冕，而三公不得同王之衮名。豈惟顚倒衣裳，抑亦自相矛盾。此又不經之甚也。

又「絺冕四章，五品服之」。考之於古，則無其名；驗之於今，則非章首。此又不經之甚也。

若夫禮惟從俗，則命爲制，令爲詔，乃秦皇之故事，猶可以適於今矣。若乃義取隨時，則出稱警，入稱蹕，乃漢國之舊儀，猶可以行於代矣。亦何取於變周公之軌物，改宣尼之法度者哉！

由是竟寢知機所請。

景龍二年七月，皇太子將親釋奠於國學，有司草儀注，令從臣皆乘馬著衣冠。太子左庶子劉子玄進議曰：

古者自大夫已上皆乘車，而以馬爲騑服。魏、晉已降，迄于隋代，朝士又駕牛車，歷代經史，具有其事，不可一二言也。至如李廣北征，解鞍憩息；馬援南伐，據鞍顧盼。

斯則鞍馬之設，行於軍旅，戎服所乘，貴於便習者也。案江左官至尚書郎而輒輕乘馬，則爲御史所彈。又顏延之罷官後，好騎馬出入閭里，當代稱其放誕。此則專車憑軾，可擐朝衣；單馬御鞍，宜從褻服。求之近古，灼然之明驗矣。

自皇家撫運，沿革隨時。至如陵廟巡幸，王公册命，則盛服冠履，乘彼輅車。其士庶有衣冠親迎者，亦時以服箱充馭。在於他事，無復乘車，貴賤所行〔一三〕，通鞍馬而已。臣伏見比者鑾輿出幸，法駕首途，左右侍臣皆以朝服乘馬。夫冠履而出，止可配車而行，今乘車既停，而冠履不易，可謂唯知其一而未知其二。何者？褒衣博帶，革履高冠，本非馬上所施，自是車中之服。必也襪而升鐙，跣以乘鞍，非惟不師古道，亦自取驚今俗，求諸折中，進退無可。且長裙廣袖，襜如翼如，鳴珮紆組，鏘鏘弈弈，馳騁於風塵之內，出入於旌棨之間，儻馬有驚逸，人從顛墜，遂使屬車之右，遺履不收，清道之傍，絓驂相續，固以受嗤行路，有損威儀。

今議者皆云秘閣有梁武帝南郊圖，多有衣冠乘馬者，此則近代故事，不得謂無其文。臣案此圖是後人所爲，非當時所撰。且觀當今有古今圖畫者多矣，如張僧繇畫羣公祖二疎，而兵士有著芒屩者；閻立本畫昭君入匈奴，而婦人有著帷帽者。夫芒屩出於水鄉，非京華所有；帷帽創於隋代，非漢宮所作。議者豈可徵此二畫以爲故實者

乎！由斯而言，則梁武南郊之圖，義同於此。又傳稱義惟因俗，禮貴緣情。殷輅周冕，規模不一；秦冠漢珮，用舍無恆。況我國家道軼百王，功高萬古，事有不便，資於變通。其乘馬衣冠，竊謂宜從省廢。臣此異議，其來自久，日不暇給，未及推揚。今屬殿下親從齒胄，將臨國學，凡有衣冠乘馬，皆憚此行，所以輒進狂言，用申鄙見。

皇太子手令付外宣行，仍編入令，以爲恆式。

讌服，蓋古之褻服也，今亦謂之常服。江南則以巾褐裙襦，北朝則雜以戎夷之制。爰至北齊，有長帽短靴，合袴襖子，朱紫玄黃，各任所好。雖謁見君上，出入省寺，若非元正大會，一切通用。高氏諸帝，常服緋袍。隋代帝王貴臣，多服黃文綾袍，烏紗帽，九環帶，烏皮六合靴。百官常服，同於匹庶，皆著黃袍，出入殿省。天子朝服亦如之，惟帶加十三環以爲差異，蓋取於便事。其烏紗帽漸廢，貴賤通服折上巾，其製周武帝建德年所造也。晉公宇文護始命袍加下襴。

及大業元年，煬帝始制詔吏部尚書牛弘、工部尚書宇文愷、兼內史侍郎虞世基、給事郎許善心、儀曹郎袁朗等憲章古則，創造衣冠，自天子逮于胥吏，章服皆有等差。始令五品以上，通服朱紫。是後師旅務殷，車駕多行幸，百官行從，雖服袴褶，而軍間不便。六年，復詔

從駕涉遠者，文武官等皆戎衣，貴賤異等，雜用五色。五品已上，通著紫袍，六品已下，兼用緋綠。胥吏以青，庶人以白，屠商以皁，士卒以黃。

武德初，因隋舊制，天子讌服，亦名常服，唯以黃袍及衫，後漸用赤黃，遂禁士庶不得以赤黃爲衣服雜飾。四年八月敕：「三品已上，大科紬綾及羅，其色紫，飾用玉。五品已上，小科紬綾及羅，其色朱，飾用金。六品已上，服絲布，雜小綾，交梭，雙紃，其色黃。六品、七品飾銀。八品、九品鍮石。流外及庶人服紬、絁、布，其色通用黃，飾用銅鐵。」五品已上執象笏〔二六〕。三品已下前挫後直，五品已上前挫後屈。自有唐已來，一例上圓下方，曾不分別。六品已下，執竹木爲笏，上挫下方。其折上巾，烏皮六合靴，貴賤通用。

貞觀四年又制〔二七〕，三品已上服紫，五品已下服緋，六品、七品服綠，八品、九品服以青，帶以鍮石。婦人從夫色。雖有令，仍許通著黃。五年八月敕，七品已上，服龜甲雙巨十花綾，其色綠。九品已上，服絲布及雜小綾，其色青。十一月，賜諸衞將軍紫袍，錦爲標袖。八年五月，太宗初服翼善冠，貴臣服進德冠。

龍朔二年，司禮少常伯孫茂道奏稱：「舊令六品、七品着綠，八品、九品着青，深青亂紫，非卑品所服。望請改八品、九品着碧，朝參之處，聽兼服黃。」從之。總章元年，始一切不許着黃。上元元年八月又制：「一品已下帶手巾、算袋，仍佩刀子、礪石，武官欲帶者聽之。文

武三品已上服紫，金玉帶。四品服深緋，五品服淺緋，並金帶。六品服深綠，七品服淺綠，並銀帶。八品服深青，九品服淺青，並鍮石帶。庶人並銅鐵帶。」

文明元年七月甲寅詔：「旗幟皆從金色，飾之以紫，畫以雜文。八品已下舊服者〔二〇〕，並改以碧。京文官五品已上，六品已下，七品淸官，每日入朝，常服袴褶。諸州縣長官在公衙，亦准此。」

景雲中又制，令依上元故事，一品已下帶手巾、算袋，其刀子、礪石等許不佩。武官五品已上佩鞊韘七事，七謂佩刀、刀子、礪石、契苾眞、噦厥針筒、火石袋等也。至開元初復罷之。

則天天授二年二月，朝集使刺史賜繡袍，各於背上繡成八字銘。長壽三年四月，敕賜岳牧金字銀字銘袍。延載元年五月，則天內出緋紫單羅銘襟背衫，賜文武三品已上。左右監門衞將軍等飾以對師子，左右衞飾以麒麟，左右武威衞飾以對虎，左右豹韜衞飾以豹，左右鷹揚衞飾以鷹，左右玉鈐衞飾以對鶻，左右金吾衞飾以對豸，諸王飾以盤龍及鹿，宰相飾以鳳池，尚書飾以對鴈。

武德已來，始有巾子，文官名流，上平頭小樣者。則天朝，貴臣內賜高頭巾子，呼爲武

家諸王樣。中宗景龍四年三月，因內宴賜宰臣已下內樣巾子。開元已來，文官士伍多以紫皁官絁爲頭巾、平頭巾子，相效爲雅製。玄宗開元十九年十月，賜供奉官及諸司長官羅頭巾及官樣巾子，迄今服之也。

天寶十載五月，改諸衞旗幡隊仗，先用緋色，並用赤黃色，以符土德。

高祖武德元年九月，改銀菟符爲銀魚符。高宗永徽二年五月，開府儀同三司及京官文武職事四品、五品，並給隨身魚。咸亨三年五月，五品已上賜新魚袋，並飾以銀，三品已上各賜金裝刀子礪石一具。垂拱二年正月，諸州都督刺史，並准京官帶魚袋。天授元年九月，改內外所佩魚並作龜。久視元年十月，職事三品已上龜袋，宜用金飾，四品用銀飾，五品用銅飾，上守下行，皆從官給。神龍元年二月，內外官五品已上依舊佩魚袋。六月，郡王、嗣王特許佩金魚袋。景龍三年八月，令特進佩魚。散職佩魚，自此始也。自武德已來，皆正員帶闕官始佩魚袋，員外、判試、檢校自則天、中宗後始有之，皆不佩魚。雖正員官得佩，亦去任及致仕即解去魚袋。至開元九年，張嘉貞爲中書令，奏諸致仕許終身佩魚，以爲榮寵，以理去任，亦聽佩魚袋。自後恩制賜賞緋紫，例兼魚袋，謂之章服〔二九〕，因之佩魚袋、服朱紫者衆矣。

梁制云，袴褶，近代服以從戎，今纘嚴則文武百官咸服之〔三〇〕。車駕親戎，則縛袴不舒散

也。中官紫褶，外官絳褶，舄用皮。服冠衣朱者，紫衣用赤舄，烏衣用烏舄。唯褶服以靴，靴，胡履也，取便於事，施於戎服。

舊制，乘輿案褥、牀褥、牀帷，皆以紫爲飾。天寶六載，禮儀使太常卿韋縚奏請依御袍色，以赤黃爲飾。從之。

武德令，皇后服有褘衣、鞠衣、鈿釵禮衣三等。

褘衣，首飾花十二樹，幷兩博鬢，其衣以深青織成爲之，文爲翬翟之形。素質，五色，十二等。素紗中單，黼領，羅縠褾、襈，褾、襈皆用朱色也。蔽膝，隨裳色，以緅爲領，用翟爲章，三等。大帶，隨衣色，朱裏，紕其外，上以朱錦，下以綠錦，紐約用青組。以青衣，革帶，青韈、舄，舄加金飾。白玉雙珮，玄組雙大綬。章綵尺寸與乘輿同。受册、助祭、朝會諸大事則服之。

鞠衣，黃羅爲之，其蔽膝、大帶及衣革帶、舄隨衣色。餘與褘衣同，唯無雉也。親蠶則服之。

鈿釵禮衣，十二鈿，服通用雜色，制與上同，唯無雉及珮綬，去舄，加履。宴見賓客則服之。

皇太子妃服，首飾花九樹，小花如大花之數，幷兩博鬢也。褕翟，青織成爲之，文爲搖翟之形，青質、五色、九等也。素紗中單，黼領，羅縠褾、襈，褾、襈皆用朱也。蔽膝，隨裳色，用緅爲領緣，以搖翟爲章，二等也。大

帶，隨衣色，朱裏，紕其外，上以朱錦，下以綠錦，紐用青組。以青衣，革帶，青襪、舄，舄加金飾。瑜玉珮，紅朱雙大綬。章綵尺寸與皇太子同。受册、助祭、朝會諸大事則服之。鞠衣，黃羅爲之，其蔽膝、大帶及衣革帶隨衣色。餘褕翟同，唯無雉也。從蠶則服之。鈿釵禮衣，九鈿，服通用雜色，制與上同，唯無雉及珮、綬，去舄，加履。宴見賓客則服之。

內外命婦服花釵，施兩博鬢，寶鈿飾也。翟衣青質，羅爲之，繡爲雉，編次於衣及裳，重爲九等而下。第一品花鈿九樹，寶鈿准花數，以下准此也。翟九等。第二品花鈿八樹，翟八等。第三品花鈿七樹，翟七等。第四品花鈿六樹，翟六等。第五品花鈿五樹，翟五等。並素紗中單，黼領，朱標、襈，亦通用羅縠也。蔽膝，隨裳色，以緅爲領緣，加以文繡，重雉爲章二事，一品已下皆同也。大帶，隨衣色，緋其外，上以朱錦，下以綠錦，紐同青組。青衣，革帶，青襪、舄，珮，綬。內命婦受册、從蠶、朝會則服之；其外命婦嫁及受册、從蠶、大朝會亦準此。鈿釵禮衣，通用雜色，制與上同，唯無雉及珮綬。去舄，加履。第一品九鈿，第二品八鈿，第三品七鈿，第四品六鈿，第五品五鈿。內命婦尋常參見，外命婦朝參辭見及禮會則服之。六尚、寶林、御女、采女、女官等服〔三〕，禮衣通用雜色，制與上同，唯無首飾。七品已上，有大事服之，尋常供奉則公服。公服去中單、蔽膝、大帶。九品已上，大事及尋常供奉，並公服。東宮準此。女史則半袖裙襦。諸公主、王妃珮

綬同，諸王縣主、內命婦準品。外命婦五品已上，皆準夫、子，卽非因夫、子別加邑號者，亦準品。婦人宴服，準令各依夫色，上得兼下，下不得僭上。既不在公庭，而風俗奢靡，不依格令，綺羅錦繡，隨所好尙。上自宮掖，下至匹庶，遞相倣效，貴賤無別。

武德、貞觀之時，宮人騎馬者，依齊、隋舊制，多著羃䍦。雖發自戎夷，而全身障蔽，不欲途路窺之。王公之家，亦同此制。永徽之後，皆用帷帽，拖裙到頸，漸為淺露。尋下敕禁斷，初雖暫息，旋又仍舊。咸亨二年又下敕曰：「百官家口，咸預士流，至於衢路之間，豈可全無障蔽。比來多著帷帽，遂弃羃䍦，曾不乘車，別坐檐子。遞相倣效，浸成風俗，過為輕率，深失禮容。前者已令漸改，如聞猶未止息。又命婦朝謁，或將馳駕車，既入禁門，有虧肅敬。此並乖於儀式，理須禁斷，自今已後，勿使更然。」則天之後，帷帽大行，羃䍦漸息。中宗卽位，宮禁寬弛，公私婦人，無復羃䍦之制。

開元初，從駕宮人騎馬者，皆著胡帽，靚粧露面，無復障蔽。士庶之家，又相倣效，帷帽之制，絕不行用。俄又露髻馳騁，或有著丈夫衣服靴衫，而尊卑內外，斯一貫矣。

奚車，契丹塞外用之，開元、天寶中漸至京城。兜籠，巴蜀婦人所用，今乾元已來，蕃將多著勳於朝，兜籠易於擔負，京城奚車、兜籠，代於車輿矣。

武德來，婦人著履，規制亦重，又有線靴。開元來，婦人例著線鞋，取輕妙便於事，侍兒乃著履。臧獲賤伍者皆服襴衫。太常樂尚胡曲，貴人御饌，盡供胡食，士女皆竟衣胡服，故有范陽羯胡之亂，兆於好尚遠矣。

太極元年，左司郎中唐紹上疏曰：

臣聞王公已下，送終明器等物，具標甲令，品秩高下，各有節文。孔子曰，明器者，備物而不可用，以芻靈者善，爲俑者不仁。傳曰，俑者，謂有面目機發，似於生人也。以此而葬，殆將於殉，故曰不仁。近者王公百官，競爲厚葬，偶人像馬，雕飾如生，徒以眩耀路人，本不因心致禮。更相扇慕，破產傾資，風俗流行，遂下兼士庶。若無禁制，奢侈日增。望諸王公已下，送葬明器，皆依令式，並陳於墓所，不得衢路行。

又士庶親迎之儀，備諸六禮，所以承宗廟，事舅姑，當須昏以爲期，詰朝謁見。往者下俚庸鄙，時有障車，邀其酒食，以爲戲樂。近日此風轉盛，上及王公，乃廣奏音樂，多集徒侶，遮擁道路，留滯淹時，邀致財物，動踰萬計。遂使障車禮貺，過於聘財，歌舞喧譁，殊非助感。既虧名教，實蠹風猷，違紊禮經，須加節制。望請婚姻家障車者，並須禁斷。其有犯者，有蔭家請準犯名教例附簿，無蔭人決杖六十，仍各科本罪。

制從之。

校勘記

〔一〕白練裙襦　「裙」字各本原作「裾」，據通典卷一〇八改。

〔二〕朱總　各本原作「朱絲」，據此句下注文及通典卷六五改。

〔三〕白紅錦帷　「帷」字各本原無，據通典卷六五補。

〔四〕十二　通典卷一〇八作「重以爲等，每行十二也」。

〔五〕裳刺黼一章　「黼」下各本原有「黻」字，據通典卷一〇八、新書卷二四車服志删。

〔六〕絳紗裏　新書卷二四車服志作「絳紗袍，朱裏」。

〔七〕領　通典卷一〇八、新書卷二四車服志「領」上有「朱」字，下文「襈」上無「朱」字。

〔八〕餘同前服　「前」字各本原作「其」，據通典卷一〇八改。

〔九〕二釋　各本原作「三釋」，據通典卷六一、唐會要卷三一改。

〔一〇〕鈎鰈　各本原作「劍鰈」，據通典卷一〇八改。

〔一一〕亦名從省服　「服」下各本原有「之」字，據通典卷一〇八、唐會要卷三一删。

〔一二〕紫黄赤　合鈔卷七〇輿服志「紫」上有「緑」字。

〔一三〕鞶筭導　通典卷一〇八無「筭」字。

〔一四〕冠文　各本原作「冠之」，通典卷一〇八作「冠支」，其下注：「令云：皆金飾，五品以上通用玉。」當以「冠支」爲是，今據改。

〔一五〕貴賤所行　「行」字各本原無，據本書卷一〇二劉子玄傳、册府卷五八八補。

〔一六〕五品已上執象笏　唐會要卷三二此句下有「已下執竹木笏」六字；下句「三品已下前挫後直」前有「舊制」二字。

〔一七〕貞觀四年又制　「制」字各本原作「置」，據通典卷六一改。

〔一八〕舊服者　唐會要卷三一「者」上有「青」字。

〔一九〕謂之章服　「謂」字各本原無，據唐會要卷三一補。

〔二〇〕今纘嚴　「今」字各本原作「令」，據隋書卷一一禮儀志改。

〔二一〕女官　「女」字各本原無，據通典卷一〇八補。

舊唐書卷四十六

志第二十六

經籍上

夫龜文成象，肇八卦於庖犧；鳥跡分形，創六書於蒼頡。聖作明述，同源異流。墳、典起之於前，詩、書繼之於後，先王陳迹，後王準繩。易曰：「觀乎人文以化成天下〔一〕。」禮曰：「君子如欲化民成俗，其必由學乎！」學者非他，方策之謂也。琢玉成器，觀古知今，歷代哲王，莫不崇尚。自仲尼沒而微言絕，七十子喪而大義乖。嬴氏坑焚，以愚黔首。漢興學校，復創石渠。雄、向校讐於前，馬、鄭討論於後，兩京載籍，由是粲然。及漢末還都，焚溺過半。爰自魏、晉，迄于周、隋，而好事之君，慕古之士，亦未嘗不以圖籍爲意也。然河北江南，未能混一，偏方購輯，卷帙未弘。而荀勗、李充、王儉、任昉、祖暅，皆達學多聞，歷世整比，羣分類聚，遞相祖述。或爲七錄，或爲四部，言其部類，多有所遺。及隋氏建邦，寰區一統，

煬皇好學，喜聚逸書，而隋世簡編，最爲博洽。及大業之季，喪失者多。貞觀中，令狐德棻、魏徵相次爲祕書監，上言經籍亡逸，請行購募，并奏引學士校定，羣書大備。

開元三年，左散騎常侍褚无量、馬懷素侍宴，言及經籍。玄宗曰：「內庫皆是太宗、高宗先代舊書，常令宮人主掌，所有殘缺，未遑補緝，篇卷錯亂，難於檢閱。卿試爲朕整比之。」至七年，詔公卿士庶之家，所有異書，官借繕寫。及四部書成，上令百官入乾元殿東廊觀之，無不駭其廣。九年十一月，殷踐猷、王愜、韋述、余欽、毋煚、劉彥眞、王灣、劉仲等重修成羣書四部錄二百卷，右散騎常侍元行沖奏上之。自後毋煚又略爲四十卷，名爲古今書錄，大凡五萬一千八百五十二卷。祿山之亂，兩都覆沒，乾元舊籍，亡散殆盡。肅宗、代宗崇重儒術，屢詔購募。文宗時，鄭覃侍講禁中，以經籍道喪，屢以爲言。詔令祕閣搜訪遺文，日令添寫。開成初，四部書至五萬六千四百七十六卷。及廣明初，黃巢干紀，再陷兩京，宮廟寺署，焚蕩殆盡，曩時遺籍，尺簡無存。及行在朝諸儒購輯，所傳無幾。昭宗即位，志弘文雅。祕書省奏曰：「當省元掌四部御書十二庫，共七萬餘卷。廣明之亂，一時散失。後來省司購募，尚及二萬餘卷。及先朝再幸山南，尚存一萬八千卷。竊知京城制置使孫惟晟收在本軍，其御書祕閣見充教坊及諸軍人占住。伏以典籍國之大經，祕府校讐之地，其書籍並望付當省校其殘缺，漸令補輯。樂人乞移他所。」並從之。及遷都洛陽，又喪其半。平時載

籍，世莫得聞。今錄開元盛時四部諸書，以表藝文之盛。

四部者，甲、乙、丙、丁之次也。

甲部爲經，其類十二：一曰易，以紀陰陽變化。二曰書，以紀帝王遺範。三曰詩，以紀興衰誦嘆。四曰禮，以紀文物體制。五曰樂，以紀聲容律度。六曰春秋，以紀行事褒貶。七曰孝經，以紀天經地義。八曰論語，以紀先聖微言。九曰圖緯，以紀六經讖候。十曰經解，以紀六經讖候。十一曰詁訓，以紀六經讖候〔三〕。十二曰小學，以紀字體聲韻。

乙部爲史，其類十有三：一曰正史，以紀紀傳表志。二曰古史，以紀編年繫事。三曰雜史，以紀異體雜紀。四曰霸史，以紀僞朝國史。五曰起居注，以紀人君言動。六曰舊事，以紀朝廷政令。七曰職官，以紀班序品秩。八曰儀注，以紀吉凶行事。九曰刑法，以紀律令格式。十曰雜傳，以紀先聖人物。十一曰地理，以紀山川郡國。十二曰譜系，以紀世族繼序。十三曰略錄，以紀史策條目。

丙部爲子，其類一十有四：一曰儒家，以紀仁義教化。二曰道家，以紀清淨無爲。三曰法家，以紀刑法典制。四曰名家，以紀循名責實。五曰墨家，以紀強本節用。六曰縱横家，以紀辯說詭詐。七曰雜家，以紀兼敍衆說。八曰農家，以紀播植種藝。九曰小說家，以紀芻辭輿誦。十曰兵法，以紀權謀制度。十一曰天文，以紀星辰象緯。十二曰曆數，以紀推

步氣朔。十三曰五行，以紀卜筮占候。十四曰醫方，以紀藥餌針灸。

丁部爲集，其類有三：一曰楚詞，以紀騷人怨刺。二曰別集，以紀詞賦雜論。三曰總集，以紀文章事類。

煚等撰集，依班固藝文志體例，諸書隨部皆有小序，發明其指。近史官撰隋書經籍志，其例亦然。竊以紀錄簡編異題，卷部相沿，序述無出前修。今之殺靑，亦所不取，但紀部帙而已。而煚等所序四部都錄以明新修之旨，今略載之：

竊以經墳浩廣，史圖紛博，尋覽者莫之能徧，司總者常苦其多，何暇重屋複牀，更繁其說？若先王有闕典，上聖有遺事，邦政所急，儒訓是先，宜垂教以作程，當闡規而開典，則不遑啓處，何獲宴寧。曩之所修，誠惟此義，然禮有未愜〔三〕，追怨良深。于時祕書省經書，實多亡闕，諸司墳籍，不暇討論。此則事有未周，一也。其後周覽人間，頗覩闕文，新集記貞觀之前，永徽已來不取；近書採長安之上，神龍已來未錄。此則理有未弘，二也。書閱不偏，事復未周，或不詳名氏，或未知部伍。此則體有未通，三也。書多闕目，空張第數，既無篇題，實乖標榜。此則例有所虧，四也。所用書序，咸取魏文貞；所分書類，皆據隋經籍志。理有未允，體有不通。此則事實未安，五也。昔馬談作史記，班彪作漢書，皆兩葉而僅成；劉歆作七略，王儉作七志，踰二紀而方就。

孰有四萬卷目，二千部書，名目首尾，三年便令終竟，欲求精悉，不其難乎？所以常有遺恨，竊思追雪。乃與類同契，積思潛心，審正舊疑，詳開新制。永徽新集，神龍近書，則釋而附也；未詳名氏，不知部伍，則論而補也。空張之目，則檢獲便增；未允之序，則詳宜別作。紕繆咸正，混雜必刊。改舊傳之失者，三百餘條；加新書之目者，六千餘卷。凡經錄十二家，五百七十五部，六千二百四十一卷。史錄十三家，八百四十部，一萬七千九百四十六卷。子錄十七家，七百五十三部，一萬五千六百三十七卷。集錄三家，八百九十二部，一萬二千二十八卷。凡四部之錄四十五家，都管三千六十部，五萬一千八百五十二卷，成書錄四十卷。其外有釋氏經律論疏，道家經戒符籙，凡二千五百餘部，九千五百餘卷。亦具翻譯名氏，序述指歸，又勒成目錄十卷，名曰開元內外經錄。若夫先王祕傳，列代奧文，自古之粹籍靈符，絕域之神經怪牒，盡載於此二書矣。

夫經籍者，開物成務，垂教作程，聖哲之能事，帝王之達典。而去聖已久，開鑿遂多，苟不剖判條源，甄明科部，則先賢遺事，有卒代而不聞，大國經書，遂終年而空泯。使學者孤舟泳海，弱羽憑天，銜石塡溟，倚杖追日，莫聞名目，豈詳家代？不亦勞乎！不亦弊乎！將使書千帙於掌眸，披萬函於年祀，覽錄而知旨，觀目而悉詞，經墳之精術盡探，賢哲之睿思咸識，不見古人之面，而見古人之心，以傳後來，不其愈已！

其序如此。

煚等四部目及釋道目，並有小序及注撰人姓氏，卷軸繁多，今並略之，但紀篇部，以表我朝文物之大。其釋道錄目附本書，今亦不取，據開元經籍爲之志。天寶已後，名公各著文章，儒者多有撰述，或記禮法之沿革，或裁國史之繁略，皆張部類，其徒實繁。臣以後出之書，在開元四部之外，不欲雜其本部，今據所聞，附撰人等傳。其諸公文集，亦見本傳，此並不錄。四部區分，詳之于下。

甲部經錄，十二家，五百七十五部，六千二百四十一卷。

易類一　書類二　詩類三
禮類四　樂類五　春秋類六
孝經類七　論語類八　讖緯類九
經解類十　詁訓類十一　小學類十二

歸藏十三卷殷易，司馬膺注。　又十卷孟喜章句。
周易二卷卜商傳。　又十卷京房章句。

又四卷費直章句。
又十卷馬融章句。
又九卷鄭玄注。
又十卷荀爽章句。
又五卷劉表注。
又十卷王肅注。
又十卷董遇注。
又十卷宋衷注。
又七卷王弼注。
又九卷虞翻注。
又十三卷陸績注。
又十卷荀氏九家集解。
又十卷馬、鄭、二王集解。
又十卷姚信注。
又十卷王弼、韓康伯注。

又十卷二王集注。
又十卷荀暉注。
又十卷蜀才注。
又十卷張璠集解。
又十卷王廙注。
又十卷干寶注。
又十卷黄穎注。
又十卷崔浩注。
又十三卷崔覲注。
又十卷何胤注。
又十卷盧氏注。
又十四卷傅氏注。
又十卷王玄度注。
又十卷王又玄注。
又十卷任希古注。

又十卷王凱沖注。
周易發揮五卷王勃撰。
周易繫辭二卷謝萬注。
又二卷桓玄注。
又二卷荀諺注。
又二卷宋褰注。
周易義疏二十卷宋明帝注。
宋羣臣講易疏二十卷張該等注。
周易大義二十卷梁武帝撰。
周易講疏三十五卷梁武帝撰。
周易發題義一卷
周易幾義一卷蕭偉撰。
周易大義疑問二十卷梁武帝撰。
周易義疏十四卷蕭子政撰。
周易講疏三十卷張譏注。

又十三卷何妥撰。
又十六卷褚仲都撰。
周易正義十四卷孔穎達撰。
周易新論十卷陰弘道撰。
周易文句義疏二十四卷陸德明撰。
周易文外大義二卷陸德明撰。
周易新注本義十四卷薛仁貴撰。
周易開題論序疏十卷
周易文句義疏二十卷已上並梁蕃撰。
周易大衍論三卷玄宗撰。
周易論四卷鍾會撰。
周易大衍論一卷王弼撰。
周易論一卷應吉甫撰。
周易統略論三卷鄒湛撰。
周易略論一卷張璠撰。

周易爻義一卷干寶撰。
周易卦序論一卷楊乂撰。
周易譜一卷袁宏撰。
周易論四卷范氏撰。
周易雜音三卷
周易釋序義三卷梁蕃撰。
周易論二卷嚳長成難，嚳仲容答。
易論一卷宋處宗撰。
通易象論一卷宣聘撰。
又一卷欒永初撰。
周易繫辭義疏二卷劉巘撰。
周易乾坤義疏一卷劉巘撰。
周易略譜一卷沈熊撰。

右易七十八部，凡六百七十三卷。

古文尚書十三卷孔安國傳。
又十卷孔安國傳，范寧注。
又十卷李顒集注。
又十卷姜道盛集注。
又十卷馬融注。
又九卷鄭玄注。
又十卷王肅注。
又十三卷謝沈注。
尚書暢訓三卷伏勝注。
尚書洪範五行傳十一卷劉向撰。
尚書答問三卷王肅注。
尚書釋駁五卷王肅撰。

尚書釋問四卷鄭玄注。王粲問，田瓊、韓益正。
尚書義注三卷呂文優撰。
尚書釋義四卷伊說撰。
尚書要略二卷李顒撰。
尚書新釋二卷李顒撰。
尚書百問一卷顧歡撰。
尚書義疏十卷巢猗撰。
尚書百釋三卷巢猗撰。
尚書義疏十卷費甝撰。

右尚書二十九部，凡二百七十二卷。

韓詩二十卷卜商序，韓嬰撰。
韓詩外傳十卷韓嬰撰。
毛詩十卷毛萇撰。
毛詩詁訓二十卷鄭玄箋。

古文尚書大義二十卷任孝恭撰。
尚書義疏三十卷蔡大寶撰。
尚書文外義三十卷顧彪撰。
尚書義疏二十卷劉焯撰。
尚書述義二十卷劉炫撰。
尚書正義二十卷孔穎達撰。
古文尚書音義五卷顧彪撰。
尚書音義四卷王儉撰。

毛詩二十卷王肅注。
葉詩二十卷葉遵注。
集注毛詩二十四卷崔靈恩集注。
韓詩翼要十卷卜商撰〔四〕。

毛詩譜二卷鄭玄撰。

毛詩辯三卷楊乂撰。

毛詩集序二卷卜商撰。

毛詩序義一卷劉氏撰。

毛詩義注五卷

毛詩表隱二卷

毛詩雜義駁八卷王肅撰。

毛詩義疏五卷張氏撰。

毛詩問難二卷王肅撰。

毛詩誼府三卷元延明撰。

毛詩駁五卷王伯輿撰〔五〕。

毛詩草木鳥獸魚蟲疏二卷陸璣撰〔六〕。

毛詩義問十卷劉楨撰。

毛詩述義三十卷劉炫撰。

毛詩雜答問五卷

毛詩正義四十卷孔穎達撰。

毛詩雜義難十卷

毛詩音義二卷魯世達撰。

毛詩異同評十卷孫毓撰。

毛詩諸家音十五卷鄭玄等注。

毛詩釋義十卷謝沈撰。

難孫氏詩評四卷陳統撰。

右詩三十部，凡三百十三卷。

周官十二卷馬融傳。

又十卷伊說撰。

周官禮十三卷鄭玄注。

又十二卷王肅注。

又十二卷干寶注。
周官論評十二卷陳邵駮，傅玄評。
周官寧朔新書八卷司馬伷序，王懋約注。
周官駮難五卷孫略問，干寶答。
周禮義疏四十卷沈重撰。
周禮疏五十卷賈公彥撰。
周禮義決三卷王玄度撰。
周官音三卷鄭玄撰。
儀禮十七卷鄭玄注。
又十七卷王肅注。
儀禮音二卷
喪服紀一卷馬融注。
又一卷鄭玄注。
又一卷袁準注。
又一卷

又一卷陳銓注。
又二卷蔡超宗注。
又二卷田僧紹注。
喪服變除一卷戴德撰。
喪服要紀一卷王肅注。
喪服要集議三卷杜預撰。
喪服要紀五卷賀循撰，謝徽注。
儀禮疏五十卷賈公彥撰。
喪服變除一卷鄭玄撰。
喪服要紀十卷賀循撰，庾蔚之注。
喪服古今集記三卷王儉撰。
喪服五代行要記十卷王逡之志。
喪服經傳義疏四卷沈文阿撰。
喪服發題二卷沈文阿撰。
喪服文句義十卷皇侃撰。

喪服天子諸侯圖一卷謝慈撰。
喪服圖一卷崔遊撰。
喪服譜一卷蔡謨撰。
喪服譜一卷賀循撰。
喪服要難一卷趙成問，仇祈答。
大戴禮記十三卷戴德撰。
小戴禮記二十卷戴聖撰，鄭玄注。
禮記二十卷盧植注。
又三十卷王肅注。
又三十卷孫炎注。
又十二卷葉遵注。
禮記寧朔新書二十卷司馬伷序，王懋約注。
次禮記二十卷魏徵撰。
月令章句十二卷戴顒撰。
禮記中庸傳二卷戴顒撰。

禮記義記四卷鄭小同撰。
禮記要鈔六卷緱氏撰。
禮記音二卷鄭玄注，曹耽解。
又二卷謝慈撰。
又二卷李軌撰。
又二卷尹毅撰。
又三卷徐邈撰。
又二卷徐爰撰。
禮記隱二十六卷
禮記略解十卷庾蔚之撰。
禮記講疏一百卷皇侃撰。
禮記義疏五十卷皇侃撰。
禮記義疏四十卷沈重撰。
禮記義疏四十卷熊安生撰。
禮記義證十卷劉芳撰。

禮記類聚十卷
禮記正義七十卷孔穎達撰。
禮記疏八十卷賈公彥撰。
禮論三百七卷何承天撰。
禮義二十卷戴聖等撰。
三禮目錄一卷鄭玄注。
問禮俗十卷董勛撰。
禮記評十卷劉雋撰。
禮儀問答十卷王儉撰。
雜禮義十一卷吳商等撰。
禮義雜記故事十一卷
禮問九卷范寧撰。
禮論答問九卷范寧撰。
禮論問答九卷徐廣撰。
雜禮儀問答四卷戚壽撰。
禮論降議三卷顏延之撰。
禮論條牒十卷任預撰。
禮論帖三卷任預撰。
禮論抄六十六卷任預撰。
禮論抄二十卷庾蔚之撰。
禮儀答問十卷王儉撰。
禮雜抄略二卷荀萬秋撰。
禮議一卷傅伯祚撰。
禮統郊祀六卷
禮論要抄十三卷
禮記區分十卷
禮論抄略十三卷
禮大義十卷梁武帝撰。
禮疑義五十卷周捨撰。
禮記義十卷何佟之撰。

禮答問十卷何佟之撰。
三禮義宗三十卷崔靈恩撰。
禮論要抄一百卷賀瑒撰。
禮統十三卷賀述撰。
三禮宗略二十卷元延明撰。
三禮圖十二卷夏侯伏朗撰。
江都集禮一百二十卷潘徽等撰。
大唐新禮一百卷房玄齡等撰。
紫宸禮要十卷大聖天后撰。

右禮一百四部，周禮十三家，儀禮、喪服二十八家〔七〕，禮論答問三十五家，凡一千九百四十五卷。

樂書九卷信都芳注。
管絃記十二卷留進錄，淩秀注。
鍾磬志二卷公孫崇撰。
樂社大義十卷梁武帝撰。
樂論三卷梁武帝撰。
鍾律五卷沈重撰。
古今樂錄十三卷釋智匠撰〔八〕。
樂府聲調六卷鄭譯撰。
樂譜集解二十卷蕭吉撰。
樂志十卷蘇夔撰。
樂經三十卷季玄楚撰。
樂書要錄十卷大聖天后撰。
樂略四卷元殷撰。
聲律指歸一卷元殷撰。

樂元起二卷桓譚撰。
琴操二卷桓譚撰。
琴操三卷孔衍撰。
琴譜四卷劉氏、周氏等撰。
琴譜二十一卷陳懷撰。
琴敍譜九卷趙耶律撰。
琴集曆頭拍簿一卷
外國伎曲三卷
論樂事二卷
外國伎曲名一卷
歷代曲名一卷
推七音一卷
十二律譜義一卷
鼓吹樂章一卷
古今樂記八卷李守眞撰。

右樂二十九部，凡一百九十五卷。

春秋三家經詁訓十二卷賈逵撰。
春秋經十一卷士燮撰。
春秋傳十卷王朗注。
春秋左氏長經章句三十卷賈逵撰。
春秋左氏傳解詁三十卷賈逵撰。
春秋左氏傳解誼三十卷服虔注。
春秋左氏經傳章句三十卷董遇注。
春秋左氏傳三十卷王肅注。
春秋左氏傳三十卷杜預注。
春秋左氏傳義注三十卷孫毓注。

春秋左氏傳音三卷高貴鄉公撰。
春秋左氏音四卷曹耽、荀訥撰。
春秋左氏音隱一卷服虔撰。
春秋左氏傳音三卷杜預注。
又三卷李弘範撰。
又三卷孫邈撰。
又三卷王元規撰。
又十二卷
春秋左氏傳條例二十卷劉歆撰。
春秋左氏傳條例章句九卷鄭衆撰。
春秋左氏傳例七卷
又十五卷杜預撰。
春秋左氏條例十卷劉寔撰。
春秋左氏經例十卷方範撰。
春秋左氏膏肓十卷何休撰，鄭玄箴。
春秋成長說七卷服虔撰。
春秋左氏膏肓釋痾五卷服虔撰。
春秋達長義一卷王玢撰。
春秋左氏傳說要十卷糜信撰。
春秋塞難三卷服虔撰。
春秋左氏傳賈服異同略五卷孫毓撰。
春秋左氏傳例苑十八卷梁簡文帝撰。
春秋義函傳十六卷干寶撰。
春秋左氏釋滯十卷殷興撰。
春秋序論一卷干寶撰。
春秋左氏區分十二卷何始貞撰。
春秋左氏義略三十卷張沖撰。
春秋左氏抄十卷
左氏杜預評二卷
春秋圖七卷嚴彭祖撰。

春秋辭苑五卷
春秋經傳詭例疑隱一卷吳略撰。
春秋雜義五卷
春秋土地名三卷
春秋旨通十卷王延之撰。
春秋大夫譜十一卷顧啓期撰。
春秋叢林十二卷李謐撰。
春秋立義十卷崔靈恩撰。
春秋申先儒傳例十卷崔靈恩撰。
春秋經解六卷沈宏撰。
春秋文苑六卷沈宏撰。
春秋嘉語六卷沈宏撰。
春秋義略二十七卷沈文阿撰。
春秋攻昧十二卷劉炫撰。
春秋規過三卷劉炫撰。

春秋述議三十七卷劉炫撰。
春秋正義三十七卷孔穎達撰。
春秋公羊傳五卷公羊高傳，嚴彭祖述。
春秋公羊經傳十三卷何休注。
春秋公羊經傳集解十四卷孔氏注。
春秋公羊十二卷王愆期撰。
春秋公羊傳記十二卷高襲注。
何氏春秋漢議十一卷何休撰，鄭玄駮，麋信注。
何氏春秋漢記十一卷服虔撰〔九〕。
春秋公羊條傳一卷何休注。
春秋公羊墨守二卷何休撰，鄭玄發。
春秋公羊答問五卷荀爽問，徐欽答。
春秋公羊音二卷王儉撰。
春秋公羊違義三卷劉寔撰，劉晏注。
春秋公羊論二卷庾翼難，王愆期答。

春秋穀梁傳十三卷段氏注。
春秋穀梁章句十五卷穀梁俶解，尹更始注。
春秋穀梁傳十二卷唐固注。
又十二卷糜信注。
又十一卷張靖集解。
春秋公羊違義三卷劉晏注〔一〇〕。
春秋穀梁經傳十六卷程闡集注。
春秋穀梁傳十三卷孔衍訓注。
又十二卷范甯集注。
又十三卷徐乾注。
春秋穀梁十二卷徐邈注。
春秋穀梁經集解十卷沈仲義注。
春秋穀梁廢疾三卷何休作，鄭玄釋，張靖箴。
穀梁傳義三卷蕭邕注。
春秋穀梁傳義十二卷徐邈注。
春秋穀梁音一卷徐邈撰。
春秋穀梁傳疏十三卷楊士勛撰。
春秋公羊穀梁左氏集解十一卷劉兆撰。
春秋三傳論十卷韓益撰。
春秋三傳經解十一卷胡訥集撰。
春秋三傳評十卷胡訥撰。
春秋公羊穀梁二傳評三卷江熙撰。
春秋繁露十七卷董仲舒撰。
春秋辯證明經論六卷
春秋二傳異同十一卷李鉉撰。
春秋合三傳通論十卷潘叔度注。
春秋成集十卷潘叔度注。
春秋外傳國語二十卷左丘明撰。
春秋外傳國語章句二十二卷王肅注。
春秋外傳國語二十一卷虞翻撰。

又二十一卷韋昭注。

又二十一卷唐固注。

又二十一卷

右春秋一百二部，一千一百八十四卷。

古文孝經一卷孔子說，曾參受，孔安國傳。

孝經一卷王肅注。

又一卷鄭玄注。

古文孝經一卷劉邵注。

孝經一卷韋昭注。

又一卷孫熙注。

又一卷蘇林注。

孝經默注二卷徐整撰。

又一卷謝萬注。

又一卷虞盤佐注。

又一卷孔光注。

又一卷殷仲文注。

又一卷殷叔道注。

又一卷魏克己注。

又一卷玄宗注。

講孝經義四卷車胤等注。

講孝經集解一卷荀勗撰。

孝經義疏三卷皇侃撰。

大明中皇太子講孝經義疏一卷何約之執經。

孝經疏十八卷梁武帝撰。

孝經發題四卷太史叔明撰。

孝經述義五卷劉炫撰。

孝經疏五卷賈公彥撰。
越王孝經新義十卷任希古撰。
孝經應瑞圖一卷
演孝經十二卷張士儒撰。
孝經疏三卷元行沖撰。
論語十卷何晏集解。
又十卷鄭玄注，虞喜贊。
又十卷王肅注。
又十卷鄭玄注。
又十卷宋明帝補衞瓘注。
又十卷李充注。
又十卷孫綽集解。
又十卷梁覬注。
論語集義十卷盈氏撰。
論語九卷孟釐注。

論語十卷袁喬注。
又十卷尹毅注。
又十卷江熙集解。
又十卷孫氏注。
次論語五卷王勃撰。
論語音二卷徐邈撰。
古論語義注譜一卷徐氏撰。
論語釋義十卷鄭玄注。
論語義注十卷暢惠明撰。
論語義注隱三卷
論語篇目弟子一卷鄭玄注。
論語釋疑二卷王弼撰。
論語釋十卷欒肇撰。
論語駮二卷欒肇撰。
論語大義解十卷崔豹撰。

論語旨序二卷繆播撰。
論語體略二卷郭象撰。
論語雜義十三卷
論語剔義十卷
論語疏十卷皇侃撰。
論語述義二十卷戴詵撰。
論語章句二十卷劉炫撰。
論語疏十五卷賈公彥撰。
論語講疏十卷褚仲都撰。
孔子家語十卷王肅注。
孔叢子七卷孔鮒撰。

右六十三部，孝經二十七家，論語三十六家，凡三百八十七卷。

易緯九卷宋均注。
書緯三卷鄭玄注。
詩緯三卷鄭玄注。
禮緯三卷宋均注。
又十卷宋均注。
樂緯三卷宋均注。
春秋緯三十八卷宋均注。
論語緯十卷宋均注。
孝經緯五卷宋均注。
白虎通六卷漢章帝撰。
五經雜義七卷劉向撰。
五經通義九卷劉向撰。
五經要義五卷劉向撰。
五經異義十卷許愼撰，鄭玄駮。

六藝論一卷鄭玄注。
鄭志九卷〔二〕
鄭記六卷〔三〕
聖證論十一卷
五經然否論五卷譙周撰。
五經鉤沈十卷楊方撰。
五經咨疑八卷楊思撰。
孔子正言二十卷梁武帝撰。
長春義記一百卷梁簡文撰。
經典大義十卷沈文阿撰。
五經宗略四十卷元延明撰。
七經義綱略論三十卷樊文深撰。
質疑五卷樊文深撰。
遊玄桂林二十卷張譏撰。
五經正名十五卷劉炫撰。
經典釋文三十卷陸德明撰。
謚法三卷荀顗演，劉熙注。
又謚例十卷沈約撰。
謚法三卷賀琛撰。
匡謬正俗八卷顏師古撰。
集天名稱三卷

右三十六部，經緯九家，七經雜解二十七家，凡四百七十四卷。

爾雅三卷李巡注。
爾雅六卷樊光注。
又六卷孫炎注。
又三卷郭璞注。

集注爾雅十卷沈璇注。
爾雅音義一卷郭璞注。
又二卷曹憲撰。
爾雅圖一卷郭璞注。
爾雅圖贊二卷江灌注。
爾雅音六卷江灌注。
續爾雅一卷劉伯莊撰〔一三〕。
別國方言十三卷楊雄撰。
釋名八卷劉熙撰。
廣雅四卷張揖撰。
博雅十卷曹憲撰。
小爾雅一卷李軌撰。
纂文三卷何承天撰。
纂要六卷顏延之撰。
三蒼三卷李斯等撰，郭璞解。

蒼頡訓詁二卷杜林撰。
三蒼訓詁二卷張揖撰。
埤蒼三卷張揖撰。
廣蒼一卷樊恭撰。
說文解字十五卷許慎撰。
說文音隱四卷
字林十卷呂忱撰。
字統二十卷楊承慶撰。
玉篇三十卷顧野王撰。
字海一百卷大聖天后撰〔一四〕。
文字釋訓三十卷釋寶誌撰。
括字苑十三卷馮幹撰。
字屬篇一卷賈魴撰。
古文奇字二卷郭訓撰。
字旨篇一卷郭訓撰。

古文字詁二卷張揖撰。
詔定古文官書一卷衞宏撰。
解字文七卷周成撰。
雜文字音七卷王延撰。
文字要說一卷王氏注。
字書十卷
古今八體六文書法一卷
四體書勢一卷衞恒撰。
要用字苑一卷葛洪撰。
難要字三卷
文字集略一卷阮孝緒撰。
辯嫌音二卷楊休之撰。
文字指歸四卷曹憲撰。
證俗音略二卷顏愍楚撰。
敍同音三卷

覽字知源三卷
文字辯嫌一卷彭立撰。
聲類十卷李登撰。
韻集五卷呂靜撰。
韻略一卷楊休之撰。
四聲韻略十三卷夏侯詠撰。
四聲部三十卷張諒撰。
韻篇十二卷趙氏撰。
切韻五卷陸慈撰。
桂苑珠叢一百卷諸葛潁撰。
桂苑珠叢略要二十卷
急就章一卷史游撰，曹壽解。
急就章注一卷顏之推撰。
又一卷顏師古撰。
凡將篇一卷司馬相如撰。

飛龍篇篆草勢合三卷崔瑗撰。
在昔篇一卷班固撰。
太甲篇一卷班固撰。
聖草章一卷蔡邕撰。
勸學篇一卷蔡邕撰。
黃初章一卷
吳章一卷
初學篇一卷朱嗣卿撰。
始學篇十二卷項峻撰。
少學集十卷楊方撰。
小學篇一卷王羲之撰。
續通俗文二卷李虔撰。
啓疑三卷顧凱之撰。
詁幼文三卷顏延之撰。
辯字一卷戴規撰。
俗語難字一卷李少通撰。
文字志三卷王愔撰。
五十二體書一卷蕭子雲撰。
古來篆隸詁訓名錄一卷
書品一卷庾肩吾撰。
書後品一卷李嗣眞撰。
筆墨法一卷
鹿紙筆墨疏一卷
千字文一卷蕭子範撰。
又一卷周興嗣撰。
篆書千字文一卷
演千字文五卷
今字石經易篆三卷
今字石經尙書五卷
今字石經鄭玄尙書八卷

三字石經尚書古篆三卷

今字石經毛詩三卷

今字石經儀禮四卷

三字石經左傳古篆書十三卷

今字石經左傳經十卷

今字石經公羊傳九卷

今字石經論語二卷蔡邕注。

雜字書八卷釋正度作。

右小學一百五部，爾雅、廣雅十八家，偏傍音韻雜字八十六家，凡七百九十七卷。

乙部史錄，十三家，八百四十四部，一萬七千九百四十六卷。

正史類一　編年類二　僞史類三

雜史類四　起居注類五　故事類六

職官類七　雜傳類八　儀注類九

刑法類十　目錄類十一　譜牒類十二

地理類十三

史記一百三十卷司馬遷作。

又八十卷裴駰集解。

又一百三十卷許子儒注。

史記音義十三卷徐廣撰。

史記音義三卷鄒誕生撰。

又三十卷劉伯莊撰。

漢書一百十五卷班固作。

又一百二十卷顏師古注。

御銓定漢書八十一卷郝處俊等撰。

漢書音訓一卷服虔撰。

漢書集解音義二十四卷應劭撰。

漢書敍傳五卷項岱撰。

漢書音義九卷孟康撰。

漢書集注十四卷晉灼注。

漢書音義七卷韋昭撰。

漢書駁義二卷劉寶撰。

漢書新注一卷陸澄撰。

孔氏漢書音義抄二卷孔文詳撰。

漢書續訓二卷韋稜撰。

漢書訓纂三十卷姚察撰。

漢書音義二十六卷劉嗣等撰。

漢書音二卷夏侯泳撰。

又十二卷包愷撰。

又十二卷蕭該撰。

漢書決疑十二卷顏延年撰〔一五〕。

漢書古今集義二十卷顧胤撰。

漢書正義三十卷釋務靜撰。

漢書正名氏義十三卷

漢書辯惑三十卷李善撰。

漢書律曆志音義一卷陰景倫作。

漢書英華八卷

東觀漢記一百二十七卷劉珍撰。

後漢書一百三十三卷謝承撰。
後漢記一百卷薛瑩作。
後漢書八十三卷司馬彪撰。
又五十八卷劉義慶撰。
後漢書三十一卷華嶠作。
又一百二卷謝沈撰。
後漢書外傳十卷謝沈撰。
漢南紀五十八卷張瑩撰。
後漢書一百二卷袁山松作。
又九十二卷范曄撰。
後漢書論贊五卷范曄撰。
後漢書五十八卷劉昭補注。
又一百卷皇太子賢注。
後漢書音三卷蕭該作。
又三卷臧兢撰。

後漢書音義二十七卷韋機撰。
魏書四十四卷王沈撰。
魏略三十八卷魚豢撰。
魏國志三十卷陳壽撰，裴松之注。
晉書八十九卷王隱撰。
又五十八卷虞預撰。
又十四卷朱鳳撰。
又三十五卷謝靈運撰。
晉中興書八十卷何法盛撰。
晉書一百一十卷臧榮緒撰。
又九卷蕭子雲撰。
又一百三十卷許敬宗等撰。
宋書四十二卷徐爰撰。
又四十六卷孫嚴撰。
又一百卷沈約撰。

後魏書一百三十卷魏收撰。
後魏書一百七卷魏澹撰〔一六〕。
又一百卷張大素撰。
後周書五十卷令狐德棻撰。
隋書八十五卷魏徵等撰。
又三十二卷張大素撰。
齊書五十九卷蕭子顯撰。
又八卷劉陟撰。
梁書三十四卷謝昊、姚察等撰。
又五十卷姚思廉撰。
陳書三卷顧野王撰。
又三卷傅縡撰。
又三十六卷姚思廉撰。
北齊未修書二十四卷李德林撰。
北齊書五十卷李百藥撰。
又二十卷張大素撰。
通史六百二卷梁武帝撰。
南史八十卷李延壽撰。
北史一百卷李延壽撰。

右八十一部，史記六家，前漢二十五家，後漢十七家，魏三家，晉八家，宋三家，後魏三家，後周一家，隋二家，齊二家，梁二家，陳三家，北齊三家，都史三家，凡四千四百四十三卷。

紀年十四卷汲冢書。
漢紀三十卷荀悅撰。

漢紀音義三卷崔浩撰。
漢皇德紀三十卷侯瑾撰。
後漢紀三十卷張璠撰。
又三十卷袁宏撰。
漢晉春秋五十四卷習鑿齒撰。
漢靈獻二帝紀六卷劉艾撰。
漢獻帝春秋十卷袁曄撰。
山陽義紀樂資撰。
魏武本紀三卷
魏武春秋二十卷孫盛撰。
魏紀十二卷魏澹撰〔一七〕。
國紀十卷梁祚撰。
吳紀十卷環濟撰。
晉帝紀四卷陸機撰。
晉錄五卷
晉紀二十二卷干寶作。
又六十卷干寶撰，劉協注。
晉陽秋二十卷檀道鸞注。
晉紀二十卷劉謙之撰。
又十卷曹嘉之撰。
又四十五卷徐廣撰。
晉陽春秋二十二卷鄧粲撰〔一八〕。
晉史草三十卷蕭景暢撰。
晉紀十一卷鄧粲撰。
戰國春秋二十卷李槩撰。
崇安記二卷周祇撰。
又十卷王韶之撰。
晉續記五卷郭季產撰〔一九〕。
三十國春秋三十卷蕭方等撰〔二〇〕。
又一百卷武敏之撰。

晉春秋略二十卷杜延業撰。
宋紀三十卷王智深撰。
宋略二十卷裴子野撰。
宋春秋二十卷鮑衡卿撰。
齊紀二十卷沈約撰。
齊春秋三卷吳均撰〔三〕。
乘輿龍飛記二卷鮑衡卿撰。
梁典三十卷劉璠撰。
又三十卷何元之撰。
梁太清紀十卷蕭韶撰。
皇帝紀七卷
梁撮要三十卷陰僧仁撰。
淮海亂離志四卷蕭大圜撰。
棲鳳春秋五卷臧嚴撰。
梁昭後略十卷姚最撰。

天啓記十卷守節先生撰。
梁末代記一卷
後梁春秋十卷蔡允恭撰。
北齊記二十卷
北齊志十七卷王劭撰。
鄴洛鼎峙記十卷
隋大業略記三卷趙毅撰。
隋後略十卷張大素撰。
蜀國志十五卷陳壽撰。
吳國志二十一卷陳壽撰，裴松之注。
吳書五十五卷韋昭撰。
華陽國志三卷常璩撰。
蜀李書九卷常璩撰。
漢趙記十卷和苞撰〔三〕。
趙石記二十卷田融撰。

二石記二十卷田融撰。
二石僞事六卷王度、隋翽等撰。
燕書二十卷范亨撰。
秦記十一卷裴景仁撰，杜惠明注。
涼記十卷張諮撰。
西河記二卷段龜龍撰。
南燕錄六卷王景暉撰。
南燕書五卷張銓撰。
拓跋涼錄十卷
燕志十卷
十六國春秋一百二十卷崔鴻撰。

右七十五部，編年五十五家，雜僞國史二十家，凡一千四百十卷。

周書八卷孔晁注。
古文鎖語四卷
春秋前傳十卷何承天撰。
春秋前傳雜語十卷何承天撰。
周載三十卷孟儀注。
春秋國語十卷孔衍撰。
越絕書十六卷子貢撰。
吳越春秋十二卷趙曄撰。
吳越春秋削煩五卷楊方撰。
吳越春秋傳十卷皇甫遵撰。
吳越記六卷
春秋後傳三十卷樂資撰。
戰國策三十二卷劉向撰。
戰國策論一卷延篤撰。

戰國策三十二卷高誘注。
魯後春秋二十卷劉允濟撰。
楚漢春秋二十卷陸賈撰。
漢尚書十卷孔衍撰。
漢春秋十卷孔衍撰。
後漢尚書六卷孔衍撰。
後漢春秋六卷孔衍撰。
後漢尚書十四卷孔衍撰〔三三〕。
後魏春秋九卷孔衍撰〔三四〕。
典略五十卷魚豢撰。
三史要略三十卷張溫撰。
正史削繁十四卷阮孝緒撰。
東殿新書二百卷高宗大帝撰。
史記要傳十卷衞颯撰。
古史考二十五卷譙周撰。

史記正傳九卷張瑩撰。
史要三十八卷王延秀撰。
合史二十卷
史漢要集二卷王蔑撰。
後漢書抄三十卷葛洪撰。
後漢書略二十五卷張緬撰。
後漢書纘十三卷范曄撰。
後漢文武釋論二十卷王越客撰。
三國評三卷徐衆撰。
晉書鈔三十卷張緬撰。
代譜四百八十卷周武帝敕撰〔三五〕。
漢末英雄記十卷王粲等撰。
九州春秋九卷司馬彪撰。
魏陽秋異同八卷孫壽撰。
魏武本紀年曆五卷

漢表十卷袁希之撰。
刪補蜀記七卷王隱撰。
吳錄三十卷張勃撰。
魏記三十三卷盧彥卿撰。
關東風俗傳六十三卷宋孝王撰。
隋書八十卷王劭撰〔三六〕。
王業曆二卷趙弘禮撰。
隋開業平陳記十二卷裴矩撰。
古今注八卷伏无忌撰。
帝王本紀十卷來奧撰。
拾遺錄三卷王嘉撰。
王子年拾遺記十卷蕭綺錄。
帝王略要十二卷環濟撰。
先聖本紀十卷劉滔撰。
華夷帝王記三十七卷楊曄撰。

後漢雜事十卷
漢魏晉帝要記三卷賈匪之撰。
魏晉代語十卷郭頒撰。
吳朝人士品秩狀八卷胡沖撰。
吳士人行狀名品二卷虞尙撰。
江表傳五卷虞溥撰。
晉諸公讚二十二卷傅暢撰。
晉後略記五卷荀綽撰。
宋拾遺錄十卷謝綽撰。
宋齊語錄十卷孔思尙撰。
帝王略論五卷虞世南撰。
十世興王論十卷朱敬則撰。
洞曆記九卷周樹撰。
帝系譜二卷張愔等撰。
洞記九卷韋昭撰。

三五曆記二卷徐整撰。
通曆二卷徐整撰。
雜曆五卷徐整撰。
國志曆五卷孔衍撰。
帝王代記十卷皇甫謐撰。
年曆六卷皇甫謐撰。
續帝王代記十卷何集撰。
十五代略十卷吉文甫撰。
吳曆六卷胡沖撰。
晉曆二卷
帝王代紀十六卷
年曆帝紀二十六卷姚恭撰。
帝錄十卷諸葛忱撰。
長曆十四卷
歷代記三十卷庾和之撰。
千年曆二卷
千歲曆三卷許氏作。
十代記十卷熊襄撰。
帝王年曆五卷陶弘景撰。
分王年表八卷羊瑗撰。
曆紀十卷
通曆七卷李仁實撰。
帝王編年錄五十一卷盧元福撰。
共和已來甲乙紀年二卷盧元福撰。
帝王紀錄三卷

右雜史一百二部，凡二千五百五十九卷。

穆天子傳六卷郭璞撰。

漢獻帝起居注五卷

晉太始起居注二十卷李軌撰。

晉咸寧起居注三十卷李軌撰〔二七〕。

晉泰康起居注二十一卷李軌撰。

晉永平起居注八卷李軌撰。

晉建武大興永昌起居注二十二卷

晉咸和起居注十八卷李軌撰。

晉咸康起居注二十二卷李軌撰。

晉建元起居注四卷

晉永和起居注二十四卷

晉升平起居注十卷

晉隆和興寧起居注五卷

晉泰和起居注六卷

晉咸安起居注三卷

晉寧康起居注六卷

晉泰元起居注五十二卷

晉隆安起居注十卷〔二八〕

晉元興起居注九卷

晉義熙起居注三十四卷

晉元熙起居注二卷

晉起居注三百二十卷劉道會撰。

宋永初起居注六卷

宋景平起居注三卷

宋元嘉起居注六十卷

宋大明起居注八卷

梁皇帝實錄三卷周興嗣撰。

又五卷

梁太清實錄八卷

後魏起居注二百七十六卷

陳起居注四十一卷
大唐創業起居注三卷溫大雅撰。
高祖實錄二十卷房玄齡撰。
太宗實錄二十卷房玄齡撰。
太宗實錄四十卷長孫無忌撰。
高宗實錄三十卷許敬宗撰。
述聖記一卷大聖天后撰。
高宗實錄一百卷大聖天后撰。
聖母神皇實錄十八卷宗秦客撰。
中宗皇帝實錄二十卷吳兢撰。
漢武故事二卷
西京雜記一卷葛洪撰。
三輔舊事一卷韋氏撰。
秦漢已來舊事八卷
漢魏吳蜀舊事八卷

晉書雜詔書一百卷
又二十八卷
晉雜詔書六十六卷
晉詔書黃素制五卷
晉定品制一卷
晉太元副詔二十一卷
晉崇安元興大亨副詔八卷〔三九〕
晉義熙詔二十二卷
晉故事四十三卷
晉諸雜故事二十二卷
尙書大事二十一卷
晉太始太康故事五卷
晉建武咸和咸康故事四卷孔愉撰。
晉建武已來故事三卷
修復山林故事五卷車灌撰。

先朝故事二十卷劉道會撰。
東宮舊事十一卷張敞撰。
交州雜故事九卷
四王起事四卷盧綝撰。
晉八王故事十二卷盧綝撰。
晉故事三卷
晉朝雜事二卷
江南故事三卷
大司馬陶公故事三卷
郗太尉爲尚書令故事二卷
桓公僞事二卷應德詹撰。
救襄陽上都督府事一卷王愆期撰。
荆江揚州遷代記四卷〔三〇〕
宋永初詔六卷
宋元嘉詔二十一卷

晉宋舊事一百三十卷
中興伐逆事二卷
東宮儀記二十二卷張鏡撰。
東宮典記七十卷宇文愷等撰。
春坊要錄四卷杜正倫撰。
春坊舊事三卷
漢官儀十卷應劭志。
公卿故事二卷王方慶撰。
漢官解故三卷〔三一〕
魏官儀一卷荀攸撰。
晉公卿禮秩九卷傅暢撰。
百官名四十卷
晉惠帝百官名三卷陸機撰。
晉官屬名四卷
晉過江人士目一卷

晉永嘉流士十三卷衞禹撰。
登城三戰簿三卷
百官階次一卷范曄撰。
宋百官階次三卷荀欽明撰。
百官春秋十三卷王道秀撰。
齊職儀五十卷范曄撰〔三〕。

右一百四部，列代起居注四十一家，列代故事四十二家，列代職官二十一家，凡二千二百三十三卷。

三輔決錄七卷趙岐撰，摯虞注。
海內先賢傳四卷魏明帝撰。
海內先賢行狀三卷李氏撰。
海內士品錄二卷魏文帝撰。
四海耆舊傳一卷李氏撰。
廬江七賢傳一卷

職官要錄三十卷陶藻撰。
梁選簿三卷徐勉撰。
陳將軍簿一卷
職令百官古今注十卷郭演之撰。
太建十一年百官簿狀二卷
職員舊事三十卷

陳留耆舊傳三卷蘇林撰。
陳留先賢像讚一卷陳英宗撰。
陳留志十五卷江敞撰。
汝南先賢傳三卷周裴撰。
廣州先賢傳七卷陸胤撰。
諸國先賢傳一卷

豫章舊志八卷徐整撰。
濟北先賢傳一卷
廣陵列士傳一卷華隔撰。
桂陽先賢畫讚五卷張勝撰。
會稽記四卷朱育撰。
會稽典錄二十四卷虞預撰。
會稽先賢傳五卷謝承撰。
會稽後賢傳三卷鍾離岫撰。
會稽先賢像讚四卷賀氏撰。
會稽太守像讚二卷賀氏撰。
吳國先賢讚三卷
益部耆舊傳十四卷陳壽撰。
魯國先賢志十四卷白褒撰。
楚國先賢志十二卷楊方撰。
荊州先賢傳三卷高範撰。

兗州山陽先賢讚一卷仲長統撰。
交州先賢傳四卷范瑗撰。
襄陽耆舊傳五卷習鑿齒撰。
零陵先賢傳一卷
徐州先賢傳一卷
徐州先賢傳九卷
長沙舊邦傳讚三卷劉彧撰。
燉煌實錄二十卷劉延明撰。
武昌先賢傳三卷郭緣生撰。
海岱志十卷崔蔚祖撰。
吳郡錢塘先賢傳五卷吳均撰。
幽州古今人物志十三卷陽休之撰。
孝子傳十五卷蕭廣濟撰。
又八卷師覺授撰。
孝子傳讚十五卷王韶之撰。

孝子傳十卷宗躬撰。
雜孝子傳二卷
孝子傳一卷虞盤佐撰。
又三卷徐廣撰。
孝子傳讚十卷鄭緝之撰。
孝德傳三十卷梁元帝撰。
孝友傳八卷梁元帝撰。
忠臣傳三十卷梁元帝撰。
顯忠錄二十卷元懌撰。
忠孝圖傳讚二十卷李襲譽撰。
英藩可錄事二卷殷系撰。
自古諸侯王善惡錄二卷魏徵撰。
列藩正論三十卷章懷太子撰。
良吏傳十卷鍾岏撰。
丹陽尹傳十卷梁元帝撰。

高士傳三卷嵇康撰。
上古以來聖賢高士傳讚三卷周續之撰，
高士傳七卷皇甫謐撰。
續高士傳八卷周弘讓撰。
逸人傳三卷張顯撰。
逸人高士傳八卷習鑿齒撰。
名士傳三卷袁宏撰。
眞隱傳二卷袁淑撰。
竹林七賢論二卷戴逵撰。
高士傳二卷虞盤佐撰。
高隱傳二卷阮孝緒撰。
七賢傳七卷孟仲暉撰。
高才不遇傳四卷劉晝撰。
列女傳二卷劉向撰。
陰德傳二卷范晏撰。

止足傳十卷王子良撰〔三〕。
同姓名錄一卷梁元帝撰。
全德志一卷梁元帝撰。
高僧傳六卷虞孝敬撰。
悼善列傳四卷
幼童傳十卷劉昭撰。
知己傳一卷盧思道撰。
交遊傳二卷鄭世翼撰。
祕錄二百七十卷元暉等撰。
畫讚五十卷漢明帝撰。
春秋列國名臣傳九卷孫敏撰。
四科傳讚四卷姚澹撰。
七國敍讚十卷
益州文翁學堂圖一卷
孔子弟子傳五卷

先儒傳五卷
雜傳六十五卷
又九卷
又四十卷
集記一百卷王孝恭撰。
東方朔傳八卷
李固別傳七卷
梁冀傳二卷
何顒傳一卷
曹瞞傳一卷吳人作。
毌丘儉記三卷
管輅傳二卷管辰撰。
諸葛亮隱沒五事一卷郭沖撰。
玄晏春秋二卷皇甫謐撰。
薛常侍傳二卷荀伯子撰。

桓玄傳二卷
文林館記十卷鄭忱撰。
文士傳五十卷張騭撰。
文館詞林文人傳一百卷許敬宗撰。
列仙傳讚二卷劉向撰。
神仙傳十卷葛洪撰。
洞仙傳十卷見素子撰。
高士老君內傳三卷尹喜、張林亭撰。
關令尹喜傳一卷鬼谷先生撰，四皓注。
老子傳一卷
王喬傳一卷
茅君內傳一卷
漢武帝傳二卷
清虛眞人王君內傳一卷
蘇君記一卷周季通撰。

靈人辛玄子自序一卷辛玄子撰。
三天法師張君內傳一卷王長撰。
太極左仙公葛君內傳一卷呂先生注。
紫陽眞人周君傳一卷華嶠撰。
仙人馬君陰君內傳一卷趙昇撰。
清虛眞人裴君內傳一卷鄭子雲撰〔三四〕。
紫虛元君南岳夫人內傳一卷范邈撰。
九華眞妃內記一卷
許先生傳一卷王羲之撰。
養性傳二卷
周氏冥通記一卷陶弘景撰。
學道傳二十卷馬樞撰。
嵩高少室寇天師傳三卷宋都能撰。
華陽子自序一卷茅處玄撰。
漢別國洞冥記四卷郭憲撰。

名僧傳三十卷釋寶唱撰。
比邱尼傳四卷釋寶唱撰。
高僧傳十四卷釋惠皎撰。
續高僧傳二十卷釋道宣撰。
續高僧傳三十卷釋道宣撰。
西域求法高僧傳二卷釋義淨撰〔三五〕。
名僧錄十五卷裴子野撰。
薩婆多部傳四卷釋僧佑撰。
草堂法師傳一卷陶弘景撰。
又一卷蕭理撰。
稠禪師傳一卷
列異傳三卷張華撰。
甄異傳三卷戴祚撰。
徵應集二卷
雜傳十卷

搜神記三十卷干寶撰。
志怪四卷祖台之撰。
又四卷孔氏撰。
靈鬼志三卷荀氏撰。
鬼神列傳二卷謝氏撰。
幽明錄三十卷劉義慶撰。
齊諧記七卷東陽無疑撰。
續齊諧記一卷吳均撰。
古異傳三卷袁仁壽撰。
述異記十卷祖沖之撰。
感應傳八卷王延秀撰〔三六〕。
冥祥記十卷王琰撰。
續冥祥記十一卷王曼穎撰。
繫應驗記一卷陸果撰。
神錄五卷劉之遴撰。

妍神記十卷梁元帝撰。
因果記十卷劉泳撰。
近異錄二卷劉質撰。
寃魂志三卷顏之推撰。
集靈記十卷顏之推撰。
旌異記十五卷侯君素撰。
冥報記二卷唐臨撰。
列女傳六卷皇甫謐撰。
列女後傳十卷顏原撰。
列女傳七卷綦毋邃撰。
女記十卷杜預撰。
列女傳序讚一卷孫夫人撰。
后妃記四卷虞通之撰。
列女傳一百卷大聖天后撰。
古今內範記一百卷
內範要略十卷
保傳乳母傳一卷大聖天后撰。

右雜傳一百九十四部，褒先賢耆舊三十九家，孝友十家，忠節三家，列藩三家，良史二家〔三七〕，高逸十八家，雜傳五家，科錄一家，雜傳十一家，文士三家，仙靈二十六家，高僧十家，鬼神二十六家，列女十六家，凡一千九百七十八卷。

漢舊儀四卷衞宏撰。
輿服志一卷董巴撰。
晉尚書儀曹新定儀注四十一卷徐廣撰。
甲辰儀注五卷

車服雜注一卷徐廣撰。

司徒儀注五卷干寶撰。

大駕鹵簿一卷

冠婚儀四卷

晉雜儀注二十一卷

晉儀注三十九卷

諸王國雜儀十卷

宋儀注三十六卷

雜儀注一百八卷

雜府州郡儀十卷范汪撰。

晉尚書儀曹吉禮儀注三卷

古今輿服雜事十卷周遷撰。

梁祭地祇陰陽儀注二卷沈約撰。

宋儀注二卷

梁吉禮十八卷明山賓等撰。

梁吉禮儀注十卷

北齊吉禮七十二卷趙彥深撰〔三八〕。

陳吉禮儀注五十卷雜撰。

梁皇帝崩凶儀十一卷嚴植之撰。

隋吉禮五十四卷高熲等撰。

梁凶禮天子喪禮五卷嚴植之撰。

梁凶禮天子喪禮七卷

梁王侯已下凶禮九卷嚴植之撰。

梁太子妃薨凶儀注九卷

北齊王太子喪禮十卷趙彥深撰。

梁諸侯世子凶儀注九卷

梁賓禮一卷賀瑒等撰。

隋書禮七卷高熲等撰。

梁嘉禮三十五卷司馬褧撰。

陳賓禮儀注六卷張彥志。

梁軍禮四卷陸璉撰。
梁嘉禮儀注二十一卷司馬褧撰。
梁尚書儀注十八卷雜撰。
梁儀注十卷沈約撰。
梁陳大行皇帝崩儀注八卷
陳尚書曹儀注二十卷雜志。
陳諸帝后崩儀注五卷
陳雜吉儀志三十卷
梁大行皇后崩儀注一卷
陳皇太子妃薨儀注五卷儀曹志。
陳雜儀注凶儀十三卷
陳皇太后崩儀注四卷儀曹撰。
陳雜儀注六卷
後魏儀注三十二卷常景撰。
理禮儀注九卷何點撰。

晉諡議八卷
魏明帝諡議二卷何晏撰。
魏氏郊丘三卷
晉簡文諡議四卷
晉明堂郊社議三卷孔朝等撰。
魏臺雜訪議三卷高堂隆撰。
雜議五卷干寶撰。
晉七廟議三卷蔡謨撰。
要典三十九卷王景之撰。
晉雜議十卷荀顗等撰。
皇典五卷丘孝仲撰。
齊典四卷王逸志。
弔答書儀十卷王儉撰。
太宗文皇帝政典三卷李延壽撰。
雜儀三十卷鮑昶撰。

書筆儀二十卷謝朓撰。
婦人書儀八卷唐瑾撰。
皇室書儀十三卷鮑行卿撰。
大唐書儀十卷裴矩撰。
童悟十三卷
封禪錄十卷孟利貞撰。
皇帝封禪儀六卷令狐德棻撰。
玉璽譜一卷僧約貞撰。
神岳封禪儀注十卷裴守貞撰。
玉璽正錄一卷徐令信撰。
傳國璽十卷姚察撰。
大享明堂儀注二卷郭山惲撰。
明堂義一卷張大賾撰。
明堂儀注七卷姚璠等撰。
親享太廟儀三卷郭山惲撰。
皇太子方岳亞獻儀二卷

右儀注八十四部，凡一千一百四十六卷。

漢建武律令故事三卷
律略論五卷劉邵撰。
漢朝駁義三十卷應劭撰。
漢名臣奏三十卷陳壽撰。
又二十九卷
廷尉決事二十卷
廷尉駁事十一卷
廷尉雜詔書二十六卷
晉令四十卷賈充等撰。
刑法律本二十一卷賈充等撰。

南臺奏事二十二卷
晉駮事四卷
晉彈事九卷
齊永明律八卷宋躬撰。
梁律二十卷蔡法度撰。
梁令三十卷蔡法度撰。
梁科二卷蔡法度撰。
陳令三十卷范泉等撰。
陳科三十卷范泉志。
北齊律二十卷趙郡王叡撰。
北齊令八卷
周大律二十五卷趙肅等撰。
隋律十二卷高熲等撰。
隋大業律十八卷
隋開皇令三十卷裴正等撰。

法例二卷崔知悌等撰。
令律十二卷裴寂撰。
律疏三十卷長孫无忌撰。
武德令三十一卷裴寂等撰。
貞觀格十八卷房玄齡撰。
永徽散行天下格中本七卷
永徽留本司行中本十八卷源直心等撰。
永徽令三十卷
永徽留本司格後本十一卷劉仁軌撰。
永徽成式十四卷
永徽散頒天下格七卷
永徽留本司行格十八卷長孫无忌撰。
永徽中式本四卷
垂拱式二十卷
垂拱格二卷

垂拱留司格六卷裴居道撰。
律解二十一卷張斐撰。
開元前格十卷姚崇等撰。
開元後格九卷宋璟等撰。
令三十卷
式二十卷姚崇等撰。

右刑法五十一部，凡八百一十四卷。

七略別錄二十卷劉向撰。
七略七卷劉歆撰。
今書七志七十卷王儉撰，賀縱補。
七錄十二卷阮孝緒撰。
中書簿十四卷荀勗撰。
元徽元年書目四卷王儉撰。
梁天監四年書目四卷丘賓卿撰。
陳天嘉四部書目四卷
隋開皇四年書目四卷牛弘撰。
隋開皇二十年書目四卷王劭撰。
史目三卷楊松珍撰。
文章志四卷摯虞撰。
新撰文章家集五卷荀勗撰。
續文章志二卷傅亮撰。
義熙已來雜集目錄三卷丘深之撰
名手畫錄一卷
法書目錄六卷虞和撰。
羣書四錄二百卷元行沖撰。

右雜四部書目十八部，凡二百一十七卷。

世本四卷宋衷撰。
世本別錄一卷
帝譜世本七卷宋均撰。
世本譜二卷
漢氏帝王譜二卷
司馬氏世家二卷
百家集譜十卷王儉撰。
百家譜三十卷王僧孺撰。
氏族要狀十五卷賈希景撰。
永元中表簿六卷
姓氏英賢譜一百卷賈執撰。
百家譜五卷賈執撰。
國親皇太子親傳四卷賈冠撰。
大同四年中表簿三卷
齊梁宗簿三卷
後魏辯宗錄二卷元暉業撰。
姓苑十卷何承天撰。
後魏譜二卷
後魏方司格一卷
十八州譜七百一十二卷王僧孺撰。
冀州譜七卷
洪州譜九卷
袁州譜七卷
大唐氏族志一百卷高士廉撰。
姓氏譜二百卷許敬宗撰。
著姓略記十卷路敬淳撰。
衣冠譜六十卷路敬淳撰。
大唐姓族系錄二百卷柳沖撰。

褚氏家傳一卷褚結撰，褚陶注。

殷氏家傳三卷殷敬等撰。

桂氏世傳七卷桂顏撰。

邵氏家傳十卷

楊氏譜一卷

蘇氏譜一卷

韋氏家傳三卷皇甫謐撰。

王氏家傳二十一卷

江氏家傳七卷江統撰。

曁氏家傳一卷

虞氏家傳五卷虞覽撰。

裴氏家記三卷裴松之撰。

孫氏譜記十五卷

諸葛傳五卷

曹氏家傳一卷曹毗撰。

荀氏家傳十卷荀伯子撰。

諸王傳一卷

陸史十五卷陸煦撰。

明氏世錄五卷明粲撰。

庾氏家傳三卷庾守業撰。

韋氏譜十卷韋鼎等撰。

爾朱氏家傳二卷王邵撰。

何妥家傳二卷

令狐家傳一卷令狐德棻撰。

裴若弼家傳一卷

燉煌張氏家傳二十卷張太素撰。

裴氏家牒二十卷裴守貞撰。

右雜譜牒五十五部，凡一千六百九十一卷。

山海經十八卷郭璞撰。
山海經圖讚二卷郭璞撰。
山海經音二卷
水經二卷郭璞撰。
又四十卷酈道元注。
三輔黃圖一卷
漢宮閣簿三卷
洛陽宮殿簿三卷
關中記一卷潘岳撰。
洛陽記一卷陸機撰。
西京雜記一卷葛洪撰。
洛陽圖一卷楊佺期撰。
洛陽記一卷戴延之撰。
廟記一卷

洛陽伽藍記五卷陽衒之撰。
西京記三卷薛冥志。
東都記三十卷鄧行儼撰。
分吳會丹陽三郡記三卷
陳留風俗傳三卷圈稱撰。
風土記十卷周處撰。
吳地記一卷張勃撰。
南雍州記三卷郭仲彥撰。
南徐州記二卷山謙之撰。
東陽記一卷鄭緝之撰。
京口記二卷劉損之撰。
湘州圖記一卷
徐地錄一卷劉芳撰。
齊州記四卷李叔布撰。

中岳潁川志五卷樊文深撰。
潤州圖經二十卷孫處玄撰。
地記五卷太康三年撰。
州郡縣名五卷太康三年撰。
十三州志十四卷闞駰撰。
魏諸州記二十卷
地理書一百五十卷陸澄撰。
地記二百五十二卷任昉撰。
雜志記十二卷
雜地記五卷
國郡城記九卷周明帝撰。
輿地志三十卷顧野王撰。
周地圖九十卷
隋圖經集記一百卷郎蔚之撰〔三〕。
區宇圖一百二十八卷虞茂撰。

括地志序略五卷魏王泰撰。
交州異物志一卷楊孚撰。
暢異物志一卷陳祈撰。
南州異物志一卷萬震撰。
扶南異物志一卷朱應撰。
臨海水土異物志一卷沈瑩撰。
江記五卷庾仲雍撰。
漢水記五卷庾仲雍撰。
尋江源記五卷庾仲雍撰。
又一卷
四海百川水記一卷釋道安撰。
西征記一卷戴祚撰。
述征記二卷郭緣生撰。
隋王入沔記十卷沈懷文撰。
輿駕東幸記一卷薛泰撰。

述行記二卷姚最撰。
魏聘使行記五卷
巡總揚州記七卷諸葛穎撰。
諸郡土俗物產記十九卷
京兆郡方物志三十卷
十洲記一卷東方朔撰。
神異經二卷東方朔撰。
蜀王本紀一卷楊雄撰。
三巴記一卷譙周撰。
外國傳一卷釋智猛撰。
歷國傳二卷釋法盛撰。
南越志五卷沈懷遠撰。
日南傳一卷
職貢圖一卷梁元帝撰。
林邑國記一卷
眞臘國事一卷
魏國已西十一國事一卷宋雲撰。
交州已來外國傳一卷
奉使高麗記一卷
西域道里記三卷
赤土國記二卷常駿等撰。
高麗風俗一卷裴矩撰。
中天竺國行記十卷王玄策撰。
西南蠻入朝首領記一卷
職方記十六卷
長安四年十道圖十三卷
開元三年十道圖十卷
劍南地圖二卷

右地理九十三部，凡一千七百八十二卷。

校勘記

〔一〕觀乎人文以化成天下　「觀乎」二字各本原無，據周易卷三賁補。

〔二〕九日圖緯以紀六經讖候十日經解以紀六經讖候十一日詁訓以紀六經讖候　殿本考證云：「圖緯乃紀讖候之書，經解、詁訓不得亦云讖候也，應譌。」

〔三〕然禮有未愜　「禮」字全唐文卷三七三作「體」。

〔四〕韓詩翼要十卷卜商撰　「卜商撰」，聞本、殿本、懼盈齋本、局本同，廣本作「侯苞撰」。隋書經籍志（以下簡稱隋志）作「漢侯苞傳」。新書藝文志（以下簡稱新志）有「翼要十卷」，無「韓詩」二字。殿本考證云：「韓嬰漢人，安得卜商爲撰翼要乎？新書無『韓詩』字爲合。」校勘記卷二八云：「考隋志云：『韓詩翼要十卷，漢侯苞傳。』是『卜商』二字誤，而『韓詩』二字固非衍也。」

〔五〕毛詩駁五卷王伯輿撰　「輿」字各本原作「輿」，校勘記卷二八云：「考三國志王基傳，基字伯輿，『輿』與『輿』字形相似而誤。唐人避玄宗之諱，故稱其字耳。」此書隋志、新志均作「王基撰」，據改。

〔六〕毛詩草木鳥獸魚蟲疏二卷陸璣撰　「璣」字各本原作「機」，隋志、新志、經典釋文均作「璣」，據改。

〔七〕儀禮喪服二十八家　校勘記卷二八云：「考上文自周官至周官音，凡十二家，自儀禮至喪服要難，凡二十七家，自禮論至紫宸禮要，凡三十六家。其中尚有自大戴禮記至禮記疏，凡二十八家，疑喪服下本有『二十七家禮記』六字，今本脫去，而前後復有誤字，遂更覺不合耳。」

〔八〕古今樂錄十三卷釋智匠撰　「匠」字聞本、殿本、廣本作「丘」，懼盈齋本、局本作「邱」。隋志、新志作「匠」。玉海藝文類中興書目曰：陳僧智匠撰古今樂錄，起漢迄陳。據改。

〔九〕何氏春秋漢記十一卷服虔撰　殿本、懼盈齋本同，聞本、廣本、局本「撰」作「注」。新志「何氏」上有「駁」字，又「記」作「議」。隋志在「春秋左氏膏肓釋痾十卷」條下注云：「梁有漢議駁二卷，服虔撰。」

〔一〇〕春秋公羊違義三卷劉晏注　合鈔卷七二經籍志無此條。校勘記卷二八云：「上文云春秋公羊違義三卷，劉寔撰，劉晏注，則此處不應重出。且前後諸條皆穀梁之書，不應此條忽雜以公羊之書也。」

〔一一〕鄭志九卷　聞本、殿本、懼盈齋本、廣本、新志均不著撰人，局本題「鄭玄撰」。隋志有「鄭志十一卷，魏侍中鄭小同撰。」

〔一二〕鄭記六卷　聞本、殿本、懼盈齋本、廣本、新志均不著撰人，局本題「鄭玄撰」。隋志作「鄭玄弟子撰」。

〔一三〕續爾雅一卷劉伯莊撰　「一卷」，各本原作「一百卷」，新志作「一卷」。殿本考證云：「新書一卷，此『百』字疑衍文。」據刪。

〔一四〕字海一百卷大聖天后撰　「大聖天后」，各本原作「天聖太后」，據本書卷六則天紀改。

〔一五〕漢書決疑十二卷顏延年撰　「顏延年」，新志作「顏游秦」。本書卷七三顏師古傳：「叔父游秦撰漢書決疑十二卷，爲學者所稱。後師古注漢書，亦多取其義耳。」可證此書爲游秦所撰。

〔一六〕後魏書一百七卷魏澹撰　「後」字各本原無。此書係據魏收後魏書重新修撰而成，隋志、新志均有「後」字；隋志作「魏彥深撰」，彥深，澹字。據補。

〔一七〕魏紀十二卷魏澹撰　「魏澹撰」，隋志作「左將軍陰澹撰」。三國志卷一九陳思王植傳注引陰澹魏紀所載植銅雀臺賦，則此書作者當爲晉陰澹，而非隋魏澹。

〔一八〕晉陽春秋二十二卷鄧粲撰　聞本、殿本、懼盈齋本、局本同，廣本、新志無「春」字。錢大昕廿二史考異卷五八云：「春字衍」。

〔一九〕晉續記五卷郭季產撰　「郭季產」，各本原作「郭秀彥」，據隋志、新志改。

〔二〇〕三十國春秋三十卷蕭方等撰　「等」字各本原無。隋志「方」誤作「萬」。梁書卷四四世祖二子傳：「忠壯世子方等，字實相，世祖長子也。……所撰三十國春秋及靜住子行於世。」據補。

〔二一〕齊春秋三卷吳均撰　「三卷」，隋志、新志均作「三十卷」。

〔二二〕漢趙記十卷和苞撰　「和苞」，各本原作「和包」，據隋志及晉書卷一〇三劉曜傳改。

〔二三〕後漢尚書十四卷孔衍撰　「孔衍撰」，聞本、殿本、懼盈齋本、局本皆作「張溫撰」。聞本「後漢尚書」作「後魏尚書」；廣本、新志亦作「後魏尚書」，惟作「孔衍撰」；隋志作「魏尚書」，無「後」字，亦作「孔衍撰」。史通卷一六家言晉孔衍「有漢尚書、後漢尚書、漢魏尚書，凡爲二十六卷」。姚振宗隋書經籍志考證以爲當作「漢魏尚書」。校勘記卷二八以爲「後」字乃衍文，當刪去，作「魏尚書」。

〔二四〕後魏春秋九卷孔衍撰　校勘記卷二八以爲「後」字乃衍文，當刪。

〔二五〕代譜四百八十卷周武帝敕撰　「四百八十卷」，新志作四十八卷。

〔二六〕隋書八十卷王劭撰　「劭」字各本原作「邵」，據隋志、新志及隋書卷六九王劭傳改。

〔二七〕晉愍帝起居注三十卷李軌撰　「愍帝」，隋志、新志作「咸寧」。此處各書如以年代先後序列，則太始（二六五——二七四年）之後當爲咸寧（二七五——二七九年），似以隋志、新志爲是。

〔二八〕晉崇安起居注十卷　「崇安」，各本及新志均作「崇寧」，隋志作「隆安」。錢大昕廿二史考異卷五八云：「『崇寧當爲崇安，卽隆安也。隆安紀元在寧康、太元之後，元興、義熙之前。此下又有晉隆安元興大亨副詔八卷，可證『崇寧』爲『隆安』之譌。」據改。

〔二九〕晉崇安元興大亨副詔八卷　「大亨」，各本原作「大享」，新志作「大亨」。大亨爲晉安帝年號（四〇

二年三月——十二月），據改。

〔三〇〕荊江揚州遷代記四卷　殿本、懼盈齋本、廣本、局本同，聞本「州」上有「山」字。新志作「荊揚二州遷代記四卷」。校勘記卷二八云：「考江州在六朝時亦爲重鎭，與荊、揚相埒。聞本之『山州』必是『三州』之誤，惟撰人無可考耳。」

〔三一〕漢官解故三卷　「故」下各本原有「事」字，隋志、新志均作「漢官解詁」。校勘記卷二八云：「閣本無事字，考證云：『刊本故下衍事字。』」故、詁字通，據刪。

〔三二〕齊職儀五十卷范曄撰　「范曄撰」，隋志作「齊長水校尉王珪之撰」。新志「職」下有「官」字，亦作「王珪之撰」。南齊書卷五二王逡之傳：「從弟珪之，有史學，撰齊職儀。」殿本考證云：「按范曄受誅於宋元嘉二十二年，不應著齊職儀也。新書作王珪之較合。」

〔三三〕止足傳十卷王子良撰　「王子良撰」，聞本、殿本、懼盈齋本、廣本同；局本作「蕭子良撰」。新志題「齊竟陵文宣王子良」撰。

〔三四〕清虛眞人裴君內傳一卷鄭子雲撰　「人裴」二字各本原無，據隋志、新志補。隋志不著撰人，新志作「鄧雲千」撰。雲笈七籤有清靈眞人裴君傳，云弟子鄧雲子撰。

〔三五〕西域求法高僧傳二卷釋義淨撰　「求」字各本原作「永」，據新志改。

〔三六〕感應傳八卷王延秀撰　「延」字各本原作「廷」，隋志、新志均作「延」。慧皎高僧傳序云：「太原王

延秀撰感應傳。」據改。

〔三七〕良史二家　據本卷上文，「良史」疑爲「良吏」之誤。

〔三八〕北齊吉禮七十二卷趙彥深撰　「深」字各本原作「琛」，據新志及北齊書卷三八趙彥深傳改。下「北齊王太子喪禮十卷」條同。

〔三九〕隋圖經集記一百卷郎蔚之撰　「圖」字各本原作「國」，據新志改。隋志作「隋諸州圖經集」。太平御覽及太平寰宇記常引隋圖經，省「集記」二字。

舊唐書卷四十七

志第二十七

經籍下

丙部子錄，十七家，七百五十三部，書一萬五千六百三十七卷。

儒家類一　道家類二　法家類三　名家類四
墨家類五　縱横家類六　雜家類七　農家類八
小說類九　天文類十　曆算類十一　兵書類十二
五行類十三　雜藝術類十四　事類十五　經脈類十六
醫術類十七

一

曾子二卷曾參撰。

晏子春秋七卷晏嬰撰。

子思子八卷孔伋撰。
公孫尼子一卷公孫尼撰。
孟子十四卷孟軻撰，趙岐注。
又七卷劉熙注。
又七卷鄭玄注。
又七卷綦毋邃注。
孫卿子十二卷荀況撰。
董子二卷董無心撰。
魯連子五卷魯仲連撰。
新語二卷陸賈撰。
賈子九卷賈誼撰。
鹽鐵論十卷桓寬撰。
新序三十卷劉向撰。
說苑三十卷劉向撰。
楊子法言六卷楊雄撰。
又十卷宋衷注。
又十三卷李軌注。
楊子太玄經十二卷楊雄撰，陸績注。
又十四卷虞翻注。
又十二卷范望注。
又一十卷蔡文邵注。
桓子新論十七卷桓譚撰。
潛夫論十卷王符撰。
申鑒五卷荀悅撰。
魏子三卷魏朗注。
典論五卷魏文帝撰。
徐氏中論六卷徐幹撰。
去伐論集三卷王粲撰。
杜氏體論四卷杜恕撰。
顧子新語五卷顧譚撰。

通語十卷文禮撰，殷興續〔一〕。
集誡二卷諸葛亮撰。
典訓十卷陸景撰。
譙子法訓八卷譙周撰。
古今通論三卷王嬰撰。
周生烈子五卷周生烈志。
譙子五教五卷譙周撰。
袁子正論二十卷袁準撰。
袁子正書二十五卷袁準撰。
孫氏成敗志三卷孫毓撰。
新論十卷夏侯湛撰。
物理論十六卷楊泉撰。
太元經十四卷楊泉撰，劉緝注。
新論十卷華譚撰。
志林新書二十卷虞喜撰。

後林新書十卷虞喜撰。
顧子義訓十卷顧夷撰。
清化經十卷蔡洪撰。
正言十卷干寶撰。
要覽五卷呂竦撰。
立言十卷干寶撰。
正覽六卷周捨撰。
缺文十卷陸澄撰。
魯史欹器圖一卷劉徽撰。
誡林三卷綦毋氏撰。
家訓七卷顏之推撰。
典言四卷李若等撰。
墳典三十卷盧辯撰。
中說五卷王通撰。
讀書記三十二卷王邵撰。

正訓二十卷辛德源志。
太宗序志一卷太宗撰。
帝範四卷太宗撰，賈行注。
天訓四卷高宗天皇大帝撰。
紫樞要錄十卷大聖天后撰。
青宮記要三十卷天后撰。
少陽正範三十卷天后撰。
臣軌二卷天后撰。
百僚新誡四卷天后撰。
春宮要錄十卷章懷太子撰。
君臣相發起事三卷章懷太子撰。
修身要錄十卷章懷太子撰。
百里昌言二卷王滂撰。
崔子至言六卷崔靈童撰。
平臺百一寓言三卷張大素撰。
女誡一卷曹大家撰。
內訓二十卷辛德源、王邵等撰。
女則要錄十卷文德皇后撰。
鳳樓新誡二十卷張后撰〔二〕。

右儒家二十八部，凡七百七十六卷。

老子二卷老子撰。
老子二卷河上公注。
老子章句二卷安丘望之撰。
老子道德經指趣四卷安丘望之撰
老子二卷湘注。
玄言新記道德二卷王弼注。

老子二卷鍾會注。
老子二卷羊祜注。
老子二卷程韶集注。
老子二卷王尙注。
老子二卷蜀才注。
老子二卷孫登注。
老子二卷袁眞注。
老子二卷張憑注。
老子二卷鳩摩羅什注。
老子二卷釋惠嚴注。
老子四卷陶弘景注。
老子道德經品四卷梁曠注。
老子二卷樹鍾山注。
老子二卷傅奕注。
老子二卷楊上善注。

老子集注四卷張道相集注。
老子二卷辟閭仁諝注。
老子二卷成玄英注。
老子二卷李允愿注。
老子二卷陳嗣古注。
老子二卷釋義盈注。
老子道德經集解四卷任眞子注。
老子節解二卷
老子指歸十四卷嚴遵志。
老子指歸十三卷馮廓撰。
老子道德經序訣二卷葛洪撰。
老子道德簡要義五卷玄景先生注。
太上玄元皇帝道德經二卷楊上器撰。
太上老君玄元皇帝聖紀十卷尹父操撰。
老子章門一卷

老子玄旨八卷韓莊撰。
老子玄譜一卷劉道人撰〔三〕。
老子道德論二卷何晏撰。
老子指例略二卷
老子道德經義疏四卷顧歡撰。
老子解釋四卷羊祜撰。
老子義疏理綱一卷
老子講疏六卷梁武帝撰。
老子私記十卷梁簡文帝撰。
老子講疏四卷
老子義疏四卷孟智周撰。
老子述義十卷賈大隱撰。
老子道德指略論二卷楊上善撰。
道德經三卷
略論三卷楊上善撰。

老子西昇經一卷
老子黃庭經一卷
老子探眞經一卷
老君科律一卷
老子宣時誡一卷
老子入室經一卷
老子華蓋觀天訣一卷
老子消水經一卷
老子神策百二十條經一卷
莊子十卷崔譔注。
又十卷郭象注。
又二十卷向秀注。
又二十一卷司馬彪注。
莊子集解二十卷李頤集解。
又二十卷王玄古撰。

莊子十卷楊上善撰。
莊子講疏三十卷梁簡文撰。
莊子疏七卷
南華仙人莊子論三十卷梁曠撰。
釋莊子論二卷李充撰。
南華眞人道德論三卷
莊子疏十卷王穆撰。
莊子音一卷王穆撰。
莊子文句義二十卷陸德明撰。
莊子古今正義十卷馮廓撰。
莊子疏十二卷成玄英撰。
文子十二卷
鶡冠子三卷鶡冠子撰。
列子八卷列禦寇撰，張湛注。
廣成子十二卷商洛公撰。

任子道論十卷任嘏撰。
渾輿經一卷姫威撰。
唐子十卷唐滂撰。
蘇子七卷蘇彥撰。
宣子二卷宣聘撰。
陸子十卷陸雲撰。
抱朴子內篇二十卷葛洪撰。
孫子十二卷孫綽撰。
顧道士論二卷顧谷撰。
幽求子三十卷杜夷撰。
符子三十卷符朗撰。
賀子十卷賀道養撰。
眞誥十卷陶弘景撰。
無名子一卷張太衡撰。
養生要集十卷張湛撰。

無上祕要七十二卷

玄書通義十卷張機撰。

道要三十卷

登眞隱訣二十五卷陶弘景撰。

同光子八卷劉無待撰，侯儼注。

牟子二卷牟融撰。

淨住子二十卷蕭子良撰，王融頌。

統略淨住子二卷釋道宣撰。

法苑十五卷釋僧祐撰。

內典博要三十卷虞孝景撰。

眞言要集十卷釋賢明撰。

歷代三寶記三卷

修多羅法門二十卷郭瑜撰。

集古今佛道論衡四卷釋道宣撰。

六趣論六卷楊上善撰。

十門辯惑論二卷釋復禮志。

經論纂要十卷駱子義撰。

通惑決疑錄二卷釋道宣撰。

夷夏論二卷顧歡撰。

笑道論三卷甄鸞撰。

齊三教論七卷衛元嵩撰。

辯正論八卷釋法琳撰。

破邪論三卷釋法琳撰。

三教詮衡十卷楊上善撰。

甄正論三卷杜乂撰。

心鏡論十卷李思愼撰。

崇正論六卷釋彥琮撰。

右道家一百二十五部，老子六十一家，莊子十七家，道釋諸說四十七家，凡九百

六十卷。

管子十八卷管夷吾撰。

商子五卷商鞅撰。

愼子十卷愼到撰，滕輔注。

申子三卷申不害撰。

韓子二十卷韓非撰。

鼂氏新書三卷鼂錯撰。

崔氏政論五卷崔寔撰。

劉氏法言十卷劉邵撰。

右法家十五部，凡一百五十八卷。

鄧析子一卷鄧析撰。

尹文子二卷尹文子撰。

公孫龍子三卷公孫龍撰。

劉氏正論五卷劉廙撰。

阮子正論五卷阮武撰。

桓氏代要論十卷桓範撰。

陳子要言十四卷陳融撰。

治道集十卷李文博撰。

春秋決獄十卷董仲舒撰。

五經析疑三十卷邯鄲綽撰。

又一卷賈大隱注。

又一卷陳嗣古注。

人物志三卷劉邵撰。

又三卷劉邵撰，劉炳注。

九州人士論一卷盧毓撰。

士緯十卷姚信撰。

兼名苑十卷釋遠年撰。

士操一卷魏文帝撰。

辯名苑十卷范謐撰。

右名家十二部，凡五十六卷。

墨子十五卷墨翟撰。

胡非子一卷胡非子撰。

右墨家二部，凡一十六卷。

鬼谷子二卷蘇秦撰。

又三卷尹知章注。

又三卷樂臺撰。

補闕子十卷梁元帝撰。

右縱横家四部，凡十八卷。

尸子二十卷尸佼撰。

淮南商詁二十一卷劉安撰。

尉繚子六卷尉繚子撰。

淮南子注解二十一卷高誘撰。

呂氏春秋二十六卷呂不韋撰。

淮南鴻烈音二卷高誘撰。

三將軍論一卷嚴尤撰。
論衡三十卷王充撰。
風俗通義三十卷應劭撰。
仲長子昌言十卷仲長統撰。
萬機論八卷蔣濟撰。
篤論四卷杜恕撰。
芻蕘論五卷鍾會撰。
傅子一百二十卷傅玄撰。
默記三卷張儼撰。
新言五卷裴玄撰。
新義十八卷劉欽撰。
秦子三卷秦菁撰。
誓論三十卷張儼撰。
說林五卷孔衍撰。
又二十卷張大素撰。

抱朴子外篇五十卷葛洪撰。
時務論十二卷楊偉撰。
古今善言三十卷范泰撰。
記聞三卷徐益壽撰。
何子五卷何楷撰。
劉子十卷劉勰撰。
金樓子十卷梁元帝撰。
語麗十卷朱澹遠撰。
袖中記一卷
要覽三卷陸士衡撰。
古今注五卷崔豹撰。
採璧記三卷庾肩吾撰。
新略十卷韋道孫撰。
名數十卷徐陵撰。
典墳數十卷范謐撰。

荆楚歲時記十卷宗懍撰。
又二卷杜公瞻撰。
玉燭寶典十二卷杜臺卿撰。
四時錄十二卷王氏撰。
物始十卷謝昊撰。
事始三卷劉孝孫撰。
古今辯作錄三卷
文章始一卷任昉撰，張績補。
續文章始一卷姚察撰。
戚苑纂要十卷劉揚名撰。
張掖郡玄石圖一卷孟衆撰。
瑞應圖記二卷孫柔之撰。
張掖郡玄石圖一卷高堂隆撰。
瑞應圖讚三卷熊理撰。
祥瑞圖十卷
符瑞圖十卷顧野王撰。
皇隋靈感志十卷王邵撰。
皇隋瑞文十四卷許善心撰。
諫林十卷何望之撰。
善諫二卷虞通之撰。
諫事五卷魏徵撰。
諫苑三十卷于志寧撰。
子林二十卷孟儀撰。
子鈔三十卷沈約撰。
又三十卷庾仲容撰。
子林三十卷薛克構撰。
述正論十三卷陸澄撰。
博覽十五卷
文府七卷徐陵撰，宗道寧注。
翰墨林十卷

羣書理要五十卷魏徵撰。

麟閣詞英六十卷高宗敕撰。

右雜家七十一部，凡九百八十二卷。

氾勝之書二卷氾勝之撰。

四人月令一卷崔寔撰。

齊人要術十卷賈思勰撰。

竹譜一卷戴凱之撰。

錢譜一卷顧烜撰。

禁苑實錄一卷

種植法七十七卷諸葛穎撰。

兆人本業三卷天后撰。

相鶴經一卷浮丘公撰。

鷙擊錄二十卷堯須跋撰。

右農家二十部，凡一百九十二卷。

四部言心十卷劉守敬撰。

鷹經一卷

蠶經一卷

相馬經一卷伯樂撰。

又二卷

又二卷徐成等撰。

相馬經六十卷諸葛穎等撰。

相牛經一卷甯戚撰。

相貝經一卷

養魚經一卷范蠡撰。

鬻子一卷鬻熊撰。
燕丹子三卷燕太子撰。
笑林三卷邯鄲淳撰。
博物志十卷張華撰。
郭子三卷郭澄之撰，賈泉注。
世說八卷劉義慶撰。
續世說十卷劉孝標撰。

右小說家十三部，凡九十卷。

周髀一卷趙嬰注。
又一卷甄鸞注。
又二卷李淳風撰。
靈憲圖一卷張衡撰。
渾天儀一卷張衡撰。

小說十卷劉義慶撰。
小說十卷殷芸撰。
釋俗語八卷劉霽撰〔四〕。
辨林二十卷蕭賁撰。
酒孝經一卷劉炫定撰。
座右方三卷庾元威撰。
啓顏錄十卷侯白撰。

渾天象注一卷王蕃撰。
昕天論一卷姚信撰。
石氏星經簿贊一卷石申甫撰。
安天論一卷虞喜撰。
甘氏四七法一卷甘德撰。

論二十八宿度數一卷
荊州星占二卷劉表撰。
又二十卷劉叡撰。
天文集占七卷陳卓撰。
四方星占一卷陳卓撰。
五星占二卷陳卓撰。
天文集占三卷
天文錄三十卷祖暅之撰。

右天文二十六家，凡二百六十卷。
天文横圖一卷高文洪撰。
天文雜占一卷吳雲撰。
星占三十三卷孫僧化撰。
十二次二十八宿星占十二卷史崇撰。
乙巳占十卷李淳風撰。
靈臺祕苑一百二十卷庾季才撰。
玄機內事七卷逢行珪撰。
三統曆一卷劉歆撰。
乾象曆三卷闞澤注，闞洋撰。
魏景初曆三卷楊偉撰〔五〕。
四分曆一卷
乾象曆術三卷劉洪撰。
乾象曆三卷
宋元嘉曆二卷何承天撰。
梁大同曆一卷虞劌撰。
後魏永安曆一卷孫僧化撰。
後魏武定曆一卷

北齊天保曆一卷宋景業撰。
周天象曆二卷王琛撰。
隋開皇曆一卷劉孝孫撰。
又一卷李德林撰。
隋大業曆一卷張胄玄撰。
皇極曆一卷劉焯撰。
又一卷李淳風撰。
河西壬辰元曆一卷趙敺撰。
河西甲寅元曆一卷李淳風撰。
大唐麟德曆一卷
大唐光宅曆草十卷
周甲子元曆一卷
齊甲子曆一卷
大唐甲子元辰曆一卷瞿曇撰。
大唐戊寅曆一卷

陳七曜曆五卷吳伯善撰。
七曜本起曆二卷
七曜曆算二卷甄鸞撰。
七曜雜術二卷劉孝孫撰。
七曜曆疏三卷張胄玄撰。
曆疏一卷崔浩撰。
曆術一卷甄鸞撰。
玄曆術一卷張胄玄撰。
刻漏經一卷何承天撰。
又一卷朱史撰。
又一卷宋景撰。
大唐刻漏經一卷
九章算經一卷徐岳撰。
九章重差一卷劉向撰。
九章重差圖一卷劉徽撰。

九章算經九卷甄鸞撰。
九章雜算文二卷劉祐撰。
九章術疏九卷宋泉之撰。
五曹算經五卷甄鸞撰。
孫子算經三卷甄鸞撰注。
海島算經一卷劉徽撰。
張丘建算經一卷甄鸞撰。
夏侯陽算經三卷甄鸞注。
數術記遺一卷徐岳撰，甄鸞注。
三等數一卷董泉撰，甄鸞注。
算經要用百法一卷徐岳撰。
綴術五卷祖沖之撰，李淳風注。
五曹算經三卷甄鸞撰〔六〕。
七經算術通義七卷陰景愉撰。
緝古算術四卷王孝通撰，李淳風注。
算經表序一卷

右曆算五十八部，凡一百六十七卷。

黃帝問玄女法三卷玄女撰。
太公陰謀三卷
太公金匱二卷
太公六韜六卷
司馬法三卷田穰苴撰。
孫子兵法十三卷孫武撰，魏武帝注。
又二卷孟氏解。
又二卷沈友注。
黃石公三略三卷
三略訓三卷

張良經一卷張良撰。
雜兵法二十四卷
兵法捷要七卷魏武帝撰。
兵法要略十卷魏文帝撰。
兵記十二卷司馬彪撰。
兵林六卷孔衍撰。
玉韜十卷梁元帝撰。
眞人水鏡十卷陶弘景撰。
握鏡一卷陶弘景撰。
兵書要略十卷宇文憲撰。
太一兵法一卷
太公陰謀三十六用一卷
伍子胥兵法一卷
吳孫子三十二壘經一卷
玉帳經一卷

黃石公陰謀乘斗魁剛行軍祕一卷
武德圖五兵八陣法要一卷
三陰圖一卷
黃帝太公三宮法要訣一卷
張氏七篇七卷張良撰。
承神兵書八卷
兵機十五卷
兵書要略一卷
新授兵書三十卷隋高祖撰。
六軍鏡三卷李靖撰。
用兵撮要二卷
兵春秋一卷
許子新書軍勝十卷
金海四十七卷蕭吉撰。
王佐祕珠五卷樂產撰。

金韜十卷劉祐撰。

懸鏡十卷李淳風撰。

龍武玄兵圖二卷解忠𢨋撰。

臨戎孝經二卷員半千撰。

右兵書四十五部，凡二百八十九卷。

焦氏周易林十六卷焦贛撰。

京氏周易四時候二卷

京氏周易飛候六卷

京氏周易混沌四卷

京氏周易錯卦八卷京房撰。

費氏周易林二卷費直撰。

崔氏周易林十六卷

許氏周易雜占七卷許峻撰。

周易參同契二卷魏伯陽撰。

周易五相類一卷魏伯陽撰。

周易林四卷管輅撰。

周易雜占八卷尚廣撰。

徐氏周易筮占二十四卷徐苗撰。

周易立成占六卷

武氏周易雜占八卷武氏撰。

周易集林十二卷伏曼容撰。

又一卷伏氏撰。

連山三十卷梁元帝撰。

易林十四卷

新易林占三卷杜氏撰。

周易雜占筮決文二卷梁運撰。

周易新林一卷

周易林七卷張滿撰。
易律曆一卷
周易服藥法一卷
周易洞林解三卷郭璞撰。
洞林三卷梁元帝撰。
易三備三卷
又一卷
易髓一卷
易腦一卷郭氏撰。
孝經元辰二卷
推元辰厄命一卷
元辰章三卷
六甲周天曆一卷孫僧化作。
風角要候一卷翼奉撰。
風角六情訣一卷王琛撰。

風角十卷
風角鳥情二卷劉孝恭撰。
鳥情占一卷
鳥情逆占一卷管輅撰。
九宮經解二卷
九宮行碁經三卷鄭玄撰。
九宮行碁立成一卷王琛撰。
逆刺三卷京房撰。
婚嫁書二卷
推産婦何時産法一卷王琛撰。
産圖一卷崔知悌撰。
登壇經一卷
太一大遊曆二卷
大遊太一曆一卷
曜靈經一卷

七政曆一卷
六壬曆一卷
靈寶登圖一卷
推二十四氣曆一卷
太一曆一卷
式經一卷宋琨撰。
九旗飛變一卷鄭玄撰，李淳風注。
太史公萬歲曆一卷司馬談撰。
萬歲曆祠二卷
千歲曆祠二卷任氏撰。
黃帝飛鳥曆一卷張衡撰。
太乙飛鳥曆一卷
堪輿曆注二卷
黃帝四序堪輿二卷殷紹撰。
遁甲經一卷
遁甲文一卷伍子胥撰。
遁甲囊中經一卷
三元遁甲圖三卷葛洪撰。
遁甲萬一訣三卷
遁甲立成圖二卷
遁甲立成法三卷
遁甲九宮八門圖一卷
遁甲開山圖一卷王琛撰。
又二卷榮氏撰。
白澤圖一卷
武王須臾二卷
師曠占書一卷
東方朔占書一卷
范子問計然十五卷范蠡問，計然答。
淮南王萬畢術一卷劉安撰。

神樞靈轄十卷樂產撰。
祿命書二十卷劉孝恭撰。
又二卷王琛撰。
五行記五卷蕭吉撰。
五姓宅經二卷
陰陽書五十卷呂才撰。
青烏子三卷
葬經八卷
又十卷
又二卷蕭吉撰。
葬書地脈經一卷
墓書五陰一卷
雜墓圖一卷
墓圖立成一卷
六甲冢名雜忌要訣二卷
五姓墓圖要訣五卷孫氏撰。
壇中伏尸一卷
玄女彈五音法相冢經一卷胡君撰。
新撰陰陽書三十卷王粲撰。
龜經三卷柳彥詢撰。
又一卷劉寶眞撰。
又一卷王弘禮撰。
又一卷莊道名撰。
又一卷孫思邈撰。
百怪書一卷
祠竈經一卷
解文一卷
占夢書二卷
又三卷周宣撰。
玄悟經三卷李淳風撰。

右五行一百一十三部，凡四百八十五卷。

投壺經一卷郝沖、虞譚法撰。
大小博法二卷
皇博經一卷魏文帝撰。
大博經行碁戲法二卷
小博經一卷鮑宏撰。
博塞經一卷鮑宏撰。
二儀簙經一卷隋煬帝撰。
大博經二卷呂才撰。
碁勢六卷

右雜藝術一十八部，凡四十四卷。
碁品五卷范汪等注。
圍碁後九品序錄一卷
竹苑仙碁圖一卷
碁評一卷梁武帝撰。
象經一卷周武帝撰。
又一卷何妥撰。
又一卷王裕撰。
今古術藝十五卷
皇覽一百二十二卷何承天撰。
又八十四卷徐爰幷合。
類苑一百二十卷劉孝標撰。
壽光書苑二百卷劉香撰。

華林編略六百卷徐勉撰。
玉藻瓊林一百卷孟利貞撰。
修文殿御覽三百六十卷
玄覽一百卷天后撰。
長洲玉鏡一百三十八卷虞綽等撰。
累璧四百卷許敬宗撰。
藝文類聚一百卷歐陽詢等撰。
碧玉芳林四百五十卷孟利貞撰。
北堂書抄一百七十三卷虞世南撰。
策府五百八十二卷張大素撰。
要錄六十卷
玄門寶海一百二十卷諸葛穎撰。
書圖泉海七十卷張氏撰。
文思博要幷目一千二百一十二卷張大素撰〔七〕。
檢事書一百六十卷
三教珠英幷目一千三百一十三卷張昌宗等撰。
帝王要覽二十卷

右類事二十二部，凡七千八百八十四卷。

黃帝三部針經十三卷皇甫謐撰。
黃帝鍼灸經十二卷
黃帝八十一難經一卷秦越人撰。
明堂圖三卷秦承祖撰。
赤烏神針經一卷張子存撰。
龍銜素針經幷孔穴蝦蟇圖三卷
黃帝明堂經三卷
黃帝素問八卷

黃帝內經明堂十三卷
黃帝雜注針經一卷
黃帝十二經脈明堂五藏圖一卷
黃帝十二經明堂偃側人圖十二卷
黃帝針經十卷
黃帝明堂三卷
黃帝九靈經十二卷靈寶注。
玉匱針經十二卷
黃帝內經太素三十卷楊上善注。
三部四時五臟辨候診色脈經一卷
黃帝內經明堂類成十三卷楊上善撰。
黃帝明堂經三卷楊玄孫撰注。
灸經一卷
鈴和子十卷賈和光撰。
脈經訣三卷徐氏撰。
脈經二卷
五藏訣一卷
五藏論一卷

右明堂經脈二十六家，凡一百七十三卷。

神農本草三卷
桐君藥錄三卷桐君撰。
雷公藥對二卷
藥類二卷
本草用藥要妙二卷
本草病源合藥節度五卷
本草要術三卷
本草藥性三卷甄立言撰。

療癰疽耳眼本草要妙五卷
種芝經九卷
芝草圖一卷
吳氏本草因六卷吳普撰。
李氏本草三卷
名醫別錄三卷
藥目要用二卷
本草集經七卷陶弘景撰。
靈秀本草圖六卷原平仲撰。
諸藥異名十卷釋行智撰。
四時採取諸藥及合和四卷
本草圖經七卷蘇敬撰。
新修本草二十一卷蘇敬撰。
新修本草圖一十六卷蘇敬等撰。
本草音三卷蘇敬等撰。

本草音義二卷殷子嚴撰。
太淸神丹中經三卷
太淸神仙服食經五卷
又一卷抱朴子撰。
太淸璿璣文七卷沖和子撰。
金匱仙藥錄三卷京里先生撰。
神仙服食經十二卷京里先生撰。
太淸諸丹要錄集四卷
神仙藥食經一卷
神仙服食方十卷
神仙服食藥方十卷
服玉法幷禁忌一卷
太淸諸草木方集要三卷
太淸玉石丹藥要集三卷陶弘景撰。
太一鐵胤神丹方三卷蘇遊撰。

養生要集十卷張湛撰。
補養方三卷孟詵撰。
諸病源候論五十卷吳景撰。
四海類聚單方十六卷隋煬帝撰。
太官食法一卷
太官食方十九卷
食經九卷崔浩撰。
又十卷
又四卷竺暄撰。
四時食法一卷趙氏撰。
淮南王食經一百二十卷諸葛潁撰。
淮南王食目十卷
淮南王食經音十三卷諸葛潁撰。
食經三卷盧仁宗撰。
張仲景藥方十五卷王叔和撰。

華氏藥方十卷華佗方，吳普集。
肘後救卒方四卷葛洪撰。
補肘後救卒備急方六卷陶弘景撰。
阮河南方十六卷阮炳撰。
雜藥方一百七十卷范汪方，尹穆撰。
胡居士方三卷胡洽撰。
劉涓子男方十卷龔慶宣撰。
療癰疽金瘡要方十四卷甘濬之撰。
雜療方二十卷徐叔和撰〔八〕。
體療雜病方六卷徐叔和撰。
脚弱方八卷徐叔向撰。
藥方十七卷秦承祖撰。
療癰疽金瘡要方十二卷甘伯齊撰。
雜藥方十二卷褚澄撰。
效驗方十卷陶弘景撰。

百病膏方十卷
雜湯方八卷
療目方五卷
雜藥方十卷陳山提撰。
又六卷
雜丸方一卷
調氣方一卷釋鸞撰。
黃素方十五卷
雜湯丸散方五十七卷孝思撰。
僧深集方三十卷釋僧深撰。
删繁方十二卷謝士太撰。
徐王八代效驗方十卷徐之才撰。
徐氏落年方三卷徐嗣伯撰。
雜病論一卷徐嗣伯撰。
徐氏家祕方二卷徐之才撰。

集驗方十卷姚僧垣撰。
小品方十二卷陳延之撰。
經心方八卷宋俠撰。
名醫集驗方三卷
古今錄驗方五十卷甄權撰。
崔氏纂要方十卷崔知悌撰。
孟氏必效方十卷孟詵撰。
延年祕錄十二卷
玄感傳屍方一卷蘇遊撰。
骨蒸病灸方一卷崔知悌撰。
寒食散方并消息節度二卷
解寒食散方十三卷徐叔和撰。
婦人方十卷
又二十卷
少小方十卷

少小雜方二十卷
少小節療方一卷俞寶撰。
狐子雜訣三卷
狐子方金訣二卷葛仙公撰。
陵陽子祕訣一卷明月公撰。
神臨藥祕經一卷黃公撰。
黃白祕法一卷
又二十卷
玉房祕術一卷葛氏撰。
玉房祕錄訣八卷沖和子撰〔九〕。
類聚方二千六百卷

右醫術本草二十五家，養生十六家，病源單方二家，食經十家，雜經方五十八家，類聚方一家，共一百一十家，凡三千七百八十九卷。

丁部集錄，三類，共八百九十部，書一萬二千二十八卷。

楚辭類一　別集類二　總集類三

楚詞十六卷王逸注。
楚詞十卷郭璞注。
楚詞九悼一卷楊穆撰。
離騷草木蟲魚疏一卷劉杳撰。

楚詞音一卷孟奧撰。
又一卷徐邈撰。
又一卷釋道騫撰。
漢武帝集二卷
魏武帝集三十卷
魏文帝集十卷
魏明帝集十卷
魏高貴鄉公集二卷
晉宣帝集十卷
晉文帝集一卷
晉明帝集五卷
晉簡文帝集五卷
宋武帝集二十卷
宋文帝集十卷
梁文帝集十八卷
梁武帝集十卷
梁簡文帝集八十卷
梁元帝集五十卷
梁元帝集十卷
後魏明帝集一卷
後魏文帝集四十卷
後周明帝集十卷
陳後主集五十卷
隋煬帝集三十卷
太宗文皇帝集三十卷
高宗大帝集八十六卷
中宗皇帝集四十卷
睿宗皇帝集十卷
垂拱集一百卷
金輪集十卷天后撰。

梁昭明太子集二十卷
漢淮南王集二卷
漢東平王集二卷
魏陳思王集二十卷
又三十卷
晉齊王集二卷
晉會稽王集八卷
晉彭城王集八卷
晉譙王集三卷
宋長沙王集十卷
宋臨川王集八卷
宋衡陽王集十卷
宋江夏王集十三卷
宋南平王集五卷
宋建平王集十卷

宋建平王小集十五卷
齊竟陵王集三十卷
梁邵陵王集四卷
梁武陵王集八卷
後周趙王集十卷
後周滕王集十二卷
趙荀況集二卷
楚宋玉集二卷
前漢賈誼集二卷
枚乘集二卷
司馬遷集二卷
東方朔集二卷
董仲舒集二卷
李陵集二卷
司馬相如集二卷

孔臧集二卷
魏相集二卷
張敞集二卷
韋玄成集二卷
劉向集五卷
王褒集五卷
谷永集五卷
杜鄴集五卷
師丹集五卷
息夫躬集五卷
劉歆集五卷
楊雄集五卷
崔篆集一卷
後漢桓譚集二卷
史岑集二卷

王文山集二卷
朱勃集二卷
梁鴻集二卷
黃香集二卷
馮衍集五卷
班彪集二卷
杜篤集五卷
傅毅集五卷
班固集十卷
崔駰集十卷
賈逵集二卷
劉騊駼集二卷
崔瑗集五卷
蘇順集二卷
竇章集二卷

胡廣集二卷
高彪集二卷
王逸集二卷
桓驎集二卷
邊韶集二卷
皇甫規集五卷
張奐集二卷
朱穆集二卷
趙壹集二卷
張升集二卷
侯瑾集二卷
酈炎集二卷
盧植集二卷
劉珍集二卷
張衡集十卷

葛龔集五卷
李固集十卷
馬融集五卷
崔琦集二卷
延篤集二卷
劉陶集二卷
荀爽集二卷
劉梁集二卷
鄭玄集二卷
蔡邕集二十卷
應劭集四卷
士孫瑞集二卷
張劭集五卷
禰衡集二卷
孔融集十卷

虞翻集三卷
潘勗集二卷
阮瑀集五卷
陳琳集十卷
張紘集一卷
繁欽集十卷
楊修集二卷
王粲集十卷
魏華歆集二十卷
王朗集三十卷
邯鄲淳集二卷
袁渙集五卷
應瑒集二卷
徐幹集五卷
劉楨集二卷

路粹集二卷
丁儀集二卷
丁廙集二卷
吳質集五卷
劉廙集二卷
孟達集三卷
陳羣集三卷
王修集三卷
管寧集二卷
劉邵集二卷
麋元集五卷
李康集二卷
孫該集二卷
卞蘭集二卷
傅巽集二卷

高堂隆集十卷
繆襲集五卷
殷褒集二卷
韋誕集三卷
曹羲集五卷
傅嘏集二卷
桓範集二卷
夏侯霸集二卷
鍾毓集五卷
江奉集二卷
夏侯惠集二卷
毌丘儉集二卷
王弼集五卷
呂安集二卷
王昶集五卷

王肅集五卷
何晏集十卷
應璩集十卷
杜摯集一卷
夏侯玄集二卷
程曉集二卷
阮籍集五卷
嵇康集十五卷
鍾會集十卷
蜀許靖集二卷
諸葛亮集二十四卷
吳張温集五卷
士燮集五卷
駱統集十卷
暨豔集二卷

謝承集四卷
姚信集十卷
楊厚集二卷
華覈集三卷
胡綜集二卷
薛綜集二卷
張儼集二卷
韋昭集二卷
紀隲集三卷
晉王沉集五卷
鄭袤集二卷
應貞集五卷
嵇喜集二卷
傅玄集五十卷
成公綏集十卷

裴秀集三卷
何禎集五卷
袁準集二卷
山濤集五卷
向秀集二卷
阮沖集二卷
阮侃集五卷
羊祜集二卷
賈充集二卷
荀勗集二十卷
杜預集二十卷
王濬集二卷
皇甫謐集二卷
程咸集二卷
劉毅集二卷

庾峻集三卷
郄正集一卷
薛瑩集二卷
楊泉集二卷
陶濬集三卷
宣聘集三卷
曹志集二卷
鄒湛集四卷
孫毓集二卷
王渾集五卷
王深集四卷
江偉集五卷
閔鴻集二卷
裴楷集二卷
何劭集二卷

劉頌集三卷
劉寔集二卷
裴頠集十卷
許孟集二卷
王祜集二卷
王濟集二卷
華嶠集一卷
庾儵集三卷
謝衡集二卷
傅咸集三十卷
棗據集二卷
劉寶集三卷
孫楚集十卷
王讚集三卷
夏侯湛集十卷

夏侯淳集十卷
張敏集二卷
劉訏集二卷
李重集二卷
樂廣集二卷
阮渾集二卷
楊乂集三卷
張華集十卷
李虔集十卷
石崇集五卷
潘岳集十卷
潘尼集十卷
歐陽建集二卷
嵇紹集二卷
衞展集四十卷〔一〇〕

盧播集二卷
欒肇集二卷
應亨集二卷
司馬彪集三卷
杜育集二卷
摯虞集二卷
繆徵集二卷
左思集五卷
夏侯靖集二卷
鄭豐集二卷
陳略集二卷
張翰集二卷
陸機集十五卷
陸雲集十卷
陸沖集二卷

孫極集二卷
張載集三卷
張協集二卷
束晳集五卷
華譚集二卷
曹攄集二卷
江統集十卷
胡濟集五卷
卞粹集二卷
閭丘沖集二卷
庾敳集二卷
阮瞻集二卷
阮循集二卷
裴邈集二卷
郭象集五卷

嵇含集十卷
孫惠集十卷
蔡洪集三卷
牽秀集五卷
蔡克集二卷
索靖集二卷
閭纂集二卷
張輔集二卷
殷巨集二卷
陶佐集五卷
仲長敖集二卷
虞溥集二卷
吳商集五卷
劉弘集三卷
山簡集二卷

宗岱集三卷
王曠集五卷
王峻集二卷
棗腆集二卷
棗嵩集二卷
劉琨集十卷
盧諶集十卷
傅暢集五卷
東晉顧榮集二卷
荀組集二卷
周顗集二卷
周嵩集三卷
王導集十卷
荀邃集二卷
王敦集五卷

謝鯤集二卷
張抗集二卷
賈霖集三卷
劉隗集三卷
應詹集三卷
陶侃集二卷
王洽集三卷
傅毅集五卷
張闓集三卷
卞壼集二卷
劉超集二卷
楊方集二卷
傅純集二卷
郗鑒集十卷
温嶠集十卷

孔坦集五卷
王濤集五卷
王篋集五卷
甄述集五卷
戴邈集五卷
賀循集二十卷
張俊集二卷
曾瓌集五卷
熊遠集五卷
郭璞集十卷
王鑒集五卷
庾亮集二十卷
虞預集十卷
顧和集五卷
范宣集十卷

張虞集五卷
庾冰集二十卷
庾翼集二十卷
何充集五卷
諸葛恢集五卷
祖台之集十五卷
李充集十四卷
蔡謨集十卷
謝艾集八卷
范汪集八卷
范甯集十五卷
阮放集五卷
王廙集十卷
王彪之集二十卷
謝安集五卷

謝萬集十卷
王羲之集五卷
干寶集四卷
殷融集十卷
劉遐集五卷
殷浩集五卷
劉惔集二卷
王濛集五卷
謝尙集五卷
張憑集五卷
張望集三卷
韓康伯集五卷
王胡之集五卷
江虨集五卷
范宣集五卷
江淳集五卷
王述集五卷
郝默集五卷
黃整集十卷
王洽集二卷
王度集五卷
劉系之集五卷
劉恢集五卷
范起集五卷
殷康集五卷
孫嗣集三卷
王坦之集五卷
桓溫集二十卷
郗超集十五卷
謝朗集五卷

謝玄集十卷
王珣集十卷
許詢集三卷
孫統集五卷
孫綽集十五卷
孔嚴集五卷
江逌集五卷
車灌集五卷
丁纂集二卷
曹毗集十五卷
蔡系集二卷
李顒集十卷
顧夷集五卷
袁喬集五卷
謝沉集五卷

庾闡集十卷
王隱集十卷
殷允集十卷
徐邈集八卷
殷仲堪集十卷
殷叔獻集三卷
伏滔集五卷
桓嗣集五卷
習鑿齒集五卷
鈕滔集五卷
邵毅集五卷
孫盛集十卷
袁質集二卷
袁宏集二十卷
袁邵集三卷

羅含集三卷
孫放集十五卷
辛昞集四卷
庾統集二卷
郭愔集五卷
滕輔集五卷
庾龢集二卷
庾軌集二卷
庾蒨集二卷
庾肅之集十卷
王修集二卷
戴逵集十卷
桓玄集二十卷
殷仲文集七卷
卞湛集五卷

蘇彥集十卷
袁豹集十卷
王謐集十卷
周祗集十卷
梅陶集十卷
湛方生集十卷
劉瑾集八卷
羊徽集一卷
卞裕集十四卷
王愆期集十卷
孔璠之集二卷
王茂略集四卷
薄肅之集十卷
滕演集一卷
宋劉義宗集十五卷

謝瞻集二卷
孔琳之集十卷
王叔之集十卷
徐廣集十五卷
孔甯子集十五卷
蔡廓集十卷
傅亮集十卷
孫康集十卷
鄭鮮之集二十卷
陶淵明集五卷
范泰集二十卷
王弘集二十卷
謝靈運集十五卷
荀昶集十四卷
孔欣集八卷

卞伯玉集五卷
王曇首集二卷
謝弘微集二卷
王韶之集二十四卷
沈林子集七卷
姚濤之集二十卷
賀道養集十卷
衞令元集八卷
褚詮之集八卷
荀欽明集六卷
殷淳集三卷
劉瑀集七卷
劉緄集五卷
雷次宗集三十卷
宗炳集十五卷

伍緝之集十一卷
荀雍集十卷
袁淑集十卷
顏延之集三十卷
王微集十卷
王僧達集十卷
張暢集十四卷
何偃集八卷
沈懷文集十三卷
江智泉集十卷
謝莊集十五卷
殷琰集八卷
顏竣集十三卷
何承天集三十卷
裴松之集三十卷

卞瑾集十卷
丘泉之集六卷
顏測集十一卷
湯惠休集三卷
沈勃集十五卷
徐爰集十卷
鮑照集十卷
庾蔚之集十一卷
虞通之集五卷
劉愔集十卷
孫緬集十卷
袁伯文集十卷
袁粲集十卷
齊褚彦回集十五卷
王儉集六十卷

周顒集二十卷
徐孝嗣集十二卷
王融集十卷
謝朓集十卷
孔稚珪集十卷
陸厥集十卷
虞羲集十一卷
宗躬集十二卷
江奐集十一卷
張融玉海集六十卷
梁范雲集十二卷
江淹前集十卷
江淹後集十卷
任昉集三十四卷
宗史集十卷

王揀集二十卷
魏道微集三卷
司馬褧集九卷
沈約集一百卷
沈約集略三十卷
傅昭集十卷
袁昂集二十卷
徐勉前集二十五卷
徐勉後集十六卷
陶弘景集三十卷
周捨集二十卷
何遜集八卷
謝琛集五卷
謝郁集五卷
王僧孺集三十卷

張率集三十卷
楊眺集十卷
鮑畿集八卷
周興嗣集十卷
蕭洽集二卷
裴子野集十四卷
庾景興集十卷
陸倕集二十卷
劉之遴前集十卷
劉之遴後集三十卷
虞嚼集六卷
王冏集三卷
劉孝綽集十一卷
劉孝儀集二十卷
劉孝威前集十卷
劉孝威後集十卷
丘遲集十卷
王錫集七卷
蕭子範集三卷
蕭子雲集二十卷
蕭子暉集十一卷
江革集十卷
吳均集二十卷
庾肩吾集十卷
王筠洗馬集十卷
王筠中庶子集十卷
王筠左右集十卷
王筠臨海集十卷
王筠中書集十卷
王筠尚書集十一卷

鮑泉集一卷
謝瑱集十卷
任孝恭集十卷
張纘集十卷
陸雲公集四卷
張綰集十卷
甄玄成集十卷
蕭欣集十卷
沈君攸集十二卷
後魏高允集二十卷
宗欽集二卷
李諧集十卷
韓宗集五卷
袁躍集九卷
薛孝通集六卷

温子昇集二十五卷
盧元明集六卷
陽固集三卷
魏孝景集一卷
北齊楊休之集二十卷
邢子才集三十卷
魏收集七十卷
劉逖集四十卷
後周宗懔集三十卷
王褒集三十卷
蕭撝集十卷
庾信集二十卷
王衡集三卷
陳沈炯前集六卷
沈炯後集十三卷

周弘正集二十卷
徐陵集三十卷
張正見集四卷
陸玠集五卷
陸瑜集十卷
沈不害集十卷
張式集十三卷
褚介集十卷
顧越集二卷
顧覽集五卷
姚察集二十卷
隋盧思道集二十卷
李元操集二十二卷
辛德源集三十卷
李德林集十卷
牛弘集十二卷
薛道衡集三十卷
何妥集十卷
柳顧言集十卷
江總集二十卷
殷英童集三十卷
蕭慤集九卷
魏澹集四卷
尹式集五卷
諸葛穎集十四卷
王胄集十卷
虞茂代集五卷
劉興宗集三卷
李播集三卷
唐陳叔達集五卷

褚亮集二十卷
虞世南集三十卷
蕭瑀集一卷
沈齊家集十卷
薛收集十卷
楊師道集十卷
庾抱集六卷
孔穎達集五卷
王績集五卷
郎楚之集十卷
魏徵集二十卷
許敬宗集六十卷
于志寧集四十卷
上官儀集三十卷
李義府集三十九卷

顏師古集四十卷
岑文本集六十卷
劉子翼集十卷
殷聞禮集十卷
陸士季集十卷
劉孝孫集三十卷
鄭代翼集八卷
崔君實集十卷
李百藥集三十卷
孔紹安集三卷
高季輔集二卷
温彥博集二十卷
李玄道集十卷
謝偃集十卷
沈叔安集二十卷

陸楷集十卷
曹憲集三十卷
蕭德言集三十卷
潘求仁集三卷
殷芊集三卷
蕭鈞集三十卷
袁朗集四卷
楊續集十卷
王約集一卷
任希古集五卷
凌敬集十四卷
王德儉集十卷
徐孝德集十卷
杜之松集十卷
宋令文集十卷

陳子良集十卷
顏頵集十卷
劉潁集十卷
司馬僉集十卷
鄭秀集十二卷
耿義褒集七卷
楊元亨集五卷
劉綱集三卷
王歸一集十卷
馬周集十卷
薛元超集三十卷
高智周集五卷
褚遂良集二十卷
劉禕之集五十卷
郝處俊集十卷

崔知悌集五卷
李安期集二十卷
唐覲集五卷
張大素集十卷
鄧玄挺集十卷
劉允濟集二十卷
駱賓王集十卷
盧照隣集二十卷
楊炯集三十卷
王勃集三十卷
狄仁傑集十卷
李懷遠集八卷
盧受采集十卷
王適集二十卷
喬知之集二十卷

蘇味道集十五卷
薛曜集二十卷
郎餘慶集十卷
盧光容集五卷
崔融集四十卷
閻鏡機集十卷
李嶠集三十卷
喬備集六卷
陳子昂集十卷
元希聲集十卷
李適集二十卷
沈佺期集十卷
徐彥伯前集十卷
後集十卷
宋之問集十卷

杜審言集十卷
谷倚集十卷
富嘉謨集十卷
吳少微集十卷
劉希夷集三卷
張柬之集十卷
桓彥範集三卷
韋承慶集六十卷
閭丘均集三十卷
郭元振集二十卷
魏知古集二十卷
閻朝隱集五卷
蘇瓌集十卷
員半千集十卷
李乂集五卷

姚崇集十卷
丘悅集十卷
劉子玄集十卷
盧藏用集二十卷
道士江旻集三十卷
沙門曇諦集六卷
沙門惠遠集十五卷
沙門惠琳集五卷
沙門曇瑗集六卷
沙門亡名集十卷
沙門靈裕集二卷
沙門支遁集十卷
曹大家集二卷
鍾夫人集二卷
劉臻妻陳氏集五卷

左九嬪集一卷

臨安公主集三卷

范靖妻沈滿願集五卷

徐悱妻劉氏集六卷

文章流別集三十卷摯虞撰。

善文四十九卷杜預撰。

名文集四十卷謝沈撰。

文苑一百卷孔逭撰。

文選三十卷梁昭明太子撰。

文選六十卷李善注。

又六十卷公孫羅注。

文選音十卷蕭該撰。

又十卷公孫羅撰。

文選音義十卷釋道淹撰。

小詞林五十三卷

集古今帝王正位文章九十卷

文海集三十六卷蕭圓撰。

詞苑麗則二十卷康明貞撰。

芳林要覽三百卷許敬宗撰。

類文三百七十七卷庾自直撰。

文館詞林一千卷許敬宗撰。

賦集四十卷宋明帝撰。

皇帝瑞應頌集十卷

五都賦五卷

獻賦集十卷卞鑠撰。

上林賦一卷司馬相如撰。

幽通賦一卷班固撰，曹大家注。

又一卷項岱撰。

二京賦二卷張衡撰。

二京賦音二卷薛綜撰。

三都賦三卷
齊都賦一卷左太沖撰。
齊都賦音一卷李軌撰。
百賦音一卷褚令之撰。
賦音二卷郭微之撰。
三京賦音一卷綦毋邃撰。
木連理頌二卷
靖恭堂頌一卷李暠撰〔二〕。
諸郡碑一百六十六卷
雜碑文集二十卷
翰林論二卷李充撰。
雜論九十五卷殷仲堪撰。
設論集三卷劉楷撰。
又五卷謝靈運撰。
連珠集五卷謝靈運撰。

制旨連珠四卷梁武帝撰。
又十一卷陸緬撰。
讚集五卷謝莊撰。
七國敍讚十卷
吳國先賢讚論三卷
會稽先賢讚四卷賀氏撰。
會稽太守像讚二卷賀氏撰。
列女傳敍讚一卷孫夫人撰。
古今箴銘集十三卷張湛撰。
衆賢誡集十五卷
雜誡箴二十四卷
詔集區別二十七卷宋幹撰。
霸朝雜集五卷李德林撰。
古今詔集三十卷溫彥博撰。
又一百卷李義府撰。

聖朝詔集三十卷薛堯撰。
書集八十卷王履撰。
書林六卷夏赤松撰。
山濤啓事三卷
范甯啓事十卷〔二二〕
梁中書表集二百五十卷
薦文集七卷
宋元嘉策五卷
策集六卷謝靈運撰。
七林集十二卷卞氏撰。
七悟集一卷顏延之撰。
俳諧文十五卷袁淑撰。
弘明集十四卷釋僧祐撰。
廣弘明集三十卷釋道宣撰。
陶神論五卷釋靈祐撰。

婦人訓誡集十卷徐湛之撰〔二三〕。
婦人詩集二卷顏竣撰。
女訓集六卷〔二四〕
文釋十卷江邃撰。
文心雕龍十卷劉勰撰。
百志詩集五卷干寶撰。
百國詩集二十九卷崔光撰。
百一詩八卷應璩撰。
百一詩集二卷李夔撰。
清溪集三十卷齊武帝命撰。
晉元氏宴會遊集四卷伏滔、袁豹、謝靈運等撰〔二五〕。
元嘉宴會遊山詩集五卷
元嘉西池宴會詩集三卷顏延之撰。
齊釋奠會詩集二十卷

文會詩集四卷徐伯陽撰。
文林詩府六卷北齊後主作。
西府新文十卷蕭淑撰。
詩集新撰三十卷宋明帝撰。
詩集二十卷宋明帝撰。
詩集抄十卷謝靈運撰。
詩集五十卷謝靈運撰。
詩集二十卷劉和撰。
又一百卷顏竣撰。
詩例錄二卷顏竣撰。
詩英十卷謝靈運撰。
古今詩苑英華集二十卷梁昭明太子撰。
續古今詩苑英華二十卷釋惠靜撰。
詩林英選十一卷
類集一百一十三卷庾緯等撰。
詩纘十二卷
又詞英八卷
六代詩集鈔四卷徐陵撰。
古今類序詩苑三十卷劉孝孫撰。
麗正文苑二十卷許敬宗撰。
古今詩類聚七十九卷郭瑜撰。
歌錄集八卷
漢魏吳晉鼓吹曲四卷
樂府歌詩十卷
太樂雜歌詞三卷荀勗撰。
太樂歌詞二卷
樂府歌詞十卷
樂府歌詩十卷
三調相和歌詞三卷
新撰錄樂府集十一卷謝靈運撰。

玉臺新詠十卷徐陵撰。

迴文詩集一卷謝靈運撰。

金門待詔集十卷劉允濟撰。

集苑六十卷謝琨撰(二六)。

集林二百卷劉義慶撰。

集鈔四十卷

右集錄楚詞七家；帝王二十七家，太子諸王二十一家，七國趙、楚各一家，前漢二十家，後漢五十家，魏四十六家，蜀二家，吳十四家，西晉一百一十九家，東晉一百四十四家，宋六十家，南齊十二家，梁五十九家，陳十四家，後魏十家，北齊四家，周五家，隋十八家，唐一百一十二家，沙門七家，婦人七家；總集一百二十四家。凡八百九十二部，一萬二千二十八卷。

三代之書，經秦燔煬殆盡。漢武帝、河間王始重儒術，於灰燼之餘，拓纂亡散，篇卷僅而復存。劉更生石渠典校之書，卷軸無幾，逮歆之七略，在漢藝文志者，裁三萬三千九百卷。後漢蘭臺、石室、東觀、南宮諸儒撰集，部帙漸增。董卓遷都，載舟西上，因罹寇盜，沉之於河，存者數船而已。及魏武父子，採掇遺亡，至晉總括羣書，裁二萬七千九百四十五卷。及永嘉之亂，洛都覆沒，靡有孑遺。江表所存官書，凡三千一十四卷。至宋謝靈運造四部書目錄，凡四千五百八十二卷。其後王儉復造書目，凡五千七十四卷。南齊王亮、謝朏

四部書目，凡一萬八千一十卷。齊末兵火延燒祕閣〔七〕，書籍煨燼。梁元帝克平侯景，收公私經籍歸于江陵，凡七萬餘卷。蓋佛老之書，計於其間。及周師入郢，咸自焚煬。周武保定之中，官書裁盈萬卷。平齊所得，數止五千。及隋氏平陳，南北一統，祕書監牛弘奏請搜訪遺逸，著定書目，凡三萬餘卷。煬帝寫五十副本，分爲三品。國家平王世充，收其圖籍，泝河西上，多有沈沒，存者重復八萬卷。自武德已後，文士既有修纂，篇卷滋多。開元時，甲乙丙丁四部書各爲一庫，置知書官八人分掌之。凡四部庫書，兩京各一本，共一十二萬五千九百六十卷，皆以益州麻紙寫。其集賢院御書：經庫皆鈿白牙軸，黄縹帶，紅牙籤；史書庫鈿青牙軸，縹帶，綠牙籤；子庫皆雕紫檀軸，紫帶，碧牙籤；集庫皆綠牙軸，朱帶，白牙籤，以分別之。

校勘記

〔一〕通語十卷文禮撰殷興續　「興」字各本原作「輿」，據隋志、新志改。

〔二〕鳳樓新誡二十卷張后撰　本書卷六則天紀中，述及其所撰書有鳳樓新誡二十卷，而卷五二張皇后傳中，幷未述及其曾撰此書。此題「張后」，疑誤。

〔三〕老子玄譜一卷劉道人撰　聞本、殿本、懼盈齋本、局本同；廣本、隋志「道人」作「遺民」。校勘記

卷二九云：「唐時避諱改『民』爲『人』，後又誤『遺』爲『道』耳。」

〔四〕釋俗語八卷劉霽撰　「霽」字各本原作「齊」，據隋志及梁書卷四七劉霽傳改。

〔五〕魏景初曆三卷楊褘撰　「褘」字隋志、新志作「偉」。

〔六〕五曹算經三卷甄鸞撰　「三卷」，新志作「五卷」。校勘記卷二九云：「按甄鸞所注五曹算經五卷，已見於上文，則此處三卷之書，必非甄鸞所撰。」

〔七〕文思博要幷目一千二百一十二卷張大素撰　殿本考證云：「新書高士廉等十六人奉詔撰，無張大素名，當從新書。」

〔八〕雜療方二十卷徐叔和撰　隋志、新志「和」作「嚮」。下體療雜病方、解寒食散方條同。

〔九〕玉房祕錄訣八卷沖和子撰　「玉房祕錄訣」，聞本原作「□房祕錄訣」。殿本、懼盈齋本作「房秘祿訣」，局本作「房祕祿訣」。廣本作「玉房秘訣」，隋志作「玉房祕決」，據補「玉」字。

〔一〇〕衞展集四十卷　「四十卷」，隋志作「十二卷」，幷云：「梁十五卷」。新志作「十四卷」。

〔一一〕靖恭堂頌一卷李暠撰　「李暠」，各本原作「李嵩」，隋志、新志作「李暠」。晉書卷八七涼武昭王李玄盛傳：「暠字玄盛，有靖恭堂。據改。

〔一二〕范甯啓事十卷　「范」字各本原作「苑」，據隋志及晉書卷七五范汪傳改。

〔一三〕婦人訓誡集十卷徐湛之撰　「誡」字各本原作「解」，「之」字各本原無。據隋志改、補。

〔一四〕女訓集六卷　「女」字各本原作「文」，據隋志、新志改。

〔一五〕晉元氏宴會遊集四卷伏滔袁豹謝靈運等撰　「元氏」，聞本、殿本、懼盈齋本同，局本作「元王」，廣本、新志作「元正」。

〔一六〕集苑六十卷謝琨撰　隋志不著撰人，新志「琨」作「混」。校勘記卷二九云：「謝混見於晉書，而謝琨無考，當以『混』字爲是。」

〔一七〕齊末兵火延燒祕閣　「末」字各本原作「宋」，據隋志改。此處所云之齊末係指梁武帝伐齊東昏侯事。

舊唐書卷四十八

志第二十八

食貨上

先王之制，度地以居人，均其沃瘠，差其貢賦，蓋斂之必以道也。量入而爲出，節用而愛人，度財省費，蓋用之必有度也。是故既庶且富，而教化行焉。周有井田之制，秦有阡陌之法，二世發閭左而海內崩離，漢武稅舟車而國用以竭。自古有國有家，興亡盛衰，未嘗不由此也。隋文帝因周氏平齊之後，府庫充實，庶事節儉，未嘗虛費。開皇之初，議者以比漢代文、景，有粟陳貫朽之積。煬帝即位，大縱奢靡，加以東西行幸，輿駕不息，征討四夷，兵車屢動，西失律於沙徼，東喪師於遼、碣。數年之間，公私罄竭，財力既殫，國遂亡矣。

高祖發跡太原，因晉陽宮留守庫物，以供軍用。既平京城，先封府庫，賞賜給用，皆有節制，徵斂賦役，務在寬簡，未及踰年，遂成帝業。其後掌財賦者，世有人焉。開元已前，事

歸尚書省，開元已後，權移他官，由是有轉運使、租庸使、鹽鐵使、度支鹽鐵轉運使、常平鑄錢鹽鐵使、租庸青苗使、水陸運鹽鐵租庸使、兩稅使，隨事立名，沿革不一。設官分職，選賢任能，得其人則有益於國家，非其才則貽患於黎庶，此又不可不知也。如裴耀卿、劉晏、李巽數君子，便時利物，富國安民，足爲世法者也。

開元中，有御史宇文融獻策，括籍外剩田、色役僞濫，及逃戶許歸首，免五年征賦。每丁量稅一千五百錢，置攝御史，分路檢括隱審。得戶八十餘萬，田亦稱是，得錢數百萬貫。玄宗以爲能，數年間拔爲御史中丞、戶部侍郎。融又畫策開河北王莽河，溉田數千頃，以營稻田。事未果而融敗。時又楊崇禮爲太府卿，清嚴善勾剝，分寸錙銖，躬親不厭。轉輸納欠，折估漬損，必令徵送。天下州縣徵財帛，四時不止。及老病致仕，以其子愼矜爲御史，專知太府出納，其弟愼名又專知京倉，皆以苛刻害人，承主恩而徵責。又有韋堅，規宇文融、楊愼矜之跡，乃請於江淮轉運租米，取州縣義倉粟，轉市輕貨，差富戶押船，若遲留損壞，皆徵船戶。關中漕渠，鑿廣運潭以挽山東之粟，歲四百萬石。帝以爲能，又至貴盛。又王鉷進計，奮身自爲戶口色役使，徵剝財貨，每歲進錢百億，寶貨稱是。云非正額租庸，便入百寶大盈庫，以供人主宴私賞賜之用。玄宗日益眷之，數年間亦爲御史大夫、京兆尹，帶二十餘使。又楊國忠藉椒房之勢，承恩幸，帶四十餘使。云經其聽覽，必數倍弘益，又見寵

貴。太平既久，天下至安，人不願亂。而此數人，設詭計以侵擾之，凡二十五人，同爲剝喪，而人無敢言之者。

及安祿山反於范陽，兩京倉庫盈溢而不可名。楊國忠設計，稱不可耗正庫之物，乃使御史崔衆於河東納錢度僧尼道士，旬日間得錢百萬。玄宗幸巴蜀，鄭昉使劍南，請於江陵稅鹽麻以資國，官置吏以督之。肅宗建號於靈武，後用雲間鄭叔淸爲御史，於江淮間豪族富商率貸及賣官爵，以裨國用。

德宗朝討河朔及李希烈，物力耗竭。趙贊司國計，纖瑣刻剝，以爲國用不足，宜賦取於下，以資軍蓄。與諫官陳京等更陳計策，贊請稅京師居人屋宅，據其間架差等計入，陳京又請籍列肆商賈資產，以分數借之。宰相同爲欺罔，遂行其計。中外沸騰，人懷怨望。時又配王公已下及嘗在方鎭之家出家僮及馬以助征行，公私囂然矣。後又張滂、裴延齡、王涯等，剝下媚上，此皆足爲世戒者也。

先是興元克復京師後，府藏盡虛，諸道初有進奉，以資經費，復時有宣索。其後諸賊既平，朝廷無事，常賦之外，進奉不息。韋皐劍南有日進，李兼江西有月進，杜亞揚州、劉贊宣州、王緯李錡浙西，皆競爲進奉，以固恩澤。貢入之奏，皆曰臣於正稅外方圓，亦曰羨餘。節度使或託言密旨，乘此盜貿官物。諸道有謫罰官吏入其財者，刻祿廩，通津達道者稅之，

蒔蔬藝果者稅之，死亡者稅之。節度觀察交代，或先期稅入以爲進奉。然十獻其二三耳，其餘沒入，不可勝紀。此節度使進奉也。其後裴肅爲常州刺史，乃鬻貨薪炭案牘，百賈之上，皆規利焉。歲餘又進奉。無幾，遷浙東觀察使。天下刺史進奉，自肅始也。劉贊死於宣州，嚴綬爲判官，傾軍府資用進奉。無幾，拜刑部員外郎。天下判官進奉，自綬始也。習以爲常，流宕忘返。

大抵有唐之御天下也，有兩稅焉，有鹽鐵焉，有漕運焉，有倉廩焉，有雜稅焉。今考其本末，敍其否臧，以爲食貨志云。

武德七年，始定律令。以度田之制：五尺爲步，步二百四十爲畝，畝百爲頃。丁男、中男給一頃，篤疾、廢疾給四十畝，寡妻妾三十畝。若爲戶者加二十畝。所授之田，十分之二爲世業，八爲口分。世業之田，身死則承戶者便授之；口分，則收入官，更以給人。賦役之法：每丁歲入租粟二石。調則隨鄉土所產，綾絹絁各二丈，布加五分之一。輸綾絹絁者，兼調綿三兩；輸布者，麻三斤。凡丁，歲役二旬。若不役，則收其傭，每日三尺。有事而加役者，旬有五日免其調，三旬則租調俱免。通正役，並不過五十日。若嶺南諸州則稅米，上戶一石二斗，次戶八斗，下戶六斗。若夷獠之戶，皆從半輸。蕃胡內附者，上戶丁稅錢十文，

次戶五文，下戶免之。附經二年者，上戶丁輸羊二口，次戶一口，下三戶共一口。凡水旱蟲霜爲災，十分損四已上免租，損六已上免調，損七已上課役俱免。

凡天下人戶，量其資產，定爲九等。每三年，縣司注定，州司覆之。百戶爲里，五里爲鄉。四家爲鄰，五家爲保〔一〕。在邑居者爲坊，在田野者爲村。村坊鄰里，遞相督察。士農工商，四人各業。食祿之家，不得與下人爭利。工商雜類，不得預於士伍。男女始生者爲黃，四歲爲小，十六爲中，二十一爲丁，六十爲老。每歲一造計帳，三年一造戶籍。州縣留五比，尚書省留三比。神龍元年，韋庶人爲皇后，務欲求媚於人，上表請以二十二爲丁，五十八爲老，制從之。及韋氏誅，復舊。至天寶三年，又降優制，以十八爲中男，二十二爲丁。天下籍始造四本，京師及東京尚書省、戶部各貯一本，以備車駕行幸，省於載運之費焉。

凡權衡度量之制：度，以北方秬黍中者一黍之廣爲分〔二〕，十分爲寸，十寸爲尺，十尺爲丈。量，以秬黍中者容一千二百爲龠，二龠爲合，十合爲升，十升爲斗；三升爲大升，三斗爲大斗，十大斗爲斛〔三〕。權衡，以秬黍中者百黍之重爲銖，二十四銖爲兩，三兩爲大兩，十六兩爲斤。調鐘律，測晷景，合湯藥及冠冕，制用小升小兩，自餘公私用大升大兩。又山東諸州，以一尺二寸爲大尺，人間行用之。其量制，公私又不用龠，合內之分，則有抄撮之細。

天寶九載二月，敕：「車軸長七尺二寸，麵三斤四兩，鹽斗，量除陌錢每貫二十文。」

先是，開元八年正月，敕：「頃者以庸調無憑，好惡須準，故遣作樣以頒諸州，令其好不得過精，惡不得至濫，任土作貢，防源斯在。而諸州送物，作巧生端，苟欲副於斤兩，遂則加其丈尺，至有五丈爲疋者，理甚不然。闊一尺八寸，長四丈，同文共軌，其事久行，立樣之時，亦載此數。若求兩而加尺，甚暮四而朝三。宜令所司簡閱，有踰於比年常例，丈尺過多，奏聞。」

二十二年五月，敕：「定戶口之時，百姓非商戶郭外居宅及每丁一牛，不得將入貨財數。其雜匠及幕士并諸色同類，有番役合免征行者，一戶之內，四丁已上，任此色役不得過兩人，三丁已上，不得過一人。」其年七月十八日，敕：「自今已後，京兆府關內諸州，應徵庸調及資課，並限十月三十日畢。」至天寶三載二月二十五日赦文：「每載庸調八月徵，以農功未畢，恐難濟辦。自今已後，延至九月三十日爲限。」

二十五年三月，敕：「關輔庸調，所稅非少，既寡蠶桑，皆資菽粟，常賤糶貴買，損費逾深。又江淮等苦變造之勞，河路增轉輸之弊，每計其運脚，數倍加錢。今歲屬和平，庶物穰賤，南畝有十千之獲，京師同水火之饒，均其餘以減遠費，順其便使農無傷。自今已後，關內諸州庸調資課，並宜準時價變粟取米，送至京逐要支用。其路遠處不可運送者，宜所在收

貯，便充隨近軍粮。其河南、河北有不通水利，宜折租造絹，以代關中調課。所司仍明爲條件，稱朕意焉。」

天寶元年正月一日赦文：「如聞百姓之內，有戶高丁多，苟爲規避，父母見在，乃別籍異居。宜令州縣勘會。其一家之中，有十丁已上者，放兩丁征行賦役；五丁已上，放一丁。卽令同籍共居，以敦風教。其侍丁孝假，免差科。」

廣德元年七月，詔：「一戶之中，三丁放一丁。庸調地稅，依舊每畝稅二升。天下男子，宜二十三成丁，五十八爲老。」

永泰元年五月，京兆麥大稔，京兆尹第五琦奏請每十畝官稅一畝，效古什一之稅。從之。

二年五月，諸道稅地錢使、殿中侍御史韋光裔等自諸道使還，得錢四百九十萬貫。乾元以來，屬天下用兵，京師百僚俸錢減耗。上卽位，推恩庶僚，下議公卿。或以稅畝有苗者，公私咸濟。乃分遣憲官，稅天下地青苗錢，以充百司課料。至是，仍以御史大夫爲稅地錢物使，歲以爲常，均給百官。

大曆四年正月十八日，敕有司：「定天下百姓及王公已下每年稅錢，分爲九等：上上戶四千文，上中戶三千五百文，上下戶三千文；中上戶二千五百文，中中戶二千文，中下戶一

千五百文；下上戶一千文，下中戶七百文，下下戶五百文。其見官，一品準上上戶，九品準下下戶，餘品並準依此戶等稅。若一戶數處任官，亦每處依品納稅。其內外官，仍據正員及占額內闕者稅。其試及同正員文武官，不在稅限。其百姓有邸店行鋪及鑪冶，應準式合加本戶二等稅者，依此稅數勘責徵納。其寄莊戶，準舊例從八等戶稅，寄住戶從九等戶稅，比類百姓，事恐不均，宜各遞加一等稅。其諸色浮客及權時寄住戶〔四〕等，無問有官無官，各所在爲兩等收稅。稍殷有者準八等戶，餘準九等戶。如數處有莊田，亦每處稅。諸道將士莊田，既緣防禦勤勞，不可同百姓例，並一切從九等輸稅。」

其年十二月，敕：「今關輔墾田漸廣〔五〕，江淮轉漕常加，計一年之儲，有太半之助，其於稅地，固可從輕。其京兆來秋稅，宜分作兩等，上下各半，上等每畝稅一斗，下等每畝稅六升。其荒田如能佃者，宜準今年十月二十九日敕，一切每畝稅二升。仍委京兆尹及令長一一存撫，令知朕意。」

五年三月，優詔定京兆府百姓稅。夏稅，上田畝稅六升，下田畝稅四升。秋稅，上田畝稅五升，下田畝稅三升。荒田開佃者，畝率二升。

八年正月二十五日，敕：「青苗地頭錢，天下每畝率十五文。以京師煩劇，先加至三十文，自今已後，宜準諸州，每畝十五文。」

建中元年二月，遣黜陟使分行天下，其詔略曰：「戶無主客，以見居爲簿。人無丁中，以貧富爲差。行商者，在郡縣稅三十之一。居人之稅，秋夏兩徵之。各有不便者，三之〔六〕。餘征賦悉罷，而丁額不廢。其田畝之稅，率以大曆十四年墾數爲準。徵夏稅無過六月，秋稅無過十一月。違者進退長吏。令黜陟使各量風土所宜、人戶多少均之，定其賦，尙書度支總統焉。」

三年五月，淮南節度使陳少遊請於本道兩稅錢每千增二百，因詔他州悉如之。

八年四月，劍南西川觀察使韋臯奏請加稅什二，以增給官吏，從之。

元和十五年八月，中書門下奏：「伏準今年閏正月十七日敕，令百僚議錢貨輕重者。今據羣官楊於陵等議，『伏請天下兩稅榷鹽酒利等，悉以布帛絲綿，任土所產物充稅，並不徵見錢，則物漸重，錢漸輕，農人見免賤賣匹帛』者。伏以羣臣所議，事皆至當，深利公私。請商量付度支，據諸州府應徵兩稅，供上都及留州留使舊額，起元和十六年已後，並改配端匹斤兩之物爲稅額，如大曆已前租庸課調，不計錢，令其折納。使人知定制，供辦有常。仍約元和十五年徵納布帛等估價。其舊納虛估物，與依虛估物迴計，如舊納實估物并見錢，卽於端匹斤兩上量加估價迴計。變法在長其物價，價長則永利公私，初雖微有加饒，法行卽當就實，比舊給用，固利而不害。仍作條件處置，編入旨符。其鹽利酒利，本以榷率計錢，

有殊兩稅之名，不可除去錢額。中有令納見錢者，亦請令折納時估匹段。上既不專以錢爲稅，人得以所產輸官，錢貨必均其重輕，隴畝自廣於蠶織，便時惠下，庶得其宜。其土乏絲麻，或地連邊塞，風俗更異，賦入不同，亦請商量委所司裁酌，隨便宜處置。」詔從之。

大和四年五月，劍南西川宣撫使、諫議大夫崔戎奏：「準詔旨制置西川事條。今與郭釗商量，兩稅錢數內三分，二分納見錢，一分折納匹段，每二貫加饒百姓五百文，計一十三萬四千二百四十三貫文。依此曉諭百姓訖。經賊州縣，準詔三分減放一分，計減錢六萬七千六百二十貫文。不經賊處，先徵見錢，今三分一分折納雜物，計優饒百姓一十三萬貫。舊有稅薑芋之類，每畝至七八百，徵斂不時，今併省稅名，盡依諸處爲四限等第，先給戶帖，餘一切名目勒停。」

高祖即位，仍用隋之五銖錢。武德四年七月，廢五銖錢，行開元通寶錢，徑八分，重二銖四絫，積十文重一兩，一千文重六斤四兩。仍置錢監於洛、并、幽、益等州。秦王、齊王各賜三鑪鑄錢，右僕射裴寂賜一鑪。敢有盜鑄者身死，家口配沒。五年五月，又於桂州置監。議者以新錢輕重大小最爲折衷，遠近甚便之。後盜鑄漸

起，而所在用錢濫惡。

顯慶五年九月，敕以惡錢轉多，令所在官私爲市取，以五惡錢酬一好錢。百姓以惡錢價賤，私自藏之，以俟官禁之弛。高宗又令以好錢一文買惡錢兩文，弊仍不息。至乾封元年封嶽之後，又改造新錢，文曰乾封泉寶，徑一寸，重二銖六分。仍與舊錢並行，新錢一文當舊錢之十。周年之後，舊錢並廢。

初，開元錢之文，給事中歐陽詢制詞及書，時稱其工。其字含八分及隸體，其詞先上後下，次左後右讀之。自上及左迴環讀之，其義亦通，流俗謂之開通元寶錢。及鑄新錢，乃同流俗，「乾」字直上，「封」字在左。尋寤錢文之誤，又緣改鑄，商賈不通，米帛增價，乃議却用舊錢。

二年正月，下詔曰：「泉布之興，其來自久。實古今之要重，爲公私之寶用。年月既深，僞濫斯起，所以採乾封之號，改鑄新錢。靜而思之，將爲未可。高祖撥亂反正，爰創軌模。太宗立極承天，無所改作。今廢舊造新，恐乖先旨。其開元通寶，宜依舊施行，爲萬代之法。乾封新鑄之錢，令所司貯納，更不須鑄。仍令天下置鑪之處，並鑄開元通寶錢。」既而私鑄更多，錢復濫惡。

高宗嘗臨軒謂侍臣曰：「錢之爲用，行之已久，公私要便，莫甚於斯。比爲州縣不存檢

校，私鑄過多。如聞荆、潭、宣、衡，犯法尤甚，遂有將船栰宿於江中，所部官人，不能覺察。自今嚴加禁斷，所在追納惡錢，一二年間使盡。」當時雖有約敕，而姦濫不息。

儀鳳四年四月，令東都出遠年糙米及粟，就市給糶，斗別納惡錢百文。其惡錢令少府司農相知，即令鑄破。其厚重徑合斤兩者，任將行用。時米粟漸貴，議者以爲鑄錢漸多，所以錢賤而物貴。於是權停少府監鑄錢，尋而復舊。

則天長安中，又令懸樣於市，令百姓依樣用錢。俄又簡擇艱難，交易留滯，又降敕非鐵錫、銅蕩、穿穴者，並許行用。其有熟銅、排斗、沙澀、厚大者，皆不許簡。自是盜鑄蜂起，濫惡益衆。江淮之南，盜鑄者或就陂湖、巨海、深山之中，波濤險峻，人跡罕到，州縣莫能禁約。以至神龍、先天之際，兩京用錢尤濫。其郴、衡私鑄小錢，纔有輪郭，及鐵錫五銖之屬，亦堪行用。乃有買錫鎔銷，以錢模夾之，斯須則盈千百，便賚用之。

開元五年，車駕往東都，宋璟知政事，奏請一切禁斷惡錢。六年正月，又切斷天下惡錢，行二銖四絫錢。不堪行用者，並銷破覆鑄。至二月又敕曰：「古者聚萬方之貨，設九府之法，以通天下，以便生人。若輕重得中，則利可知矣〔七〕；若眞僞相雜，則官失其守。頃者用錢，不論此道。深恐貧窶日困，姦豪歲滋。所以申明舊章，懸設諸樣，欲其人安俗阜，禁止令行。」時江淮錢尤濫惡，有官鑪、偏鑪、稜錢、時錢等數色。璟乃遣監察御史蕭隱之充

江淮使。隱之乃令率戶出錢，務加督責。百姓乃以上青錢充惡錢納之，其小惡者或沉之於江湖，以免罪戾。於是市井不通，物價騰起，流聞京師。隱之貶官，璟因之罷相，乃以張嘉貞知政事。嘉貞乃弛其禁，人乃安之。

開元二十二年，中書侍郎張九齡初知政事，奏請不禁鑄錢，玄宗令百官詳議。黃門侍郎裴耀卿李林甫、河南少尹蕭炅等皆曰：「錢者通貨，有國之權，是以歷代禁之，以絕姦濫。今若一啓此門，但恐小人棄農逐利，而濫惡更甚，於事不便。」左監門錄事參軍劉秩上議曰：

伏奉今月二十一日敕，欲不禁鑄錢，令百僚詳議可否者。夫錢之興，其來尚矣，將以平輕重而權本末，齊桓得其術而國以霸，周景失其道而人用弊。考諸載籍，國之興衰，實繫於是。陛下思變古以濟今，欲反經以合道，而不即改作，詢之芻蕘，臣雖蠢愚，敢不薦其聞見。古者以珠玉爲上幣，黃金爲中幣，刀布爲下幣。管仲曰：「夫三幣，握之則非有補於煖也，舍之則非有損於飽也。先王以守財物，以御人事，而平天下也。」是以命之曰衡。衡者，使物一高一下，不得有常。故與之在君，奪之在君，貧之在君，富之在君。是以人戴君如日月，親君如父母，用此術也，是爲人主之權。

今之錢，卽古之下幣也。陛下若捨之任人，則上無以御下，下無以事上，其不可一

也。夫物賤則傷農，錢輕則傷賈。故善爲國者，觀物之貴賤，錢之輕重。夫物重則錢輕，錢輕由乎物多，多則作法收之使少；少則重，重則作法布之使輕。輕重之本，必由乎是，奈何而假於人？其不可二也。夫鑄錢不雜以鉛鐵則無利，雜以鉛鐵則惡，惡不重禁之，不足以懲息。且方今塞其私鑄之路，人猶冒死以犯之，況啓其源而欲人之從令乎！是設陷穽而誘之入，其不可三也。夫許人鑄錢，無利則人不鑄，有利則人去南畝者衆。去南畝者衆，則草不墾，草不墾，又鄰於寒餒，其不可四也。夫人富溢則不可以賞勸，貧餒則不可以威禁，法令不行，人之不理，皆由貧富之不齊也。若許其鑄錢，則貧者必不能爲。臣恐貧者彌貧而服役於富室，富室乘之而益恣。昔漢文之時，吳濞，諸侯也，富埒天子；鄧通，大夫也，財侔王者。此皆鑄錢之所致也。必欲許其私鑄，是與人利權而捨其柄，其不可五也。

陛下必以錢重而傷本，工費而利寡，則臣願言其失，以效愚計。夫錢重者，猶人日滋於前，而鑪不加於舊。又公錢重，與銅之價頗等，故盜鑄者破重錢以爲輕錢。錢輕，禁寬則行，禁嚴則止，止則棄矣，此錢之所以少也。夫鑄錢用不贍者，在乎銅貴，銅貴，在採用者衆。夫銅，以爲兵則不如鐵，以爲器則不如漆，禁之無害，陛下何不禁於人？禁於人，則銅無所用，銅益賤，則錢之用給矣。夫銅不布下，則盜鑄者無因而

鑄，則公錢不破，人不犯死刑，錢又日增，末復利矣。是一舉而四美兼也，惟陛下熟察之。

時公卿羣官，皆建議以爲不便。事既不行，但敕郡縣嚴斷惡錢而已。

至天寶之初，兩京用錢稍好，米粟豐賤。數載之後，漸又濫惡，府縣不許好者加價迴博，好惡通用。富商姦人，漸收好錢，潛將往江淮之南，每錢貨得私鑄惡者五文，假託官錢，將入京私用。京城錢日加碎惡，鵝眼、鐵錫、古文、綖環之類，每貫重不過三四斤。

十一載二月，下敕曰：「錢貨之用，所以通有無；輕重之權，所以禁踰越。故周立九府之法，漢備三官之制。永言適便，必在從宜。如聞京師行用之錢，頗多濫惡，所資懲革，絕其訛謬。然安人在於存養，化俗期於變通，法若從寬，事堪持久。宜令所司卽出錢三數十萬貫，分於兩市，百姓間應交易所用錢不堪久行用者，官爲換取，仍限一月日內使盡。庶單貧無患，商旅必通。其過限輒違犯者，一事已上，並作條件處分。」是時京城百姓，久用惡錢，制下之後，頗相驚擾。時又令於龍興觀南街開場，出左藏庫內排斗錢，許市人博換，貧弱者又爭次不得。俄又宣敕，除鐵錫、銅沙、穿穴、古文，餘並許依舊行用，久之乃定。

乾元元年七月，詔曰：「錢貨之興，其來久矣，代有沿革，時爲重輕。周興九府，實啓流

泉之利；漢造五銖，亦弘改鑄之法。必令小大兼適，母子相權，事有益於公私，理宜循於通變。但以干戈未息，帑藏猶虛，卜式獻助軍之誠，弘羊興富國之算，靜言立法，諒在便人。御史中丞第五琦奏請改錢，以一當十，別爲新鑄，不廢舊錢，冀實三官之資，用收十倍之利，所謂於人不擾，從古有經。宜聽於諸監別鑄一當十錢，文曰乾元重寶。其開元通寶者依舊行用。所請採鑄捉搦處置，即條件聞奏。」

二年三月，琦入爲相，又請更鑄重輪乾元錢，一當五十，二十斤成貫〔八〕。詔可之。於是新錢與乾元、開元通寶錢三品並行。尋而穀價騰貴，米斗至七千，餓死者相枕於道。乃擡舊開元錢以一當十，減乾元錢以一當三十，緣人厭錢價不定，人間擡加價錢爲虛錢。長安城中，競爲盜鑄，寺觀鐘及銅象，多壞爲錢。姦人豪族，犯禁者不絕。京兆尹鄭叔清擒捕之，少不容縱，數月間搒死者八百餘人，人益無聊矣。

上元元年六月，詔曰：「因時立制，頃議新錢，且是從權，知非經久。如聞官鑪之外，私鑄頗多，吞併小錢，踰濫成弊。抵罪雖衆，禁姦未絕。況物價益起，人心不安。事藉變通，期於折衷。其重稜五十價錢，宜減作三十文行用。其開元舊時錢，宜一當十文行用。其乾元十當錢，宜依前行用。仍令京中及畿縣內依此處分〔九〕，諸州待進止。」七月敕：「重稜五十價錢，先令畿內減至三十價行，其天下諸州，並宜準此。」

寶應元年四月，改行乾元錢，一以當二〔一〇〕，乾元重稜小錢，亦以一當二；重稜大錢，一以當三。尋又改行乾元大小錢，並以一當一。其私鑄重稜大錢，不在行用之限。

大曆四年正月，關內道鑄錢等使、戶部侍郎第五琦上言，請於絳州汾陽、銅原兩監，增置五鑪鑄錢，許之。

建中元年九月，戶部侍郎韓洄上言：「江淮錢監，歲共鑄錢四萬五千貫，輸于京師，度工用轉送之費，每貫計錢二千，是本倍利也。今商州有紅崖冶出銅益多，又有洛源監，久廢不理。請增工鑿山以取銅，興洛源錢監，置十鑪鑄之，歲計出錢七萬二千貫，度工用轉送之費，貫計錢九百，則利浮本也。其江淮七監，請皆停罷。」從之。

貞元九年正月，張滂奏：「諸州府公私諸色鑄造銅器雜物等。伏以國家錢少，損失多門。興販之徒，潛將銷鑄，錢一千為銅六斤，造寫器物，則斤直六百餘。有利既厚，銷鑄遂多，江淮之間，錢實減耗。伏請準從前敕文，除鑄鏡外〔一一〕，一切禁斷。」

元和三年五月，鹽鐵使李巽上言：「得湖南院申，郴州平陽、高亭兩縣界，有平陽冶及馬跡、曲木等古銅坑，約二百八十餘井，差官檢覆，實有銅錫。今請於郴州舊桂陽監置鑪兩所，採銅鑄錢，每日約二十貫，計一年鑄成七千貫，有益於人。」從之。

其年六月，詔曰：「泉貨之法，義在通流。若錢有所壅，貨當益賤。故藏錢者得乘人之急，

居貨者必損已之資。今欲著錢令以出滯藏，加鼓鑄以資流布，使商旅知禁，農桑獲安，義切救時，情非欲利。若革之無漸，恐人或相驚。應天下商賈先蓄見錢者，委所在長吏，令收市貨物，官中不得輒有程限，逼迫商人，任其貨易，以求便利。計周歲之後，此法遍行，朕當別立新規，設蓄錢之禁。所以先有告示，許有方圓，意在他時行法不貸。又天下有銀之山，必有銅鑛。銅者，可資於鼓鑄，銀者，無益於生人，權其重輕，使務專一。其天下自五嶺以北，見採銀坑，並宜禁斷。恐所在坑戶，不免失業，各委本州府長吏勸課，令其採銅，助官中鑄作。仍委鹽鐵使條流聞奏。」

四年閏三月，京城時用錢每貫頭除二十文、陌內欠錢及有鉛錫錢等，準貞元九年三月二十六日敕〔三〕：「陌內欠錢，法當禁斷，慮因捉搦，或亦生姦，使人易從，切於不擾。自今已後，有因交關用欠陌錢者，宜但令本行頭及居停主人牙人等檢察送官。如有容隱，兼許賣物領錢人糾告，其行頭主人牙人，重加科罪。府縣所由祗承人等，並不須干擾。若非因買賣，自將錢於街衢行者，一切勿問。」

其年六月，敕：「五嶺已北，所有銀坑，依前任百姓開採，禁見錢出嶺。」

六年二月，制：「公私交易，十貫錢已上，卽須兼用匹段。委度支鹽鐵使及京兆尹卽具作分數，條流聞奏。茶商等公私便換見錢，並須禁斷。」

其年三月，河東節度使王鍔奏請於當管蔚州界加置鑪鑄銅錢，廢管內錫錢。許之，仍令加至五鑪。

七年五月，戶部王紹、度支盧坦、鹽鐵王播等奏：「伏以京都時用多重見錢，官中支計，近日殊少。蓋緣比來不許商人便換，因玆家有滯藏，所以物價轉高〔三〕，錢多不出。臣等今商量，伏請許令商人於三司任便換見錢，一切依舊禁約。伏以比來諸司諸使等，或有便商人，錢多留城中，逐時收貯，積藏私室，無復通流。伏請自今已後，嚴加禁約。」從之。

八年四月，敕：「以錢重貨輕，出內庫錢五十萬貫，令兩市收市布帛，每端匹估加十之一。」

十二年正月，敕：「泉貨之設，故有常規，將使重輕得宜，是資斂散有節，必通其變，以利於人。今繒帛轉賤，公私俱弊。宜出見錢五十萬貫，令京兆府揀擇要便處開場，依市價交易，選清強官吏，切加勾當。仍各委本司，先作處置條件聞奏。必使事堪經久，法可通行。」

又敕：「近日布帛轉輕，見錢漸少，皆緣所在壅塞，不得通流。宜令京城內自文武官僚，不問品秩高下，并公郡縣主、中使等，下至士庶、商旅、寺觀、坊市，所有私貯見錢，並不得過五千貫。如有過此，許從敕出後，限一月內任將市別物收貯。如錢數較多，處置未了，任於限內於地界州縣陳狀，更請限。縱有此色，亦不得過兩箇月。若一家內別有宅舍店鋪等，所貯

錢並須計用在此數。其兄弟本來異居曾經分析者，不在此限。如限滿後有違犯者，白身人等，宜付所司，決痛杖一頓處死。其文武官及公主等，並委有司聞奏，當重科貶。戚屬中使，亦具名銜聞奏。其賸貯錢，不限多少，並勒納官。數內五分取一分充賞錢，止於五千貫。此外察獲，及有人論告，亦重科處分，并量給告者。」時京師里閭區肆所積，多方鎮錢，王鍔、韓弘、李惟簡，少者不下五十萬貫。於是競買第屋以變其錢，多者竟里巷傭僦以歸其直。而高貲大賈者，多依倚左右軍官錢爲名，府縣不得窮驗，法竟不行。

十四年六月，敕：「應屬諸軍諸使，更有犯時用錢每貫除二十文、足陌內欠錢及有鉛錫錢者，宜令京兆府枷項收禁，牒報本軍本使府司，差人就軍及看決二十。如情狀難容，復有違拒者，仍令府司聞奏。」

十五年八月，中書門下奏：「伏準羣官所議鑄錢，或請收市人間銅物，令州郡鑄錢。當開元以前，未置鹽鐵使，亦令州郡勾當鑄造。今若兩稅盡納匹段，或慮兼要通用見錢。欲令諸道公私銅器，各納所在節度、團練、防禦、經略使，便據元敕給與價直，并折兩稅。仍令本處軍人鎔鑄。其鑄本，請以留州留使年支未用物充，所鑄錢便充軍府州縣公用。當處軍人，自有糧賜，亦較省本，所資衆力，并收衆銅，天下併功，速濟時用。待一年後鑄器物盡，則停。其州府有出銅鉛可以開鑪處，具申有司，便令同諸監冶例，每年與本充鑄。其收市

銅器期限，并禁鑄造買賣銅物等，待議定便令有司條流聞奏。其上都鑄錢及收銅器，續處分。將欲頒行，尙資周慮，請令中書門下兩省、御史臺并諸司長官商量，重議聞奏。」從之。

長慶元年九月，敕：「泉貨之義，所貴通流。如聞比來用錢，所在除陌不一。與其禁人之必犯，未若從俗之所宜，交易往來，務令可守。其內外公私給用錢，從今以後，宜每貫一例除墊八十，以九百二十文成貫，不得更有加除及陌內欠少。」

大和三年六月，中書門下奏：「準元和四年閏三月敕，應有鉛錫錢，並合納官，如有人糾得一錢，賞百錢者。當時敕條，貴在峻切，今詳事實，必不可行。只如告一錢賞百錢，則有人告一百貫錫錢，須賞一萬貫銅錢，執此而行，事無畔際。今請以鉛錫錢交易者，一貫已下，以州府常行決脊杖二十；十貫已下，決六十，徒三年；過十貫已上，所在集衆決殺。其受鉛錫錢交易者，亦準此處分。其用鉛錫錢，仍納官。其能糾告者，每一貫賞五千文，不滿貫者，準此計賞，累至三百千，仍且取當處官錢給付。其所犯人罪不死者，徵納家資，充塡賞錢。」可之。

四年十一月，敕：「應私貯見錢家，除合貯數外，一萬貫至十萬貫，限一周年內處置畢；十萬貫至二十萬貫以下者，限二周年處置畢。如有不守期限，安然蓄積，過本限，即任人

糾告，及所由覺察。其所犯家錢，並準元和十二年敕納官，據數五分取一分充賞。糾告人賞錢，數止於五千貫。應犯錢法人色目決斷科貶，並準元和十二年敕處分。其所由覺察，亦量賞一半。」事竟不行。

五年二月，鹽鐵使奏：「湖南管內諸州百姓私鑄造到錢。伏緣衡、道數州，連接嶺南，山洞深邃，百姓依模監司錢樣，競鑄造到脆惡姦錢，轉將賤價博易，與好錢相和行用。其江西、鄂岳、桂管鑄濫錢，並請委本道觀察使條流禁絕。」敕旨宜依。

會昌六年二月，敕：「緣諸道鼓鑄佛像鐘磬等新錢，已有次第，須令舊錢流布，絹帛價稍增。文武百僚俸料，宜起三月一日，並給見錢。其一半先給虛估匹段，對估價支給。」敕：「比緣錢重幣輕，生人坐困，今加鼓鑄，必在流行，通變救時，莫切於此。宜申先甲之令，以誡居貨之徒。京城及諸道，起今年十月以後，公私行用，並取新錢，其舊錢權停三數年。如有違犯，同用鉛錫惡錢例科斷，其舊錢並納官。」事竟不行。

開元元年十一月，河中尹姜師度以安邑鹽池漸涸，師度開拓疏決水道，置爲鹽屯，公私大收其利。

其年十一月五日，左拾遺劉彤上表曰：「臣聞漢孝武爲政，廐馬三十萬，後宮數萬人，外

討戎夷，內興宮室，殫費之甚，實百當今，而古費多而貨有餘，今用少而財不足，何也？豈非古取山澤，而今取貧民哉！取山澤，則公利厚而人歸於農；取貧民，則公利薄而人去其業。故先王作法也，山海有官，虞衡有職，輕重有術，禁發有時，一則專農，二則饒國，濟人盛事也。臣實爲今疑之。夫煮海爲鹽，採山鑄錢，伐木爲室，農餘之輩。寒而無衣，飢而無食，傭賃自資者，窮苦之流也。若能以山海厚利，資農之餘人，厚斂重徭，免窮苦之子，所謂損有餘而益不足，帝王之道，可不謂然乎？臣願陛下詔鹽鐵木等官收興利，貿遷於人，則不及數年，府有餘儲矣。然後下寬貸之令，蠲窮獨之徭，可以惠羣生，可以柔荒服。雖戎狄猾夏，堯湯水旱，無足虞也。奉天適變，惟在陛下行之。」上令宰臣議其可否，咸以鹽鐵之利，甚益國用，遂令將作大匠姜師度、戶部侍郎強循俱攝御史中丞，與諸道按察使檢責海內鹽鐵之課。「比令使人勾當〔四〕，除此外更無別求。在外不細委知，如聞稱有侵刻，宜令本州刺史上佐一人檢校，依令式收稅。如有落帳欺沒，仍委按察使糾覺奏聞。其姜師度除蒲州鹽池以外〔五〕，自餘處更不須巡檢。」

貞元十六年十二月，史牟奏：「澤、潞、鄭等州，多是末鹽，請禁斷。」從之。

元和五年正月，度支奏：「鄜州、邠州、涇原諸將士，請同當處百姓例，食烏、白兩池鹽。」

六年閏十二月，度支盧坦奏：「河中兩池顆鹽，敕文只許於京畿、鳳翔、陝、虢、河中澤

潞、河南許汝等十五州界內糴貨〔一六〕。比來因循，兼越興、鳳、文、成等六州。臣移牒勘責，得山南西道觀察使報，其果、閬兩州鹽，本土戶人及巴南諸郡市糴，又供當軍士馬，尚有懸欠，若兼數州，自然闕絕。又得興元府諸耆老狀申訴。臣今商量，河中鹽請放入六州界糴貨。」從之。

十年七月，度支使皇甫鎛奏，加峽內四監、劍南東西川、山南西道鹽估，以利供軍。從之。

十三年，鹽鐵使程异奏：「應諸州府先請置茶鹽店收稅。伏準今年正月一日赦文，其諸州府因用兵已來，或慮有權置職名，及擅加科配，事非常制，一切禁斷者。伏以榷稅茶鹽，本資財賦，贍濟軍鎮，蓋是從權。昨兵罷，自合便停，事久實爲重斂。其諸道先所置店及收諸色錢物等，雖非擅加，且異常制，伏請準赦文勒停。」從之。

十四年三月，鄆、青、兗三州各置榷鹽院。

長慶元年三月，敕：「河朔初平，人希德澤，且務寬泰，使之獲安。其河北榷鹽法且權停。仍令度支與鎮冀、魏博等道節度審察商量，如能約計課利錢數，分付榷鹽院，亦任穩便。」自天寶末兵興以來，河北鹽法，羈縻而已。暨元和中，皇甫鎛奏置稅鹽院，同江、淮兩池榷利〔一七〕，人苦犯禁，戎鎮亦頻上訴，故有是命。

其月，鹽鐵使王播奏：「揚州、白沙兩處納榷場，請依舊爲院。」又奏：「諸道鹽院糶鹽付商人，請每斗加五十，通舊三百文價；諸處煎鹽停場，置小鋪糶鹽〔二八〕，每斗加二十文，通舊一百九十文價。」又奏：「應管煎鹽戶及鹽商，并諸鹽院停場官吏所由等，前後制敕，除兩稅外，不許差役追擾。今請更有違越者，縣令、刺史貶黜罰俸。」從之。

二年五月，詔曰：「兵革初寧，亦資榷筦，閭閻重困，則可蠲除。如聞淄青、兗、鄆三道〔二九〕，往來糶鹽價錢，近取七十萬貫，軍資給費，優贍有餘。自鹽鐵使收管已來，軍府頓絕其利。遂使經行陣者有停糧之怨，服隴畝者有加稅之嗟，犯鹽禁者困鞭撻之刑，理生業者乏鹽醬之具。雖縣官受利，而郡府益空，俾人獲安寧，我因節用。其鹽鐵先於淄青、兗、鄆等道管內置小鋪糶鹽，巡院納榷，起今年五月一日已後，一切並停。仍各委本道約校比來節度使自收管充軍府逐急用度，及均減管內貧下百姓兩稅錢數。至年終，各具糶鹽所得錢，并均減兩稅，奏聞。」

安邑、解縣兩池，舊置榷鹽使，仍各別置院官。元和三年七月，復以安邑、解縣兩池留後爲榷鹽使。先是，兩池鹽務隸度支，其職視諸道巡院。貞元十六年，史牟以金部郎中主池務，恥同諸院，遂奏置使額。二十一年，鹽鐵、度支合爲一使，以杜佑兼領。佑以度支既稱使，其所管不宜更有使名，遂與東渭橋使同奏罷之。至是，裴均主池務，職轉繁劇，復有是

請。

大和三年四月，敕安邑、解縣兩池榷課，以實錢一百萬貫爲定額。至大中二年正月，敕但取匹段精好，不必計舊額錢數。及大中年，度支奏納榷利一百二十一萬五千餘貫。

女鹽池在解縣，朝邑小池在同州，鹵池在京兆府奉先縣，並禁斷不榷。

烏池在鹽州，舊置榷稅使。長慶元年三月，敕烏池每年糶鹽收博榷米，以一十五萬石爲定額。

温池，大中四年三月因收復河隴，敕令度支收管；温池鹽仍差靈州分巡院官勾當。至六年三月，敕令割屬威州，置榷稅使。緣新制置，未立榷課定額。

胡落池在豐州界，河東供軍使收管。每年採鹽約一萬四千餘石，供振武、天德兩軍及營田水運官健。自大中四年党項叛擾，餽運不通，供軍使請權市河東白池鹽供食。其白池屬河東節度使，不係度支。

初，玄宗已前，亦有鹽池使。景雲四年三月，蒲州刺史充關內鹽池使。先天二年九月，強循除豳州刺史〔一〇〕，充鹽池使，此卽鹽州池也。開元十五年五月，兵部尚書蕭嵩除關內鹽池使，此是朔方節度常帶鹽池使也。

校勘記

〔一〕五家爲保　本書卷四三職官志作「五鄰爲保」。

〔二〕以北方秬黍中者一黍之廣爲分　「秬」「一」各本原作「鉅」「八」，據本書卷四三職官志、唐六典卷三、唐會要卷六六改。

〔三〕十大斗爲斛　「大」字本書卷四三職官志、唐六典卷三、唐會要卷六六均無。

〔四〕權時寄住戶　「戶」字各本原作「田」，據唐會要卷八三、冊府卷四八七改。

〔五〕今關輔墾田漸廣　「今」字各本原作「令」，據冊府卷四八七、英華卷四三四、全唐文卷四八改。

〔六〕各有不便者三之　唐會要卷八三作「俗有不便者正之」，冊府卷四八八作「俗有不便者二之」。

〔七〕則利可知矣　「知矣」通典卷九作「和義」，冊府卷五〇一作「和善」。

〔八〕二十斤成貫　新書卷四四、通考卷八作「每緡重十二斤」。

〔九〕京中　各本原作「中京」，據唐會要卷八九、冊府卷五〇一、唐大詔令集卷一一二改。

〔一〇〕一以當二　「二」字各本原作「三」，據冊府卷五〇一、新書卷五四食貨志改。

〔一一〕除鑄鏡外　「鏡」字各本原作「錢」，據本書卷一三德宗紀、唐會要卷八九、冊府卷五〇一改。

〔一二〕準貞元九年三月二十六日敕　「準」字各本原無，據唐會要卷八九補。

〔一三〕所以物價轉高　「高」字唐會要卷八九、冊府卷五〇一作「輕」，新書卷五四食貨志作「繒帛價

輕」。張森楷校勘記云：「案錢難得則物當貶價，下文亦云『錢重貨輕』，則輕字是也。」

〔一四〕比令使人勾當　據唐會要卷八八，自此句以下文字，係開元十年八月十日敕文，「比令」上疑有脫誤。

〔一五〕除蒲州鹽池以外　「外」下各本原有「州」字，據唐會要卷八八、冊府卷四九三、通考卷一五刪。

〔一六〕糶貨　「糶」字各本原作「糴」，據殘宋本冊府卷四九三改。下文「河中鹽請放入六州界糶貨」句中「糶」字各本原亦作「糴」，據殘宋本冊府改。

〔一七〕同江淮兩池榷利　「池」字冊府卷四九三作「地」。按江淮無鹽池，似當作「地」。

〔一八〕置小鋪糶鹽　「糶」字各本原作「糴」，據唐會要卷八八、冊府卷四九三改。

〔一九〕淄青兗鄆三道　「兗」字各本原無，據本卷下文、唐會要卷八八、全唐文卷六五補。

〔二〇〕豳州刺史　「豳」字各本原作「幽」，據唐會要卷八八改。

舊唐書卷四十九

志第二十九

食貨下

武德八年十二月，水部郎中姜行本請於隴州開五節堰，引水通運，許之。

永徽元年，薛大鼎爲滄州刺史，界內有無棣河，隋末填廢。大鼎奏開之，引魚鹽於海。百姓歌之曰：「新河得通舟楫利，直達滄海魚鹽至。昔日徒行今駟駟，美哉薛公德滂被！」

咸亨三年，關中飢，監察御史王師順奏請運晉、絳州倉粟以贍之，上委以運職。河、渭之間，舟楫相繼，會于渭南，自師順始之也。

大足元年六月，於東都立德坊南穿新潭，安置諸州租船。

神龍三年，滄州刺史姜師度於薊州之北，漲水爲溝，以備奚、契丹之寇。又約舊渠，傍海穿漕，號爲平虜渠，以避海難運糧。

開元二年，河南尹李傑奏，汴州東有梁公堰，年久堰破，江淮漕運不通。發汴、鄭丁夫以濬之，省功速就，公私深以爲利。

十五年正月，令將作大匠范安及檢行鄭州河口斗門。先是，洛陽人劉宗器上言，請塞氾水舊汴河口，於下流滎澤界開梁公堰，置斗門，以通淮、汴，擢拜左衞率府胄曹。至是，新漕塞，行舟不通，貶宗器焉。安及遂發河南府、懷、鄭、汴、滑三萬人疏決開舊河口〔一〕，旬日而畢。

十八年，宣州刺史裴耀卿上便宜事條曰：「江南戶口稍廣，倉庫所資，惟出租庸，更無征防。緣水陸遙遠，轉運艱辛，功力雖勞，倉儲不益。竊見每州所送租及庸調等，本州正二月上道，至揚州入斗門，卽逢水淺，已有阻礙，須留一月已上。至四月已後，始渡淮入汴，多屬汴河乾淺，又般運停留，至六七月始至河口，卽逢黃河水漲，不得入河。又須停一兩月，待河水小，始得上河。入洛卽漕路乾淺，船艘隘鬧，般載停滯，備極艱辛。計從江南至東都，停滯日多，得行日少，糧食既皆不足，欠折因此而生。又江南百姓不習河水，皆轉雇河師水手，更爲損費。伏見國家舊法，往代成規，擇制便宜，以垂長久。河口元置武牢倉，江南船不入黃河，卽於倉內便貯。鞏縣置洛口倉，從黃河不入漕洛，卽於倉內安置。爰及河陽倉、柏崖倉、太原倉、永豐倉、渭南倉，節級取便，例皆如此。水通則隨近運轉，不通卽

且納在倉，不滯遠船，不憂久耗，比於曠年長運，利便一倍有餘。今若且置武牢、洛口等倉，江南船至河口，即却還本州，更得其船充運。幷取所減脚錢，更運江淮變造義倉，每年剩得一二百萬石。即望數年之外，倉廩轉加。其江淮義倉，下濕不堪久貯，若無船可運，三兩年色變，即給貸費散，公私無益。」疏奏不省。

至二十一年，耀卿爲京兆尹，京師雨水害稼，穀價踊貴，玄宗以問耀卿，奏稱：「昔貞觀、永徽之際，祿廩未廣，每歲轉運，不過二十萬石便足。今國用漸廣，漕運數倍，猶不能支。從都至陝，河路艱險，既用陸運，無由廣致。若能兼河漕，變陸爲水，則所支有餘，動盈萬計。且江南租船，候水始進，吳人不便漕輓，由是所在停留，日月既淹，遂生竊盜。臣望於河口置一倉，納江東租米，便放船歸。從河口即分入河、洛，官自雇船載運。三門之東，置一倉。三門既水險，即於河岸開山，車運十數里。三門之西，又置一倉，每運至倉，即般下貯納。水通即運，水細便止。自太原倉泝河，更無停留，所省鉅萬。前漢都關中，年月稍久，及隋亦在京師，緣河皆有舊倉，所以國用常贍。」上深然其言。

至二十二年八月，置河陰縣及河陰倉、河西柏崖倉、三門東集津倉、三門西鹽倉。開三門山十八里，以避湍險。自江淮而泝鴻溝，悉納河陰倉。自河陰送納含嘉倉，又送納太原倉，謂之北運。自太原倉浮于渭，以實關中。上大悅。尋以耀卿爲黃門侍郎、同中書

門下平章事，充江淮、河南轉運都使；以鄭州刺史崔希逸、河南少尹蕭炅爲副。凡三年，運七百萬石，省陸運之傭四十萬貫。舊制，東都含嘉倉積江淮之米，載以大輿而西，至于陝三百里，率兩斛計傭錢千，此耀卿所省之數也。明年，耀卿拜侍中，而蕭炅代焉。二十五年，運米一百萬石。

二十九年，陝郡太守李齊物，鑿三門山以通運，闢三門巔，踰巖險之地〔二〕，俾負索引艦，升于安流，自齊物始也。

天寶三載，韋堅代蕭炅，以滻水作廣運潭於望春樓之東，而藏舟焉。是年，楊釗以殿中侍御史爲水陸運使，以代韋堅。先是，米至京師，或砂礫糠粃，雜乎其間。開元初，詔使揚擲而較其虛實，「揚擲」之名，自此始也。

十四載八月，詔水陸運宜停一年〔三〕。

天寶以來，楊國忠、王鉷皆兼重使以權天下。肅宗初，第五琦始以錢穀得見。請於江、淮分置租庸使，市輕貨以救軍食，遂拜監察御史，爲之使。乾元元年，加度支郎中，尋兼中丞，爲鹽鐵使。於是始大鹽法，就山海井竈，收榷其鹽，立監院官吏。其舊業戶洎浮人欲以鹽爲業者，免其雜役，隸鹽鐵使。常戶自租庸外無橫賦，人不益稅，而國用以饒。明年，琦以戶部侍郎同平章事，詔兵部侍郎呂諲代之。

寶應元年五月，元載以中書侍郎代呂諲。是時淮、河阻兵，飛輓路絕，鹽鐵租賦，皆泝漢而上。以侍御史穆寧爲河南道轉運租庸鹽鐵使，尋加戶部員外，遷鄂州刺史，以總東南貢賦。是時朝議以寇盜未戢，關東漕運，宜有倚辦，遂以通州刺史劉晏爲戶部侍郎、京兆尹、度支鹽鐵轉運使。鹽鐵兼漕運，自晏始也。二年，拜吏部尚書、同平章事，依前充使。晏始以鹽利爲漕傭，自江淮至渭橋，率十萬斛傭七千緡，補綱吏督之。不發丁男，不勞郡縣，蓋自古未之有也。自此歲運米數千萬石〔四〕，自淮北列置巡院，搜擇能吏以主之，廣牢盆以來商賈。凡所制置，皆自晏始。廣德二年正月，復以第五琦專判度支鑄錢鹽鐵事。而晏以檢校戶部尚書爲河南及江淮已來轉運使，及與河南副元帥計會開決汴河。永泰二年，晏爲東道轉運常平鑄錢鹽鐵使，琦爲關內、河東、劍南三川轉運常平鑄錢鹽鐵使。大曆五年，詔停關內、河東、三川轉運常平鹽鐵使，自此晏與戶部侍郎韓滉分領關內、河東、山、劍租庸青苗使。至十四年，天下財賦，皆以晏掌之。

建中初，宰相楊炎用事，尤惡劉晏，炎乃奪其權。詔曰：「朕以征稅多門，郡邑凋耗，聽于羣議，思有變更，將致時雍，宜遵古制。其江淮米準旨轉運入京者，及諸軍糧儲，宜令庫部郎中崔河圖權領之。今年夏稅以前，諸道財賦多輸京者，及鹽鐵財貨，委江州刺史包佶權領之。天下錢穀，皆歸金部、倉部，委中書門下簡兩司郎官，準格式條理。」尋貶晏爲忠州

刺史。晏既罷黜，天下錢穀歸尙書省。既而出納無所統，乃復置使領之。

其年三月，以韓洄爲戶部侍郎，判度支；金部郎中杜佑權勾當江淮水陸運使。炎尋殺晏于忠州。自兵興已來，凶荒相屬，京師米斛萬錢，官廚無兼時之食，百姓在畿甸者，拔穀挼穗，以供禁軍。洎晏掌國計，復江淮轉運之制，歲入米數十萬斛以濟關中。代第五琦領鹽務，其法益密。初年入錢六十萬，季年則十倍其初。大曆末，通天下之財，而計其所入，總一千二百萬貫，而鹽利過半。李靈耀之亂，河南皆爲盜據，不奉法制，賦稅不上供，州縣益減。晏以羨餘相補，人不加賦，所入仍舊，議者稱之。其相與商榷財用之術者，必一時之選，故晏沒後二十年，韓洄、元琇、裴腆、包佶、盧貞、李衡相繼分掌財賦，出晏門下。屬吏在千里外，奉敎如目前。四方水旱，及軍府纖芥，莫不先知焉。

其年詔曰：「天下山澤之利，當歸王者，宜總榷鹽鐵使。」

三年，以包佶爲左庶子、汴東水陸運鹽鐵租庸使，崔縱爲右庶子、汴西水陸運鹽鐵租庸使。

四年，度支侍郎趙贊議常平事，竹木茶漆盡稅之。茶之有稅，肇於此矣。

貞元元年，元琇以御史大夫爲鹽鐵水陸運使。其年七月，以尙書右僕射韓滉統之。滉歿，宰相竇參代之。

五年十二月，度支轉運鹽鐵奏：「比年自揚子運米，皆分配緣路觀察使差長綱發遣，運路既遠，實謂勞人。今請當使諸院，自差綱節級般運，以救邊食。」從之。

八年，詔：東南兩稅財賦，自河南、江淮、嶺南、山南東道至于渭橋〔三〕，以戶部侍郎張滂主之；河東、劍南、山南西道，以戶部尙書度支使班宏主之。今戶部所領三川鹽鐵轉運，自此始也。其後宏、滂互有短長，宰相趙憬、陸贄以其事上聞，由是遵大曆故事，如劉晏、韓滉所分焉。

九年，張滂奏立稅茶法。自後裴延齡專判度支，與鹽鐵益殊塗而理矣。

十年，潤州刺史王緯代之，理于朱方。數年而李錡代之，鹽院津堰，改張侵剝，不知紀極。私路小堰，厚斂行人，多自錡始。時鹽鐵轉運有上都留後，以副使潘孟陽主之。王叔文權傾朝野，亦以鹽鐵副使兼學士爲留後。

順宗卽位，有司重奏鹽法，以杜佑判鹽鐵轉運使，理於揚州。元和二年三月，以李巽代之。先是，李錡判使，天下榷酤漕運，由其操割，專事貢獻，牢其寵渥。中朝柄事者悉以利積於私室，而國用日耗。巽既爲鹽鐵使，大正其事。其堰埭先隸浙西觀察使者，悉歸之；因循權置者，盡罷之；增置河陰敖倉；置桂陽監，鑄平陽銅山爲錢。又奏：「江淮、河南、峽內、兗鄆、嶺南鹽法監院，去年收鹽價緡錢七百二十七萬，比舊法張其估一千七百八十餘萬，非

實數也。今請以其數，除養之外，付度支收其數。」鹽鐵使養鹽利繫度支，自此始也。又以程异爲揚子留後。四月五日，巽卒。自榷筦之興，惟劉晏得其術，而巽次之。然初年之利，類晏之季年，季年之利，則三倍於晏矣。舊制，每歲運江淮米五十萬斛，至河陰留十萬，四十萬送渭倉。晏歿，久不登其數，惟巽秉使三載，無升斗之闕焉。六月，以河東節度使李鄘代之。

五年，李鄘爲淮南節度使，以宣州觀察使盧坦代之。

六年，坦奏，每年江淮運米四十萬石到渭橋，近日欠闕太半，請旋收糴，遞年貯備。從之。坦改戶部侍郎，以京兆尹王播代之。播遂奏：「元和五年，江淮、河南、嶺南、峽中、兗鄆等鹽利錢六百九十八萬貫。比量改法已前舊鹽利，時價四倍虛估，卽此錢爲一千七百四十餘萬貫矣，請付度支收管。」從之。

其年詔曰：「兩稅之法，悉委郡國，初極便人。但緣約法之時，不定物估。今度支鹽鐵，泉貨是司，各有分巡，置於都會。爰命帖職，周視四方，簡而易從，庶叶權便。政有所弊，事有所宜，皆得舉聞，副我憂寄。以揚子鹽鐵留後爲江淮已南兩稅使，江陵留後爲荆衡漢沔東界、彭蠡已南兩稅使，度支山南西道分巡院官充三川兩稅使。峽內煎鹽五監先屬鹽鐵使，今宜割屬度支，便委山南西道兩稅使兼知糶賣。」峽內鹽屬度支，自此始也。

七年，王播奏去年鹽利除割峽內鹽，收錢六百八十五萬，從實估也。又奏，商人於戶部、度支、鹽鐵三司飛錢，謂之「便換」。

八年，以崔倰爲揚子留後、淮嶺已來兩稅使；崔祝爲江陵留後，爲荆南已來兩稅使。十三年正月，播又奏，以「軍興之時，財用是切。頃者劉晏領使，皆自按置租庸，至於州縣否臧，錢穀利病之物，虛實皆得而知〔六〕。今臣守務在城，不得自往。請令臣副使程异出巡江淮，其州府上供錢穀，一切勘問。」從之。閏五月，异至江淮，得錢一百八十五萬貫以進。其年，以播守禮部尚書，以衞尉卿程异代之。十四年，异卒，以刑部侍郎柳公綽代之。長慶初，王播復代公綽。四年，王涯以戶部侍郎代播。敬宗初，播復以鹽鐵使爲揚州節度使。文宗即位，入覲，以宰相判使。其後，王涯復判二使，表請使茶山之人移植根本，舊有貯積，皆使焚棄。天下怨之。九年，涯以事誅，而令狐楚以戶部尙書右僕射主之，以是年茶法大壞，奏請付州縣而入其租于戶部，人人悅焉。

開成元年，李石以中書侍郎判收茶法，復貞元之制也。

三年，以戶部尚書同平章事楊嗣復主之，多革前監院之陳事。

開成三年至大中壬申，凡一十五年，多任以元臣，以集其務。崔珙自刑部尚書拜，杜悰以淮南節度領之，既而皆踐公台。薛元賞、李執方、盧弘正、馬植、敬晦五人，於九年之中，

相踵理之，植亦自是居相位。

大中五年二月，以戶部侍郎裴休爲鹽鐵轉運使。明年八月，以本官平章事，依前判使。始者，漕米歲四十萬斛，其能至渭倉者，十不三四。漕吏狡蠹，敗溺百端，官舟之沉，多者歲至七十餘隻。緣河姦犯，大紊晏法。休使僚屬按之，委河次縣令董之。自江津達渭，以四十萬斛之傭，計緡二十八萬，悉使歸諸漕吏。巡院胥吏，無得侵牟。舉之爲法，凡十事，奏之。六年五月，又立稅茶之法，凡十二條，陳奏，上大悅。詔曰：「裴休興利除害，深見奉公。」盡可其奏。由是三歲漕米至渭濱，積一百二十萬斛，無升合沉棄焉。

武德元年九月四日，置社倉。其月二十二日詔曰：「特建農圃，本督耕耘，思俾齊民，既康且富。鍾庾之量，冀同水火。宜置常平監官，以均天下之貨。市肆騰踊，則減價而出；田穡豐羨，則增糴而收。庶使公私俱濟，家給人足，抑止兼并，宣通壅滯。」至五年十二月，廢常平監官。

貞觀二年四月，尚書左丞戴冑上言曰：「水旱凶災，前聖之所不免。國無九年儲畜，禮經之所明誡。今喪亂之後，戶口凋殘，每歲納租，未實倉廩。隨時出給，纔供當年，若有凶災，將何賑卹？故隋開皇立制，天下之人，節級輸粟，多爲社倉，終於文皇，得無饑饉。及

大業中年，國用不足，並貸社倉之物，以充官費，故至末塗，無以支給。今請自王公已下，爰及衆庶，計所墾田稼穡頃畝，至秋熟，準其見在苗以理勸課，盡令出粟。稻麥之鄉，亦同此稅。各納所在，爲立義倉。若年穀不登，百姓飢饉，當所州縣，隨便取給。」太宗曰：「旣爲百姓預作儲貯，官爲舉掌，以備凶年，非朕所須，橫生賦斂。利人之事，深是可嘉。宜下所司，議立條制。」戶部尚書韓仲良奏：「王公已下墾田，畝納二升。其粟麥粳稻之屬，各依土地。貯之州縣，以備凶年。」可之。自是天下州縣，始置義倉，每有飢饉，則開倉賑給。以至高宗、則天，數十年間，義倉不許雜用。其後公私窘迫，漸貸義倉支用。自中宗神龍之後，天下義倉費用向盡。

高宗永徽二年六月，敕：「義倉據地收稅，實是勞煩。宜令率戶出粟，上上戶五石，餘各有差。」

六年，京東西二市置常平倉。明慶二年十二月，京常平倉置常平署官員。

開元二年九月，敕：「天下諸州，今年稍熟，穀價全賤，或慮傷農。常平之法，行之自古，宜令諸州加時價三兩錢糴，不得抑斂。仍交相付領，勿許懸欠。蠶麥時熟，穀米必貴，即令減價出糶。豆穀等堪貯者，熟亦準此。以時出入，務在利人。其常平所須錢物，宜令所司支料奏聞。」

四年五月二十一日，詔：「諸州縣義倉，本備飢年賑給。近年已來，每三年一度，以百姓義倉糙米，遠赴京納，仍勒百姓私出脚錢。自今已後，更不得義倉變造。」

七年六月，敕：「關內、隴右、河南、河北五道〔七〕，及荆、揚、襄、夔、綿、益、彭、蜀、漢、劍、茂等州，並置常平倉。其本上州三千貫，中州二千貫，下州一千貫。」

十六年十月，敕：「自今歲普熟，穀價至賤，必恐傷農。加錢收糴，以實倉廩，縱逢水旱，不慮阻飢，公私之間，或亦爲便。宜令所在以常平本錢及當處物，各於時價上量加三錢，百姓有糶易者，爲收糴。事須兩和，不得限數。配糴訖，具所用錢物及所糴物數，申所司。仍令上佐一人專勾當。」

天寶六載三月，太府少卿張瑄奏：「準四載五月并五載三月敕節文，至貴時賤價出糶，賤時加價收糴。若百姓未辦錢物者，任準開元二十年七月敕，量事賒糶，至粟麥熟時徵納。臣使司商量，且糶舊糴新，不同別用。其賒糶者，至納錢日若粟麥雜種等時價甚賤，恐更迴易艱辛，請加價便與折納。」

廣德二年正月，第五琦奏：「每州常平倉及庫使司，商量置本錢，隨當處米物時價，賤則加價收糴，貴則減價糶賣。」

建中元年七月，敕：「夫常平者，常使穀價如一；大豐不爲之減，大儉不爲之加，雖遇

災荒，人無菜色。自今已後，忽米價貴時，宜量出官米十萬石，麥十萬石，每日量付兩市行人下價糶貨。」

三年九月，戶部侍郎趙贊上言曰：「伏以舊制，置倉儲粟，名曰常平。軍興已來，此事闕廢，或因凶荒流散，餓死相食者，不可勝紀。古者平準之法，使萬室之邑，必有萬鍾之藏，千室之邑，必有千鍾之藏，春以奉耕，夏以奉耘，雖有大賈富家，不得豪奪吾人者，蓋謂能行輕重之法也。自陛下登極以來，許京城兩市置常平，官糶鹽米，雖經頻年少雨，米價未騰貴〔八〕，此乃卽目明驗，實要推而廣之。當軍興之時，與承平或異，事須兼儲布帛，以備時須。臣今商量，請於兩都幷江陵、成都、揚、汴、蘇、洪等州府〔九〕，各置常平，輕重本錢，上至百萬貫，下至數十萬貫，隨其所宜，量定多少。唯貯斛斗疋段絲麻等，候物貴則下價出賣，物賤則加價收糴，權其輕重，以利疲人。」從之。贊於是條奏諸道津要都會之所，皆置吏，閱商人財貨。計錢每貫稅二十，天下所出竹、木、茶、漆，皆十一稅之，以充常平本。時國用稍廣，常賦不足，所稅亦隨時而盡，終不能為常平本。

貞元八年十月，敕：「諸軍鎮和糴貯備，共三十三萬石，價之外，更量與優饒。其粟及麻，據米數準折虛價，直委度支，以停江淮運脚錢充，並支綾絹絁綿，勿令折估。所糴粟等，委本道節度使監軍同勾當別貯，非承特敕，不得給用。」

十四年六月，詔以米價稍貴，令度支出官米十萬石，於兩街賤糶。其年九月，以歲飢，出太倉粟三十萬石出糶。是歲冬，河南府穀貴人流，令以含嘉倉粟七萬石出糶。十五年二月，以久旱歲飢，出太倉粟十八萬石，於諸縣賤糶。

元和元年正月，制：「歲時有豐歉，穀價有重輕，將備水旱之虞，在權聚斂之術〔一〇〕。應天下州府每年所稅地子數內，宜十分取二分，均充常平倉及義倉，仍各逐穩便收貯，以時出糶，務在救人，賑貸所宜，速奏。」

六年二月，制：「如聞京畿之內，舊穀已盡，宿麥未登，宜以常平、義倉粟二十四萬石貸借百姓。諸道州府有乏少糧種處，亦委所在官長，用常平、義倉米借貸。淮南、浙西、宣歙等道，元和二年四月賑貸，並且停徵，容至豐年，然後塡納。」

九年四月，詔出太倉粟七十萬石，開六場糶之，并賑貸外縣百姓。至秋熟徵納，便於外縣收貯，以防水旱。

十二年四月，詔出粟二十五萬石，分兩街降估出糶。其年九月，詔諸道應遭水州府，河中、澤潞、河東、幽州、江陵府等管內，及鄭、滑、滄、景、易、定、陳、許、晉、隰、蘇、襄、復、台、越、唐、隨、鄧等州人戶，宜令本州厚加優恤。仍各以當處義倉斛斗，據所損多少，量事賑給。

十三年正月，戶部侍郎孟簡奏：「天下州府常平、義倉等斛斗，請準舊例減估出糶，但以石數奏申，有司更不收管，州縣得專達以利百姓〔二〕。」從之。

長慶四年二月，敕出太倉陳粟三十萬石，於兩街出糶。其年三月制曰：「義倉之制，其來日久。近歲所在盜用沒入，致使小有水旱，生人坐委溝壑。永言其弊，職此之由。宜令諸州錄事參軍，專主勾當。苟爲長吏迫制，即許驛表上聞。考滿之日，戶部差官交割。如無欠負，與減一選。如欠少者，量加一選。欠數過多，戶部奏聞，節級科處。」大和四年八月，敕：「今年秋稼似熟，宜於關內七州府及鳳翔府和糴一百萬石。」

大中六年四月，戶部奏：「諸州府常平、義倉斛斗，本防水旱，賑貸百姓。其有災沴州府地遠，申奏往復，已至流亡。自今已後，諸道遭災旱，請委所在長吏，差淸強官審勘，如實有水旱處，便任先從貧下不支濟戶給貸。」從之。

建中四年六月，戶部侍郎趙贊請置大田：天下田計其頃畝，官收十分之一。擇其上腴，樹桑環之，曰公桑。自王公至于匹庶，差借其力，得穀絲以給國用。詔從其說。贊熟計之，自以爲非便，皆寢不下。復請行常平稅茶之法。又以軍須迫蹙，常平利不時集，乃請稅屋間架、算除陌錢〔三〕。間架法：凡屋兩架爲一間，屋有貴賤，約價三等，上價間出錢二千，

中價一千，下價五百。所由吏秉算執籌，入人之廬舍而計其數。衣冠士族，或貧無他財，獨守故業，坐多屋出算者，動數十萬，人不勝其苦。凡沒一間者，杖六十，告者賞錢五十貫，取於其家。除陌法：天下公私給與貨易，率一貫舊算二十，益加算爲五十。給與他物或兩換者，約錢爲率算之。市牙各給印紙，人有買賣，隨自署記，翌日合算之。有自貿易不用市牙者，驗其私簿〔三〕，無私簿者，投狀自集。其有隱錢百者沒入，二千杖六十，告者賞十千，取其家資。法既行，而主人市牙得專其柄，率多隱盜。公家所入，曾不得半，而怨讟之聲，囂然滿於天下。至興元二年正月一日赦，悉停罷。

貞元九年正月，初稅茶。先是，諸道鹽鐵使張滂奏曰：「伏以去歲水災，詔令減稅。今之國用，須有供儲。伏請於出茶州縣，及茶山外商人要路，委所由定三等時估，每十稅一，充所放兩稅。其明年以後所得稅，外貯之。若諸州遭水旱，賦稅不辦，以此代之。」詔可之，仍委滂具處置條奏。自此每歲得錢四十萬貫〔四〕。然稅無虛歲，遭水旱處亦未嘗以錢拯贍。

大和七年〔五〕，御史臺奏：「伏準大和三年十一月十八日赦文，天下除兩稅外，不得妄有科配，其擅加雜榷率，一切宜停，令御史臺嚴加察訪者。臣昨因嶺南道擅置竹練場，稅法至重，害人頗深。伏請起今已後，應諸道自大和三年準赦文所停兩稅外科配雜榷率等復却置

者，仰敕至後十日內，具却置事由聞奏，仍申臺司。每有出使郎官御史，便令嚴加察訪，苟有此色，本判官重加懲責，長吏奏聽進止。」從之。

九年十二月，左僕射令狐楚奏新置榷茶使額：「伏以江淮間數年以來，水旱疾疫，凋傷頗甚，愁歎未平。今夏及秋，稍較豐稔。方須惠恤，各使安存。昨者忽奏榷茶，實爲蠹政。蓋是王涯破滅將至，怨怒合歸。豈有令百姓移茶樹就官場中栽，摘茶葉於官場中造，有同兒戲，不近人情。方有恩權，無敢沮議，朝班相顧而失色，道路以目而吞聲。今宗社降靈，姦兇盡戮，聖明垂佑，黎庶各安。微臣伏蒙天恩，兼授使務，官銜之內，猶帶此名，俯仰若驚，夙宵知愧。伏乞特迴聖聽，下鑒愚誠，速委宰臣，除此使額。緣國家之用或闕，山澤之利有遺，許臣條流，續具奏聞。採造欲及，妨廢爲虞。前月二十一日內殿奏對之次，鄭覃與臣同陳論訖。伏望聖慈早賜處分，一依舊法，不用新條。惟納榷之時，須節級加價，商人轉擡，必較稍貴，即是錢出萬國，利歸有司，既無害茶商，又不擾茶戶，上以彰陛下愛人之德，下以竭微臣憂國之心，遠近傳聞，必當咸悅。」詔可之。先是，鹽鐵使王涯表請使茶山之人，移植根本，舊有貯積，皆使焚棄，天下怨之。及是楚主之，故奏罷焉。

開成二年十二月，武寧軍節度使薛元賞奏：「泗口稅場，應是經過衣冠商客金銀、羊馬、斛斗、見錢、茶鹽、綾絹等，一物已上並稅。今商量，其雜稅並請停絕。」詔許之。

大中六年正月，鹽鐵轉運使裴休奏：「諸道節度、觀察使，置店停上茶商，每斤收搨地錢，并稅經過商人，頗乖法理。今請釐革橫稅，以通舟船，商旅既安，課利自厚。今又正稅茶商，多被私販茶人侵奪其利。今請強幹官吏，先於出茶山口，及廬、壽、淮南界內，布置把捉，曉諭招收，量加半稅，給陳首帖子，令其所在公行，從此通流，更無苛奪。所冀招恤窮困，下絕姦欺，使私販者免犯法之憂，正稅者無失利之歎。欲尋究根本，須舉綱條。」敕旨依奏。其年四月，淮南及天平軍節度使并浙西觀察使，皆奏軍用困竭，伏乞且賜依舊稅茶。敕旨：「裴休條流茶法，事極精詳，制置之初，理須畫一，並宜準今年正月二十六日敕處分。」

建中三年，初榷酒，天下悉令官釀。斛收直三千，米雖賤，不得減二千。委州縣綜領。醨薄私釀，罪有差。以京師王者都，特免其榷。

元和六年六月，京兆府奏：「榷酒錢除出正酒戶外，一切隨兩稅青苗據貫均率。」從之。

會昌六年九月敕：「揚州等八道州府，置榷麴，并置官店沽酒，代百姓納榷酒錢，并充資助軍用，各有榷許限〔一六〕，揚州、陳許、汴州、襄州、河東五處榷麴，浙西、浙東、鄂岳三處置官沽酒。如聞禁止私酤，過於嚴酷，一人違犯，連累數家，閭里之間，不免咨怨。宜從今以後，

如有人私沽酒及置私麴者，但許罪止一身，幷所由容縱，任據罪處分。鄉井之內，如不知情，並不得追擾。其所犯之人，任用重典，兼不得沒入家産。」

校勘記

〔一〕疏決開舊河口　「開」字各本原作「兼」，據唐會要卷八七改。

〔二〕闢三門巔踰巖險之地　「踰」字殘宋本、聞本、殿本、懼盈齋本、廣本作「輸」。局本作「闢三門山巔巖險之地」。今據唐會要卷八七改。

〔三〕宜停一年　「年」字各本原作「半」，據唐會要卷八七改。

〔四〕自此歲運米數千萬石　唐會要卷八七「千」作「十」，本篇下文亦言數十萬石，疑此「千」字爲「十」字之誤。

〔五〕嶺南山南東道　「山南」二字各本原無，據本書卷一三德宗紀、唐會要卷八七補。唐分嶺南爲東西兩道，始於懿宗咸通三年，見本書卷一九上懿宗紀、通鑑卷二五〇，此時不應有「嶺南東道」。

〔六〕錢穀利病之物虛實皆得而知　校勘記卷三〇云：「按據文義，物字當在之字上。」則此處當標作：「錢穀利病，物之虛實，皆得而知。」

〔七〕關內隴右河南河北五道　唐會要卷八八同。册府卷五〇二「河南」作「河東」。按下云「五道」，

疑此處脫「河東」二字。

〔八〕米價未騰貴　「未」字各本原無，據唐會要卷八八補。冊府卷五〇二作「米價不復騰貴」。

〔九〕成都　各本原作「東都」，據本書卷一二德宗紀、冊府卷五〇二、通考卷二一改。

〔一〇〕在權聚斂之術　全唐文卷五六「斂」字作「散」。

〔一一〕州縣得專達　「州」上各本原有「內」字，據唐會要卷八八、冊府卷五〇二刪。

〔一二〕算除陌錢　「算」字各本原作「等」，據本書卷一三五盧杞傳、冊府卷五一〇改。

〔一三〕驗其私簿　「驗」字各本原作「給」，據本書卷一三五盧杞傳、冊府卷五一〇改。

〔一四〕每歲得錢四十萬貫　「歲」字各本原作「稅」，據本書卷一三德宗紀、唐會要卷八四、御覽卷八六七、冊府卷四九三改。

〔一五〕大和七年　「大」字各本原作「元」，據唐會要卷八四、通考卷一四改。

〔一六〕各有榷許限　「榷」字各本原作「權」，據唐會要卷八八、冊府卷五〇四改。

舊唐書卷五十

志第三十

刑法

古之聖人，爲人父母，莫不制禮以崇敬，立刑以明威，防閑於未然，懼爭心之將作也。故有輕重三典之異，宮墨五刑之差，度時而施宜，因事以議制，大則陳之原野，小則肆諸市朝，以禦姦宄，用懲禍亂。興邦致理，罔有弗由於此者也。暨淳朴既消，澆僞斯起，刑增爲九，章積三千，雖有凝脂次骨之峻，而錐刀之末，盡爭之矣。

自漢迄隋，世有增損，而罕能折衷。隋文帝參用周、齊舊政，以定律令，除苛慘之法，務在寬平。比及晚年，漸亦滋虐。煬帝忌刻，法令尤峻，人不堪命，遂至於亡。

高祖初起義師於太原，卽布寬大之令。百姓苦隋苛政，競來歸附。旬月之間，遂成帝業。既平京城，約法爲十二條〔一〕。惟制殺人、劫盜、背軍、叛逆者死，餘並蠲除之。及受

禪，詔納言劉文靜與當朝通識之士，因開皇律令而損益之，盡削大業所用煩峻之法。又制五十三條格，務在寬簡，取便於時。尋又敕尚書左僕射裴寂、尚書右僕射蕭瑀及大理卿崔善爲、給事中王敬業、中書舍人劉林甫顏師古王孝遠、涇州別駕靖延、太常丞丁孝烏、隋大理丞房軸、上將府參軍李桐客、太常博士徐上機等，撰定律令，大略以開皇爲準。于時諸事始定，邊方尚梗，救時之弊，有所未暇，惟正五十三條格，入於新律，餘無所改。至武德七年五月奏上，乃下詔曰：

古不云乎，「萬邦之君，有典有則。」故九疇之敍，興於夏世，兩觀之法，大備隆周。所以禁暴懲姦，弘風闡化，安民立政，莫此爲先。自戰國紛擾，恃詐任力，苛制煩刑，於茲競起。秦幷天下，隳滅禮教，恣行酷烈，害虐蒸民，宇內騷然，遂以顛覆。漢氏撥亂，思易前軌，雖復務從約法，蠲削嚴刑，尚行葅醢之誅，猶設錙銖之禁。宇民之道，實有未弘，刑措之風，以茲莫致。爰及魏、晉，流弊相沿，寬猛乖方，綱維失序。下凌上替，政散民凋，皆由法令湮訛，條章混謬。自斯以後，宇縣瓜分，戎馬交馳，未遑典制。有隋之世，雖云釐革，然而損益不定，疏舛尚多，品式章程，罕能甄備。加以微文曲致，覽者惑其淺深，異例同科，用者殊其輕重，遂使姦吏巧詆，任情與奪，愚民妄觸，動陷羅網，屢聞釐革，卒以無成。

朕膺期受籙，寧濟區宇，永言至治，興寐爲勞。補千年之墜典，拯百王之餘弊，思所以正本澄源，式淸流末，永垂憲則，貽範後昆。爰命羣才，修定科律。但今古異務，文質不同，喪亂之後，事殊曩代，應機適變，救弊斯在。是以斟酌繁省，取合時宜，矯正差遺，務從體要。迄茲歷稔，撰次始畢，宜下四方，卽令頒用。庶使吏曹簡肅，無取懸石之多；奏讞平允，靡競錐刀之末。勝殘去殺，此焉非遠。

於是頒行天下。

及太宗卽位，又命長孫無忌、房玄齡與學士法官，更加釐改。戴胄、魏徵又言舊律令重，於是議絞刑之屬五十條，免死罪，斷其右趾。應死者多蒙全活。太宗尋又愍其受刑之苦，謂侍臣曰：「前代不行肉刑久矣，今忽斷人右趾，意甚不忍。」諫議大夫王珪對曰：「古行肉刑，以爲輕罪。今陛下矜死刑之多，設斷趾之法，格本合死，今而獲生，刑者幸得全命，豈憚去其一足？且人之見者，甚足懲誡。」上曰：「本以爲寬，故行之。然每聞惻愴，不能忘懷。」又謂蕭瑀、陳叔達等曰：「朕以死者不可再生，思有矜愍，故簡死罪五十條，從斷右趾。朕復念其受痛，極所不忍。」叔達等咸曰：「古之肉刑，乃在死刑之外。陛下於死刑之內，改從斷趾，便是以生易死，足爲寬法。」上曰：「朕意以爲如此，故欲行之。」又有上書言此非便，公可更思之。」其後蜀王法曹參軍裴弘獻又駁律令不便於時者四十餘事，太宗令參掌删改

之。弘獻於是與玄齡等建議，以爲古者五刑，刖居其一。及肉刑廢，制爲死、流、徒、杖、笞凡五等，以備五刑。今復設刖足，是爲六刑。減死在於寬弘，加刑又加煩峻。乃與八座定議奏聞，於是又除斷趾法，改爲加役流三千里，居作二年。

又舊條疏，兄弟分後，蔭不相及，連坐俱死，祖孫配沒。會有同州人房強，弟任統軍於岷州，以謀反伏誅，強當從坐。太宗嘗錄囚徒，憫其將死，爲之動容，顧謂侍臣曰：「刑典仍用，蓋風化未洽之咎。愚人何罪，而肆重刑乎？更彰朕之不德也。用刑之道，當審事理之輕重，然後加之以刑罰。何有不察其本而一概加誅〔二〕，非所以恤刑重人命也。然則反逆有二：一爲興師動衆，一爲惡言犯法。輕重有差，而連坐皆死，豈朕情之所安哉？」更令百僚詳議。於是玄齡等復定議曰：「案禮，孫爲王父尸。案令，祖有蔭孫之義。然則祖孫親重而兄弟屬輕〔三〕，應重反流〔四〕，合輕翻死，據禮論情〔五〕，深爲未愜。今定律，祖孫與兄弟緣坐，俱配沒。其以惡言犯法不能爲害者，情狀稍輕，兄弟免死，配流爲允。」從之。自是比古死刑，殆除其半。

玄齡等遂與法司定律五百條，分爲十二卷：一曰名例，二曰衞禁，三曰職制，四曰戶婚，五曰廐庫，六曰擅興，七曰賊盜，八曰鬬訟，九曰詐僞，十曰雜律，十一曰捕亡，十二曰斷獄。有笞、杖、徒、流、死，爲五刑。笞刑五條，自笞十至五十；杖刑五條，自杖六十至杖一百；

徒刑五條，自徒一年，遞加半年，至三年；流刑三條，自流二千里，遞加五百里，至三千里；死刑二條：絞、斬。大凡二十等。又有議請減贖當免之法八：一曰議親，二曰議故，三曰議賢，四曰議能，五曰議功，六曰議貴，七曰議賓，八曰議勤。八議者，犯死罪者皆條所坐及應議之狀奏請，議定奏裁；流罪已下，減一等。若官爵五品已上，及皇太子妃大功已上親，應議者周以上親，犯死罪者上請；流罪已下，亦減一等。若七品已上官，及官爵得請者之祖父母、父母、兄弟、姊妹、妻、子孫〔六〕，犯流罪已下，各減一等。若應議請減及九品已上官，若官品得減者之祖父母、父母、妻、子孫，犯流罪已下，聽贖。其贖法：笞十，贖銅一斤，遞加一斤，至杖一百，則贖銅十斤。自此已上，遞加十斤，至徒三年，則贖銅六十斤。流二千里者，贖銅八十斤；流二千五百里者，贖銅九十斤；流三千里者，贖銅一百斤。絞斬者，贖銅一百二十斤〔七〕。又許以官當罪。以官當徒者，五品已上犯私罪者〔八〕，一官當徒二年；九品已上，一官當徒一年。若犯公罪者，各加一年。以官當流者，三流同比徒四年，仍各解見任。除名者，比徒三年。免官者，比徒二年。免所居官者，比徒一年。又有十惡之條：一曰謀反，二曰謀大逆，三曰謀叛，四曰謀惡逆，五曰不道，六曰大不敬，七曰不孝，八曰不睦，九曰不義，十曰內亂。其犯十惡者，不得依議請之例。年七十以上、十五以下及廢疾，犯流罪以下，亦聽贖。八十已上、十歲以下及篤疾，犯反逆殺人應死者，上請，盜及傷人，亦

收贖，餘皆勿論。九十以上、七歲以下，雖有死罪，不加刑。比隋代舊律，減大辟者九十二條〔九〕，減流入徒者七十一條。其當徒之法，唯奪一官，除名之人，仍同士伍。凡削煩去蠹，變重爲輕者，不可勝紀。

又定令一千五百九十條，爲三十卷。貞觀十一年正月，頒下之。又刪武德、貞觀已來敕格三千餘件，定留七百條，以爲格十八卷，留本司施行。斟酌今古，除煩去弊，甚爲寬簡，便於人者。以尚書省諸曹爲之目，初爲七卷。其曹之常務，但留本司者，別爲留司格一卷。蓋編錄當時制敕，永爲法則，以爲故事。貞觀格十八卷，房玄齡等刪定。永徽留司格十八卷，散頒格七卷，長孫無忌等刪定，永徽中，又令源直心等刪定，惟改易官號曹局之名，不易篇目。永徽留司格後本，劉仁軌等刪定。垂拱留司格六卷，散頒格三卷，裴居道刪定。太極格十卷，岑羲等刪定。開元前格十卷，姚崇等刪定。開元後格十卷，宋璟等刪定。皆以尚書省二十四司爲篇目。凡式三十有三篇，亦以尚書省列曹及祕書、太常、司農、光祿、太僕、太府、少府及監門、宿衞、計帳名其篇目，爲二十卷。永徽式十四卷，垂拱、神龍、開元式並二十卷，其刪定格令同。

太宗又制在京見禁囚，刑部每月一奏，從立春至秋分，不得奏決死刑。其大祭祀及致齋、朔望、上下弦、二十四氣、雨未晴、夜未明、斷屠日月及假日，並不得奏決死刑。其有敕

之日，武庫令設金雞及鼓於宮城門外之右，勒集囚徒於闕前，撾鼓千聲訖，宣詔而釋之。其赦書頒諸州，用絹寫行下。

又繫囚之具，有枷、杻、鉗、鎖，皆有長短廣狹之制，量罪輕重，節級用之。其杖皆削去節目，長三尺五寸。訊囚杖，大頭徑三分二釐，小頭二分二釐。常行杖，大頭二分七釐，小頭一分七釐。笞杖，大頭二分，小頭一分半。其決笞者，腿分受。決杖者，背、腿、臀分受。及須數等拷訊者，亦同。其拷囚不過三度，總數不得過二百。杖罪已下，不得過所犯之數。

諸斷罪而無正條，其應出罪者，則舉重以明輕；其應入罪者，則舉輕以明重。稱加者，就重次；稱減者，就輕次。惟二死三流，同爲一減，不得加至於死。斷獄而失於出入者，以其罪罪之。失入者，各減三等；失出者，各減五等。

初，太宗以古者斷獄，必訊於三槐九棘之官，乃詔大辟罪，中書、門下五品已上及尚書等議之。其後河內人李好德，風疾瞀亂，有妖妄之言，詔按其事。大理丞張蘊古奏，好德癲病有徵，法不當坐。治書侍御史權萬紀，劾蘊古貫相州，好德之兄厚德，爲其刺史，情在阿縱，奏事不實。太宗曰：「吾常禁囚於獄內，蘊古與之弈棊，今復阿縱好德，是亂吾法也。」遂斬於東市，既而悔之。又交州都督盧祖尚，以忤旨斬於朝堂，帝亦追悔。下制，凡決死刑，

雖令即殺，仍三覆奏。尋謂侍臣曰：「人命至重，一死不可再生。昔世充殺鄭頲，既而悔之，追止不及。今春府史取財不多，朕怒殺之，後亦尋悔，皆由思不審也。比來決囚，雖三覆奏，須臾之間，三奏便訖，都未得思，三奏何益？自今已後，宜二日中五覆奏，下諸州三覆奏。又古者行刑，君爲徹樂減膳。朕今庭無常設之樂，莫知何徹，然對食即不啖酒肉。自今已後，令與尙食相知，刑人日勿進酒肉。內教坊及太常〔一〇〕，並宜停教。且曹司斷獄，多據律文，雖情在可矜，而不敢違法，守文定罪，或恐有寃。自今門下覆理，有據法合死而情可宥者，宜錄狀奏。」自是全活者甚衆。其五覆奏，以決前一日、二日覆奏，決日又三覆奏。惟犯惡逆者，一覆奏而已，著之於令。

太宗既誅張蘊古之後，法官以出罪爲誡，時有失入者，又不加罪焉，由是刑網頗密。帝嘗問大理卿劉德威曰：「近來刑網稍密，何也？」德威對曰：「律文失入減三等，失出減五等。今失入則無辜，失出則便獲大罪，所由吏皆深文。」太宗然其言。由是失於出入者，令依律文，斷獄者漸爲平允。十四年，又制流罪三等，不限以里數，量配邊惡之州。其後雖存寬典，而犯者漸少。

高宗即位，遵貞觀故事，務在恤刑。嘗問大理卿唐臨在獄繫囚之數〔一一〕，臨對曰：「見囚五十餘人，惟二人合死。」帝以囚數全少，怡然形於顏色。永徽初，敕太尉長孫無忌、司空

李勣、左僕射于志寧、右僕射張行成、侍中高季輔、黄門侍郎宇文節柳奭、右丞段寶玄、太常少卿令狐德棻、吏部侍郎高敬言、刑部侍郎劉燕客、給事中趙文恪、中書舍人李友益、少府丞張行實、大理丞元紹、太府丞王文端、刑部郎中賈敏行等，共撰定律令格式。舊制不便者，皆隨删改。遂分格爲兩部：曹司常務爲留司格，天下所共者爲散頒格。其散頒格下州縣，留司格但留本司行用焉。三年，詔曰：「律學未有定疏，每年所舉明法，遂無憑準。宜廣召解律人條義疏奏聞，仍使中書、門下監定。」於是太尉趙國公無忌、司空英國公勣、尚書左僕射兼太子少師監修國史燕國公志寧、銀青光祿大夫刑部尚書唐臨、太中大夫守大理卿段寶玄、朝議大夫守尚書右丞劉燕客、朝議大夫守御史中丞賈敏行等，參撰律疏，成三十卷，四年十月奏之，頒于天下。自是斷獄者皆引疏分析之。

永徽五年五月，上謂侍臣曰：「獄訟繁多，皆由刑罰枉濫，故曰刑者成也，一成而不可變。末代斷獄之人，皆以苛刻爲明，是以秦氏網密秋荼，而獲罪者衆。今天下無事，四海乂安，欲與公等共行寬政。今日刑罰，得無枉濫乎？」無忌對曰：「陛下欲得刑法寬平，臣下猶不識聖意。此法弊來已久，非止今日。若情在體國，即共號癡人，意在深文，便稱好吏。所以罪雖合杖，必欲遣徒，理有可生，務入於死，非憎前人，陷於死刑〔三〕。陛下矜而令放，法司亦宜固請，但陛下喜怒不妄加於人，刑罰自然適中。」上以爲然。永徽六年七月，上謂侍臣曰：

「律通比附，條例太多。」左僕射志寧等對：「舊律多比附斷事，乃稍難解。科條極衆，數至三千。隋日再定，惟留五百。以事類相似者，比附科斷。今日所停，即是參取隋律修易。條章既少，極成省便。」

龍朔二年，改易官號，因敕司刑太常伯源直心、少常伯李敬玄、司刑大夫李文禮等重定格式，惟改曹局之名，而不易篇第。麟德二年奏上。至儀鳳中，官號復舊，又敕左僕射劉仁軌、右僕射戴至德〔三〕、侍中張文瓘、中書令李敬玄、右庶子郝處俊、黃門侍郎來恆、左庶子高智周、右庶子李義琰、吏部侍郎裴行儉馬載〔四〕、兵部侍郎蕭德昭裴炎、工部侍郎李義琛、刑部侍郎張楚、金部郎中盧律師等，删緝格式。儀鳳二年二月九日，撰定奏上。先是詳刑少卿趙仁本撰法例三卷，引以斷獄，時議亦爲折衷〔五〕。後高宗覽之，以爲煩文不便，因謂侍臣曰：「律令格式，天下通規，非朕庸虛所能創制。並是武德之際，貞觀已來，或取定宸衷，參詳衆議，條章備舉，軌躅昭然，臨事遵行，自不能盡。何爲更須作例，致使觸緒多疑。計此因循，非適今日，速宜改轍，不得更然。」自是，法例遂廢不用。

則天臨朝，初欲大收人望。垂拱初年，令鎔銅爲匭，四面置門，各依方色，共爲一室。東面名曰延恩匭，上賦頌及許求官爵者封表投之。南面曰招諫匭，有言時政得失及直言諫諍者投之。西面曰申冤匭，有得罪冤濫者投之。北面曰通玄匭，有玄象災變及軍謀秘策者

投之。每日置之於朝堂，以收天下表疏。既出之後，不逞之徒，或至攻訐陰私，謗訕朝政者。後乃令中書、門下官一人，專監其所投之狀，仍責識官，然後許進封，行之至今焉。則天又敕內史裴居道、夏官尚書岑長倩、鳳閣侍郎韋方質與刪定官袁智弘等十餘人，刪改格式，加計帳及勾帳式，通舊式成二十卷。又以武德已來、垂拱已前詔敕便於時者〔一六〕，編爲新格二卷，則天自製序。其二卷之外，別編六卷，堪爲當司行用，爲垂拱留司格。時韋方質詳練法理，又委其事於咸陽尉王守慎〔一七〕，又有經理之才，故垂拱格、式，議者稱爲詳密。其律令惟改二十四條，又有不便者，大抵依舊。

然則天嚴於用刑，屬徐敬業作亂，及豫、博兵起之後，恐人心動搖，欲以威制天下，漸引酷吏，務令深文，以案刑獄。長壽年有上封事言嶺表流人有陰謀逆者，乃遣司刑評事萬國俊攝監察御史就案之，若得反狀，斬決。國俊至廣州，遍召流人，擁之水曲，以次加戮，三百餘人，一時併命，然後鍛鍊曲成反狀。乃更誣奏云：「諸道流人，多有怨望。若不推究，爲變不遙。」則天深然其言，又命攝監察御史劉光業、王德壽、鮑思恭、王處貞、屈貞筠等〔一八〕，分往劍南、黔中、安南、嶺南等六道，按鞫流人。光業所在殺戮，光業誅九百人，德壽誅七百人，其餘少者不減數百人。亦有雜犯及遠年流人，亦枉及禍焉。

時周興、來俊臣等，相次受制，推究大獄。乃於都城麗景門內，別置推事使院，時人謂

之「新開獄」。俊臣又與侍御史侯思止王弘義郭霸李敬仁、評事康暐衞遂忠等，招集告事數百人，共爲羅織，以陷良善。前後枉遭殺害者，不可勝數。又造告密羅織經一卷，其意旨皆網羅前人，織成反狀。俊臣每鞫囚，無問輕重，多以醋灌鼻。禁地牢中，或盛之于瓮，以火圜遶炙之。兼絕其糧餉，至有抽衣絮以噉之者。其所作大枷，凡有十號：一曰定百脈，二曰喘不得，三曰突地吼，四曰著卽承，五曰失魂膽，六曰實同反，七曰反是實，八曰死豬愁，九曰求卽死，十曰求破家。又令寢處糞穢，備諸苦毒。每有制書寬宥囚徒，俊臣必先遣獄卒，盡殺重罪，然後宣示。是時海內懾懼，道路以目。麟臺正字陳子昂上書曰：

臣聞古之御天下者，其政有三：王者化之，用仁義也；霸者威之，任權智也；強國脅之，務刑罰也。是以化之不足，然後威之，威之不足，然後刑之。故至於刑，則非王者之所貴矣。況欲光宅天下，追功上皇，專任刑殺以爲威斷，可謂策之失者也。

臣伏覩陛下聖德聰明，遊心太古，將制靜宇宙，保乂黎民，發號施令，出於誠慊。天下蒼生，莫不懸望聖風，冀見神化，道德爲政，將待於陛下矣。臣聞之，聖人出，必有驅除，蓋天人之符，應休命也。日者東南微孽，敢謀亂常。陛下順天行誅，罪惡咸伏，豈非天意欲彰陛下威武之功哉！而執事者不察天心，以爲人意，惡其首亂唱禍，法合誅屠，將息姦源，窮其黨與。遂使陛下大開詔獄，重設嚴刑，冀以懲姦，觀于天下。逆黨

親屬及其交遊，有涉嫌疑，辭相連及，莫不窮捕考校，枝葉蟠拏，大或流血〔二九〕，小禦魑魅。至有姦人熒惑，乘險相誣，糾告疑似，冀圖爵賞，叫于闕下者，日有數矣。于時朝廷徨徨，莫能自固，海內傾聽，以相驚恐。賴陛下仁慈，憫其危懼，賜以恩詔，許其大功已上，一切勿論，人時獲泰，謂生再造。愚臣竊以忻然，賀陛下聖明，得天之機也。不謂議者異見，又執前圖，比者刑獄，紛紛復起。陛下不深思天意，以順休期，尙以督察爲理，威刑爲務，使前者之詔，不信於人，愚臣昧焉，竊恐非五帝、三王伐罪弔人之意也。

臣竊觀當今天下百姓，思安久矣。曩屬北胡侵塞，西戎寇邊，兵革相屠，向歷十載。關、河自北，轉輸幽、燕；秦、蜀之西，馳騖湟、海。當時天下疲極矣！重以大兵之後，屬遭凶年，流離飢餓，死喪略半。幸賴陛下以至聖之德，撫寧兆人，邊境獲安，中國無事，陰陽大順，年穀累登，天下父子，始得相養矣。揚州構禍，殆有五旬，而海中晏然，纖塵不動，豈非天下蒸庶厭凶亂哉？臣以此卜之，百姓思安久矣。今陛下不務玄默，以救疲民，而又任威刑以失其望，欲以察察爲政，肅理寰區。愚臣暗昧，竊有大惑。且臣聞刑者，政之末節也。先王以禁暴釐亂，不得已而用之。今天下幸安，萬物思泰，陛下乃以末節之法，察理平人，愚臣以爲非適變隨時之義也。頃年以來，伏見諸方告

密，囚累百千輩。大抵所告，皆以揚州爲名，及其窮竟，百無一實。陛下仁恕，又屈法容之，傍訐他事，亦爲推劾。遂使姦臣之黨，快意相讎，睚眦之嫌，卽稱有密，一人被告，百人滿獄，使者推捕，冠蓋如市。或謂陛下愛一人而害百人，天下喁喁，莫知寧所。

臣聞自非聖人，不有外患，必有內憂，物理自然也。臣不敢以古遠言之，請指隋而說。臣聞長老云：隋之末世，天下猶平。煬帝不恭，窮毒威武，厭居皇極，自總元戎，以百萬之師，觀兵遼海，天下始騷然矣。遂使楊玄感挾不臣之勢，有大盜之心，欲因人謀，以竊皇業。乃稱兵中夏，將據洛陽，哮㘇之勢，傾宇宙矣。然亂未逾月，而頭足異處。何者？天下之弊，未有土崩，蒸人之心，猶望樂業。煬帝不悟，暗忽人機，自以爲元惡旣誅，天下無巨猾也，皇極之任，可以刑罰理之。遂使兵部尙書樊子蓋專行屠戮，大窮黨與，海內豪士，無不罹殃。遂至殺人如麻，流血成澤，天下靡然思爲亂矣。於是蕭銑、朱粲起於荆南，李密、竇建德亂於河北。四海雲搖，遂並起而亡隋族矣。豈不哀哉！長老至今談之，委曲如是。

觀三代夏、殷興亡，已下至秦、漢、魏、晉理亂，莫不皆以毒刑而致敗壞也。夫大獄一起，不能無濫。何者？刀筆之吏，寡識大方，斷獄能者，名在急刻，文深網密，則共

稱至公，爰及人主，亦謂其奉法。於是利在殺人，害在平恕，故獄吏相誡，以殺爲詞。非憎於人也，而利在己。故上以希人主之旨，以圖榮身之利。徇利既多，則不能無濫，濫及良善，則淫刑逞矣。夫人情莫不自愛其身，陛下以此察之，豈非無濫矣！冤人吁嗟，感傷和氣；和氣悖亂，羣生癘疫；水旱隨之，則有凶年。人既失業，則禍亂之心怵然而生矣。頃來亢陽愆候，雲而不雨，農夫釋耒，瞻望嗷嗷，豈不由陛下之有聖德而不降澤於人也？儻旱遂過春，廢於時種，今年稼穡，必有損矣。陛下可不敬承天意，以澤恤人？臣聞古者明王重慎刑罰，蓋懼此也。書不云乎，「與其殺不辜，寧失不經。」陛下奈何以堂堂之聖，猶務強國之威。愚臣竊爲陛下不取。

且愚人安則樂生，危則思變。故事有招禍，法有起姦。倘大獄未休，支黨日廣，天下疑惑，相恐無辜，人情之變，不可不察。昔漢武帝時巫蠱獄起，江充行詐，作亂京師，至使太子奔走，兵交宮闕，無辜被害者以萬千數。當時劉宗幾覆滅矣，賴武帝得壺關三老上書，幡然感悟，夷江充三族，餘獄不論，天下少以安耳。臣讀書至此，未嘗不爲戾太子流涕也。古人云：「前事不忘，後事之師。」伏願陛下念之。今臣不避湯鑊之罪，以螻蟻之命，輕觸宸嚴。臣非不惡死而貪生也；誠以負陛下恩遇，以微命蔽塞聰明，亦非敢欲陛下頓息嚴刑，望在恤刑耳。乞與三事大夫，圖其可否。夫往者不可諫，來者

猶可追，無以臣微而忽其奏，天下幸甚。

疏奏不省。

時司刑少卿徐有功常駁酷吏所奏，每日與之廷爭得失，以雪冤濫，因此全濟者亦不可勝數，語在有功傳。及俊臣、弘義等伏誅，刑獄稍息。前後宰相王及善、姚元崇、朱敬則等，皆言垂拱已來身死破家者，皆是枉濫。則天頗亦覺悟，於是監察御史魏靖上言曰：

臣聞國之綱紀，在乎生殺。其周興、來俊臣、丘神勣、萬國俊、王弘義、侯思止、郭弘霸、李敬仁、彭先覺、王德壽、張知默者，卽堯年四凶矣。恣騁愚暴，縱虐含毒，讎嫉在位，安忍朝臣，罪逐情加，刑隨意改。當其時也，囚圄如市，朝廷以目。既而素虛不昧，冤魂有託，行惡其報，禍淫可懲，具嚴天刑，以懲亂首。竊見來俊臣身處極法者，以其羅織良善，屠陷忠賢，籍沒以勸將來，顯戮以謝天下。臣又聞之道路，上至聖主，傍洎貴臣，明明知有羅織之事矣。俊臣既死，推者獲功，胡元禮超遷，裴談顯授，中外稱慶，朝廷載安。破其黨者，既能賞不逾時；被其陷者，豈可淹之累歲。且稱反徒，須得反狀。惟據片辭〔一〇〕，卽請行刑，拷楚妄加，款答何限。故徐有功以寬平而見忌，斛瑟羅以妓女而受拘，中外具知，枉直斯在，借以爲喻，其餘可詳。臣又聞之，郭弘霸自刺而唱快，萬國俊被遮而遽亡。霍獻可臨終，膝拳於項；李敬仁將死，舌至於臍。

皆衆鬼滿庭，羣妖横道，惟徵集應，若響隨聲。備在人謠，不爲虚説，伯有晝見，殆無以過。此亦羅織之一據也〔三〕。臣以至愚，不識大體，儻使平反者數人，衆共詳覆來俊臣等所推大獄，庶鄧艾獲申於今日，孝婦不濫於昔時，恩涣一流，天下幸甚。疏奏，制令錄來俊臣、丘神勣等所推鞫人身死籍没者，令三司重推勘，有寃濫者，並皆雪免。

中宗神龍元年，制以故司僕少卿徐有功，執法平恕，追贈越州都督，特授一子官。又以丘神勣、來子珣、萬國俊、周興、來俊臣、魚承曄、王景昭、索元禮、傅遊藝、王弘義、張知默、裴籍、焦仁亶、侯思止、郭霸、李敬仁、皇甫文備、陳嘉言、劉光業、王德壽、王處貞、屈貞筠、鮑思恭二十三人，自垂拱已來，並枉濫殺人，所有官爵，並令追奪。天下稱慶。時既改易，制盡依貞觀、永徽故事。敕中書令韋安石、禮部侍郎祝欽明、尚書右丞蘇瓌、兵部郎中狄光嗣等，删定垂拱格後至神龍元年已來制敕，爲散頒格七卷。又删補舊式，爲二十卷，頒於天下。

景雲初，睿宗又敕戶部尚書岑羲、中書侍郎陸象先、右散騎常侍徐堅、右司郎中唐紹、刑部員外郎邵知與、删定官大理寺丞陳義海、右衛長史張處斌、大理評事張名播、左衛率府倉曹參軍羅思貞、刑部主事閻義顓凡十人，删定格式律令。太極元年二月奏上，名爲

太極格。

開元初，玄宗敕黃門監盧懷慎、紫微侍郎兼刑部尚書李乂、紫微侍郎蘇頲、紫微舍人呂延祚、給事中魏奉古、大理評事高智靜、同州韓城縣丞侯郢璡、瀛州司法參軍閻義顓等，刪定格式令，至三年三月奏上，名爲開元格。六年，玄宗又敕吏部侍郎兼侍中宋璟、中書侍郎蘇頲、尚書左丞盧從愿、吏部侍郎裴漼、慕容珣、戶部侍郎楊滔、中書舍人劉令植、大理司直高智靜、幽州司功參軍侯郢璡等九人，刪定律令格式，至七年三月奏上，律令式仍舊名，格曰開元後格。十九年，侍中裴光庭、中書令蕭嵩，又以格後制敕行用之後，頗與格文相違，於事非便，奏令所司刪撰格後長行敕六卷，頒于天下。

二十二年，戶部尚書李林甫又受詔改修格令。林甫遷中書令，乃與侍中牛仙客、御史中丞王敬從，與明法之官前左武衞胄曹參軍崔見、衞州司戶參軍直中書陳承信、酸棗尉直刑部俞元杞等，共加刪緝舊格式律令及敕，總七千二十六條。其一千三百二十四條於事非要，並刪之。二千一百八十條隨文損益，三千五百九十四條仍舊不改。總成律十二卷，律疏三十卷，令三十卷，式二十卷，開元新格十卷。又撰格式律令事類四十卷，以類相從，便於省覽。二十五年九月奏上，敕於尚書都省寫五十本，發使散於天下。其年刑部斷獄，天下死罪惟有五十八人。大理少卿徐嶠上言：大理獄院，由來相傳殺氣太盛，鳥雀不

棲，至是有鵲巢其樹。於是百僚以幾至刑措，上表陳賀。玄宗以宰相燮理、法官平允之功，封仙客爲邠國公，林甫爲晉國公，刑部大理官共賜帛二千匹。

自明慶至先天六十年間，高宗寬仁，政歸宮閫。則天女主猜忌，果於殺戮，宗枝大臣，鍛於酷吏，至於移易宗社，幾亡李氏。神龍之後，后族干政。景雲繼立，歸妹怙權。開元之際，刑政賞罰，斷於宸極，四十餘年，可謂太平矣。及冢臣懷邪，邊將內侮，乘輿幸于巴、蜀，儲副立於朔方。曾未逾年，載收京邑，書契以來，未有克復宗社若斯之速也。而兩京衣冠，多被脅從，至是相率待罪闕下。而執事者務欲峻刑以取威，盡誅其族，以令天下。議久不定，竟置三司使，以御史大夫兼京兆尹李峴、兵部侍郎呂諲、戶部侍郎兼御史中丞崔器、刑部侍郎兼御史中丞韓擇木、大理卿嚴向等五人爲之。

初，西京文武官陸大鈞等陷賊來歸，崔器草儀，盡令免冠徒跣，撫膺號泣，以金吾府縣人吏圍之，於朝謝罪，收付大理京兆府獄繫之。及陳希烈等大臣至者數百人，又令朝堂徒跣如初，令宰相苗晉卿、崔圓、李麟等百僚同視，以爲棄辱，宣詔以責之。朝廷又以負罪者衆，獄中不容，乃賜楊國忠宅鞫之。器、諲多希旨深刻，而擇木無所是非，獨李峴力爭之，乃定所推之罪爲六等，集百僚尚書省議之。肅宗方用刑名，公卿但唯唯署名而已。於是河南尹達奚珣等三十九人，以爲罪重，與衆共棄。珣等十一人，於子城西伏誅。陳希烈、

張垍、郭納、獨孤朗等七人〔三〕，於大理寺獄賜自盡。達奚摯、張岯、李有孚、劉子英、冉大華二十一人，於京兆府門決重杖死。大理卿張均引至獨柳樹下刑人處，免死配流合浦郡。而達奚珣、韋恆乃至腰斬。

先是，慶緒至相州，史思明、高秀巖等皆送款請命，肅宗各令復位，便領所管，至是懼不自安，各率其黨叛。其後三司用刑，連年不定，流貶相繼。及王璵爲相，素聞物議，請下詔自今已後，三司推勘未畢者，一切放免，大收人望。後蕭華拔魏州歸國，嘗話於朝云：「初河北官聞國家宣詔放陳希烈等脅從官一切不問，各令復位，聞者悔歸國之晚，舉措自失。及後聞希烈等死，皆相賀得計，無敢歸者。於是河北將吏，人人益堅，大兵不解。」

後有毛若虛、敬羽之流，皆深酷割剝，驟求權柄，殺人以逞刑，厚斂以資國。六七年間，大獄相繼，州縣之內，多是貶降人。肅宗復聞三司多濫，嘗悔云：「朕爲三司所誤，深恨之。」及彌留之際，以元載爲相，乃詔天下流降人等一切放歸。

代宗寶應元年，迴紇與史朝義戰勝，擒其將士妻子老幼四百八十人。上以婦人雖爲賊家口，皆是良家子女，被賊逼略，惻然愍之，令萬年縣於勝業佛寺安置，給糧料。若有親屬認者，任還之；如無親族者，任其所適，仍給糧遞過。於是人情莫不感戴忻悅。

大曆十四年六月一日，德宗御丹鳳樓大赦。赦書節文：「律令格式條目有未折衷者，委

中書門下簡擇理識通明官共删定。自至德已來制敕，或因人奏請，或臨事頒行，差互不同，使人疑惑。中書門下與删定官詳決，取堪久長行用者，編入格條。」三司使，準式以御史中丞、中書舍人、給事中各一人爲之，每日於朝堂受詞，推勘處分。建中二年，罷删定格令使幷三司使。先是，以中書門下充删定格令使，又以給事中、中書舍人、御史中丞爲三司使。至是中書門下奏請復舊，以刑部、御史臺、大理寺爲之，其格令委刑部删定。

元和四年九月敕：「刑部大理決斷繫囚，過爲淹遲，是長姦倖。自今已後，大理寺檢斷，不得過二十日，刑部覆下，不得過十日。如刑部覆有異同，寺司重加不得過十五日〔四〕，省司量覆不得過七日。如有牒外州府節目及於京城內勘〔五〕，本推即日以報。牒到後計日數，被勘司却報不得過五日。仍令刑部具遣牒及報牒月日，牒報都省及分察使，各準敕文勾舉糾訪。」

六年九月，富平縣人梁悅，爲父殺仇人秦果，投縣請罪。敕：「復讎殺人，固有彝典。以其中冤請罪，視死如歸，自詣公門，發於天性。志在徇節，本無求生之心，寧失不經，特從減死之法。宜決一百，配流循州。」職方員外郎韓愈獻議曰：

伏奉今月五日敕：復讎，據禮經則義不同天，徵法令則殺人者死。禮法二事，皆王教之端，有此異同，必資論辯，宜令都省集議聞奏者。伏以子復父讎，見於春秋，見於

禮記，又見於周官，又見於諸子史，不可勝數，未有非而罪之者也。最宜詳於律，而律無其條，非闕文也。蓋以爲不許復讎，則傷孝子之心，而乖先王之訓；許復讎，則人將倚法專殺，無以禁止其端矣。夫律雖本於聖人，然執而行之者，有司也。經之所明者，制有司也。丁寧其義於經，而深沒其文於律者，其意將使法吏一斷於法，而經術之士，得引經而議也。周官曰：「凡殺人而義者，令勿讎；讎之則死。」義，宜也，明殺人而不得其宜者，子得復讎也。此百姓之相讎者也。公羊傳曰：「父不受誅，子復讎可也。」不受誅者，罪不當誅也。又周官曰：「凡報仇讎者，書於士，殺之無罪。」言將復讎，必先言於官，則無罪也。今陛下垂意典章，思立定制。惜有司之守，憐孝子之心，示不自專，訪議羣下。臣愚以爲復讎之名雖同，而其事各異。或百姓相讎，如周官所稱，可議於今者；或爲官吏所誅，如公羊所稱，不可行於今者。又周官所稱，將復讎，先告於士則無罪者，若孤稚羸弱，抱微志而伺敵人之便，恐不能自言於官，未可以爲斷於今也。然則殺之與赦，不可一例。宜定其制曰：凡有復父讎者，事發，具其事由，下尚書省集議奏聞〔三〇〕。酌其宜而處之，則經律無失其指矣。

元和十三年八月，鳳翔節度使鄭餘慶等詳定格後敕三十卷，右司郎中崔郾等六人修上。

其年，刑部侍郎許孟容、蔣乂等奉詔删定，復勒成三十卷。刑部侍郎劉伯芻等考定，如

其舊卷。

長慶元年五月，御史中丞牛僧孺奏：「天下刑獄，苦於淹滯，請立程限。大事，大理寺限三十五日詳斷畢，申刑部，限三十日聞奏；中事，大理寺三十日，刑部二十五日；小事，大理寺二十五日，刑部二十日。一狀所犯十人以上，所斷罪二十件以上，爲大；所犯六人以上，所斷罪十件以上，爲中；所犯五人以下，所斷罪十件以下，爲小，其或所抵罪狀并所結刑名並同者，則雖人數甚多，亦同一人之例。違者，罪有差。」

二年四月，刑部員外郎孫革奏：「京兆府雲陽縣人張莅，欠羽林官騎康憲錢米。憲徵之，莅承醉拉憲，氣息將絕。憲男買得，年十四，將救其父。以莅角觝力人，不敢搗解，遂持木鍤擊莅之首見血，後三日致死者。準律，父爲人所毆，子往救，擊其人折傷，減凡鬭三等，至死者，依常律。卽買得救父難是性孝，非暴；擊張莅是心切〔三七〕，非兇。以髫丱之歲，正父子之親，若非聖化所加，童子安能及此？王制稱五刑之理，必原父子之親以權之，愼測淺深之量以別之。春秋之義，原心定罪。周書所訓，諸罰有權。今買得生被皇風，幼符至孝，哀矜之宥，伏在聖慈。臣職當讞刑，合分善惡。」敕：「康買得尚在童年，能知子道，雖殺人當死，而爲父可哀。若從沉命之科，恐失原情之義，宜付法司，減死罪一等。」

大和七年十二月，刑部奏：「先奉敕詳定前大理丞謝登新編格後敕六十卷者。臣等據

謝登所進，詳諸理例，參以格式，或事非久要，恩出一時，或前後差殊，或書寫錯誤，並已落下及改正訖。去繁舉要，列司分門，都爲五十卷。伏請宣下施行。」可之。

八年四月，詔應犯輕罪人，除情狀巨蠹，法所難原者，其他過誤罪愆，及尋常公事違犯，不得鞭背，遵太宗之故事也。俄而京兆尹韋長奏：「京師浩穰，姦豪所聚。終日懲罰，抵犯猶多，小有寬容，卽難禁戢。若恭守敕旨，則無以肅清；若臨事用刑，則有違詔命。伏望許依前據輕重處置。」從之。

開成四年，兩省詳定刑法格一十卷，敕令施行。

會昌元年九月，庫部郎中、知制誥紇干泉等奏：「準刑部奏，犯贓官五品已上，合抵死刑，請準獄官令賜死於家者，伏請永爲定格。」從之。

大中五年四月，刑部侍郎劉瑑等奉敕修大中刑法總要格後敕六十卷，起貞觀二年六月二十日，至大中五年四月十三日，凡二百二十四年雜敕，都計六百四十六門，二千一百六十五條。七年五月，左衞率倉曹參軍張戣進大中刑法統類一十二卷，敕刑部詳定奏行之。

校勘記

〔一〕約法爲十二條　「十二」，各本原作「二十」，據通典卷一六五、唐會要卷三九、冊府卷六一二、

新書卷五六刑法志改。

〔二〕何有不察其本而一概加誅　「何」下各本原有「者」字，據通典卷一七〇、册府卷六一二删。

〔三〕然則祖孫親重　「祖」「親」，各本原無，據通典卷一七〇、唐會要卷三九補。

〔四〕應重反流　「應」字各本原作「蔭」，據通典卷一七〇、唐會要卷三九、册府卷六一二改。

〔五〕據禮論情　「禮」字通典卷一七〇、唐會要卷三九、册府卷六一二作「理」。殘宋本册府仍作「禮」。

〔六〕及官爵得請者之祖父母父母　「及官」「父母」，各本原無，據册府卷六一二補。

〔七〕流三千里者贖銅一百斤絞斬者贖銅一百二十斤　「一百斤絞斬者贖銅」，各本原無，據唐律疏議卷一、册府卷六一二補。

〔八〕五品已上犯私罪者　「私」字各本原無，據唐律疏議卷二、册府卷六一二補。

〔九〕減大辟者九十二條　通典卷一六五、册府卷六一二「大辟」下有「入流」二字。通鑑卷一九四同本志，惟無「者」字。

〔一〇〕內敎坊及太常　「坊」字各本原無。通典卷一七〇作「敎坊及太常」，通鑑卷一九三作「內敎坊及太常」，據補「坊」字。

〔一一〕在獄繫囚之數　「囚」字各本原無，據通典卷一七〇、册府卷一五一補。

〔一二〕陷於死刑　此下御覽卷六三六尚有「務取名耳」一句。

〔一三〕戴至德　「至」字各本原作「志」，據本書卷七〇戴胄傳、唐會要卷三九、册府卷六一二改。

〔一四〕馬載　「載」字各本原作「戴」，據殘宋本册府卷六一二、新書卷五八藝文志及卷九八馬周傳改。

〔一五〕時議亦爲折衷　「亦」下册府卷六一二有「以」字。

〔一六〕垂拱已前　「前」字各本原作「後」，據通典卷一六五、唐會要卷三九、册府卷六一二改。

〔一七〕又委其事於咸陽尉王守慎　「於」字各本原作「及」，據唐會要卷三九、册府卷六一二改。

〔一八〕王德壽鮑思恭王處貞　「王德壽」「王處貞」，各本原作「劉德壽」「王大貞」，據本卷下文（中宗神龍元年制）、本書卷一八六上來俊臣傳、通典卷一七〇、唐會要卷四一改。

〔一九〕大或流血　「或」字各本原作「忽」，據唐會要卷四一、四部叢刊影明弘治本陳伯玉文集卷九、全唐文卷二一三改。通典卷一七〇作「大者流血」。

〔二〇〕惟據片辭　「片辭」，各本原作「臣辯」，據唐會要卷四一改。全唐文卷二〇八作「口辯」。

〔二一〕此亦羅織之一據也　「據」字各本原作「變」，據通典卷一七〇、唐會要卷四一、全唐文卷二〇八改。

〔二二〕總成律十二卷　「律」字各本原無，「二」字各本原作「一」，據通典卷一六五、唐會要卷三九、册府卷六一二補改。

〔二三〕獨孤朗　張森楷云：「合鈔朗作明。據獨孤郁傳，朗在穆宗敬宗之時，不及此年。疑明字是。」

〔二四〕寺司重加　「加」字唐會要卷六六、册府卷六一二作「斷」。

〔二五〕如有牒外州府節目　「州府」下唐會要卷六六有「看勘」二字，册府卷六一二有「勘」字（「勘」上當脱「看」字）。

〔二六〕具其事由下尚書省集議奏聞　唐會要卷四〇「由下」作「申」，英華卷七六八「由」作「因」。册府卷六一六、唐文粹卷四〇「由下」作「申」，「尚書省」下重「尚書省」。

〔二七〕擊張莅是心切　「心」字各本原無，據唐會要卷三九補。